EMIL F. POHL

MIT DEM WILD AUF DER FLUCHT

Stocker
stv

Emil F. Pohl

MIT DEM WILD AUF DER FLUCHT

LEOPOLD STOCKER VERLAG
Graz–Stuttgart

Umschlaggestaltung: Atelier Geyer, Gleisdorf
Umschlagfoto: Emil F. Pohl
Die Farb- und Schwarzweißfotos wurden dem Verlag vom Autor freundlicherweise zu Verfügung gestellt.

Die Deutsche Bibliothek – CIP-Einheitsaufnahme
Pohl, Emil F.:
Mit dem Wild auf der Flucht / Emil F. Pohl. – Graz ; Stuttgart
: Stocker, 1992
ISBN 3-7020-0643-5

ISBN 3-7020-0643-5

Printed in Austria
Satz und Druck: M. Theiss, A-9400 Wolfsberg/Kärnten

Meinen Kindern gewidmet

Inhaltsverzeichnis

Vorwort

Wachsamkeit war nun einmal der Schlüssel zum Überleben. Diese Maxime hatte während des letzten großen Völkermordes wohl jeder Landser im Auge. Auch ich folgte diesem Grundsatz, nur, wenn es um die Jagd ging, mißachtete ich allerdings oft sträflich jede Vorsicht und riskierte nicht selten Kopf und Kragen. Warum? Ich hatte wohl ein Leben lang zur Jagd eine Art „Suchtgiftbeziehung", die mich sogar die Gefährlichkeit des Krieges vergessen ließ.

Wenn irgendwo – im In- und Ausland – ein privates Quartier zu beziehen war, suchten meine Augen unwillkürlich das Hirschgeweih, das an den Fassaden der Häuser den Jäger verriet. So manche Verpflegungsknappheit konnte auf diesem Weg rasch aus der Welt geschafft werden. Grünröcke, die man in Anbetracht ihres hohen Alters nicht mehr zu den Fahnen gerufen hatte oder schon Invalide waren, standen mir sehr oft mit Rat und Tat zur Seite, wenn es galt, ein Stück Wild für die leere Gulaschkanone zu erlegen. Diese Wege führen naturgemäß zu spannenden Jagderlebnissen, die in diesem Buch zusammengefaßt und niedergeschrieben sind. Da „meine Jagdreviere" oft im Niemandsland – sprich: zwischen den Fronten lagen – kam es des öfteren zu brenzlichen Situationen, aus denen ich manchmal nur mit großem Glück meine Haut retten konnte. Totgesagte leben länger!

In der Endphase des unseligen Krieges verlor ich alle meine persönlichen Wertsachen. So nahm mir z.B. ein amerikanischer Viehhirte aus Nebraska – wie er zu erzählen wußte – mit geübten Fingern eine goldene Kette vom Hals und einen wertvollen Ring vom Finger. Mein Kriegs-Jagd-Tagebuch, das ich noch in Gefangenschaft – teilweise auf Toilettpapier – mit Exaktheit geschrieben und ergänzt hatte, brachte ich aber, so unglaublich das klingen mag, durch alle Wirrnisse der damaligen Zeit. Diese heute schon stark vergilbten Blätter waren mir eine große Stütze während des Verfassens von diesem Buch.

Rekrutenböcke

Sechzig Siebzehnjährige kamen zum Test, und drei davon rückten sechs Wochen später zum Flieger-Regiment 71 ein. Kaum in der Kaserne, kreisten meine Gedanken schon wieder – bzw. noch immer – um Wild und Jagd. Kein Wunder, denn die Einberufung kam völlig überraschend und unterbrach gewissermaßen die Bejagung eines Rehbockes, der mir unweit des Fliegerhorstes, am Rande des Marchfeldes, zum Abschuß freigegeben war.

Höllisch auf der Hut, daß mir als Rekrut kein schwerwiegender Fehler unterlief, gab ich bei der Schießausbildung meine Visitenkarte immer im Zentrum der Scheiben ab. Einen schießwütigen Leutnant beeindruckten diese Schießleistungen mit Karabiner und Pistole derart, daß ich in der Kompanie bald Oberwasser hatte. Es dauerte nicht allzu lange, und der erste Urlaubsschein steckte in meiner Brusttasche. War das eine Freude!

Meine einzige Sorge: Hoffentlich lebte der ungerade Achter noch!

Ich wußte, daß Erich, der Sohn des Revierinhabers, den Rehbock freibekam, als man mich zu den Waffen rief. Von Erich, der damals ebenfalls schon auf seine Einberufung wartete, drohte keine allzugroße Gefahr. Mein Freund war mehr hinter den Weiberröcken her und nicht so sehr dem Weidwerk ergeben. Ging er einmal in den Wald, um den roten Bock zu bejagen, hatte er ganz sicher ein Mädchen an der Hand. Na ja, und dann war aus der Jagd meist nicht sehr viel geworden.

Nun, nach einer etwa einstündigen Busfahrt sollte ich Gewißheit haben, ob der Ungerade vom Kreuzwegschlag noch am Leben war.

Während der Fahrt durch die endlos scheinende Kornkammer Österreichs kreisten meine Gedanken um rote Böcke und bunte Frauenröcke.

Da gab es doch tatsächlich Weidmänner, die felsenfest der Meinung waren, Diana sei vergrämt, wenn Grünröcke in Damenbegleitung die Jagd ausüben. Deswegen sollte die Göttin zürnen? Nein, wohl kaum! Zu oft hörte ich damals aus dem berufenen Mund eines Försters: „Wenn Renate mit in den Wald geht, klappt es immer. In ihrer Begleitung werden mir Weidmannsfreuden zuteil, die ans Unwahrscheinliche grenzen."

„Dann kann sie nur eine Hexe sein", waren meine ersten Gedanken. Aber welch angenehme Überraschung: Renate entpuppte sich als bildsauberes Töchterchen des Forstmannes!

Nun, obwohl Grünröcke ja nur ganz „selten" übertreiben, wollte ich zunächst nicht recht glauben, was der Förster so überzeugend behauptete. Ich hielt Augen und Ohren offen. Tatsächlich, es stimmte. Keiner von uns dachte schon an einen Schnepf: „Er" schoß, mit Renate am Stand, den ersten Langschnabel. Und so war es dann auch mit den Böcken. Bei allem hatte „er" die Nase vorne. Selbst eine Sau streckte der Förster, wie könnte es anders sein, mit Renate im Geleit, spazierenderweise, lange vor der Dämmerzeit! Alle anderen Grünröcke waren schon sauer, da sie monatelang keinen Schwarzkittel in Anblick bekamen. Wie war das zu erklären?

Die einleitende These kann also auf keinen Fall stimmen. Hoppla, möglicherweise wird Diana von Eifersucht geplagt, wenn Grünröcke . . .?

Im vergangenen Winter war wieder einmal unsere Jägerrunde komplett. Überkomplett, muß ich wohl sagen, da einer der Herren ein weibliches Wesen an seiner Seite hatte. Verliebt wie ein Spielhahn umkreiste er die Schöne und schlug alles ab, was in ihre Nähe kam. Bald schmunzelte man. Die Waldjagd konnte beginnen.

In den Laubwäldern, die wir bejagten, war alles Wild zu Hause. Vor allem Schwarzwild ließ die Jägerherzen höher schlagen. Schon im ersten Treiben mußte mit Schwarzkitteln gerechnet werden. Der Förster sagte es allen, auch dem balzenden Nimrod, der etwa einhundert Gänge zu meiner Rechten seinen Stand zugewiesen bekam. Ich sah wohl meinen linken Nachbarschützen, nicht aber den von Rockschößen begleiteten Jägersmann, der von einer kleinen Bodenwelle überriegelt war.

Vor uns lag die „sauschwangere" Eichendickung, hinter uns

freies Wiesengelände, das nach einer Büchsenschußweite in einen sperrigen Eichenwald überging. Mein rechter Nachbar stand, wie schon gesagt, nicht nur in einer kleinen Senke, sondern hatte im Rücken auch einen mit Stauden verwachsenen Graben, der weit in das freie Wiesengelände hineinreichte. Meine damaligen Überlegungen? „Wenn Schwarzwild kommt, dann nur bei dem balzenden Gockel."

„Die Sau möchte ich kennen, die diese einmalige Deckung nicht ausnützt", waren meine letzten Gedanken, dann preschte auch schon eine starke Rotte in den besagten Graben. Eins, zwei, drei, vier, fünf Schwarzkittel nahmen die günstige Dekkung an und kamen erst wieder nach etwa zweihundert Meter zum Vorschein. Welch ein Kontrast, welch faszinierendes Bild, als die schwarzen zottigen Wildkörper über das angeschneite, freie Wiesengelände stoben! Meine Kugel blieb damals im Lauf, da die Entfernung einen sicheren Schuß nicht zuließ.

Was war aber mit meinem verliebten Nachbarn los? Die Sauen mußten die beiden ja direkt über den Haufen gerannt haben. Möglicherweise hatten sie es sogar getan, denn das Feuerrohr des „Spielhahnes" schwieg eisern. Endlich fielen drei schnelle Schüsse. Schüsse, die der Rechtfertigung dienten. Ich sage dies deshalb, denn die Sauen waren zum Zeitpunkt der Kanonade längst in Sicherheit, über alle Berge!

„Wieso, warum, weshalb, was war los?" Und mit vielen anderen Fragen bombardierte man damals die beiden. Sie konnten einem fast leid tun. Es gab aber keine plausible Erklärung auf all diese neckenden, verhörenden Fragen. Um viele Lippen blieb daher den ganzen Jagdtag über ein feixendes Schmunzeln, wenn das Pärchen ansichtig wurde.

„Erotik und Jagd haben nun einmal keine gemeinsame Basis", meinte ein Weidmann in der Mittagsstunde am Feuer. Der Mann, der dies kategorisch behauptete, gehörte zu den „älteren Semestern", ich glaube fast, er war schon jenseits von Gut und Böse. Bleibt lediglich die Frage, ob Diana ihre Hand wahrhaftig mit im Spiel hatte!?

Dann war ich am Ziel meiner Reise, und bald machte mein Herz einen spürbaren Sprung: Der ungerade Achter lebte, obwohl Erich „unzählige, erfolglose" Pirschen auf den Teufelsbock gemacht hatte!

„Setzt euch halt beide am Kreuzwegschlag an. Wie ihr ja wißt, gibt es dort zwei Kanzeln. Einen von euch muß der Bock ja kommen“, meinte Erichs Vater, mein Jagdherr und väterlicher Freund.

Der weise Vorschlag begeisterte Erich und mich. Wir verlosten stehenden Fußes die Kanzeln und auch den Revierjäger, der einen von uns jeweils begleiten sollte. Für den ersten Ansitz wurde der Mann durch Orakelspruch mir zugewiesen.

Am späten Nachmittag desselben Tages traf ich als erster bei der alten Eiche, gleich hinter dem Pfarrhof, ein. Dann folgte gemächlichen Schrittes der Jäger. Eine ganze Weile später kam Erich, und der – Sie haben es sicher schon erraten – war nicht allein. Ein bildsauberes Mädchen trippelte an seiner Seite.

„Die Moni möchte halt so gern einmal einen Rehbock sehen“, ließ mein Freund mit heiterem Grinsen verlauten. Dieser Halunke! Na, mir konnte es recht sein. Mein Begleiter stank garantiert zweihundert Meter gegen den Wind nach Tabak. Monika hingegen roch so intensiv nach Fliederseife und Kölnischwasser, daß ich mir reelle Chancen ausrechnen durfte, wenn der Wind ein Wörtchen mitzureden hatte. Der ungerade Achter sollte sich halt für ein Aroma entscheiden!

Als wir schon fest in der Kanzel saßen, meinte plötzlich der mich begleitende Grünrock: „Do tritt der Bock bestimmt net aus, wenn, dann kummt er do drüben aus dem Jungmaß, bei Ihnan Freind.“ Ich zuckte die Achseln. Was sollte ich schon sagen. Der Alte hatte recht. Immer wieder zog es meine Blicke zu der Fichtenjugend hinüber. Ungefähr dreihundertfünfzig Meter waren es bis dorthin.

Leiser Regen setzte ein und versiegte nach einer halben Stunde wieder. Günstiger konnte das Wetter wohl nicht mehr werden. Dieser Abend mußte ganz einfach den müdesten Bock aus der Deckung locken. Man wird ja sehen. Mit einem Mal stieß mich der Jäger kräftig in die Seite. Blitzartig richtete ich mein Glas in jene Richtung, in die mein Begleiter blickte. Das Atmen fiel mir schwer. Drüben vor dem Jungmais stand ein starker Bock, zweifellos der sehnlich erwartete Achter, und sicherte starr zu Erichs Kanzel hin. Wann fiel endlich der erlösende Schuß? Schon wollte mich leise Resignation beschleichen, da schlug das Pendel plötzlich in die andere Richtung.

Nanu, kam mir wirklich der mit Fliederseife geschwängerte Wind zu Hilfe? Plötzlich sprang der Bock ab und preschte mit hohen, eleganten Fluchten in unsere Richtung.

„Aufpassen, i pfeif, wenn's günstig ist", kam es zischend aus dem fast zahnlosen Mund.

Meine eingestochene Büchse machte längst die Fluchten des ungeraden Achters mit. Plötzlich ein schriller Pfiff, und der reife Bock stand wie eine Skulptur im Schlag. Augenblicke später warf ihn die Kugel ins regennasse Gras. Während das Echo des Schusses durch die umliegenden Bestände rollte und allen, auch meinem Freund, das Ende des ungeraden Achters kündete, verschlegelte der Bock kaum fünfzig Gänge vor unserer Kanzel.

„Weidmannsheil", sagte neben mir der Grünrock und fügte gleich schmunzelnd hinzu: „Jo, jo, man derf holt ka Weibsbüld mit auf d' Jogd nehma."

Lachend kletterten wir von der Kanzel und standen bald vor dem verendeten Bock. Ich hätte die Welt umarmen können. In der Brust ein wild schlagendes, siebzehnjähriges Jägerherz, das einmalige Erleben, die Freude über dieses unverhoffte Weidmannsheil – und dazu zwei lange, gottvolle Urlaubstage.

Atemlos gesellten sich nach einer Weile Erich und Monika zu uns.

„Weidmannsheil" kam es ehrlich aus dem Mund meines Freundes, dann ergänzte er mit etwas belegter Stimme: „Hubertus hatte Dich ja immer schon bevorzugt!"

Ich schmunzelte beifällig nickend, aber der alte Jäger neben mir war nicht so galant: „Wos hoast des? Der Bock ist jo bei eich austreten. Nur woar eahm des Geknutsche zu laut auf der Kanzel. Ha, ha, ha." Trotz der Abenddämmerung war die Blutwelle noch gut auszunehmen, die in Monikas Gesichtchen schoß. Schnell bückte sie sich und griff dem ungeraden Achter fast gekonnt in die prächtige Krone.

„Ein schöner Bock", lispelte sie zu unser aller Entsetzen. Erich verzog das Gesicht zu einer essigsauren Grimasse, der Jäger spuckte in weitem Bogen seinen Priem in die Stauden, ich aber schulterte überglücklich meinen ungeraden Achter, und dann gingen wir alle zusammen ein wenig schweigsam nach Hause.

Ob Diana damals vielleicht doch Regie geführt hatte? Nach

einem fröhlichen Abend und einer sehr hinhaltenden „Bockfeier“ fuhr ich am nächsten Morgen mit der Bahn ins Waldviertel, wo ebenfalls Jagdfreuden meiner harrten. Der Vater meines Schulfreundes Georg – der Jahre hindurch die Hausarbeiten bei mir abschrieb – hatte mich auch auf einen Rehbock eingeladen. Die beiden verbleibenden Urlaubstage wollte ich dazu nützen. Abend- und Morgenpirsch waren auf alle Fälle gesichert, dann mußte ich wohl oder übel die Rückreise in den Fliegerhorst antreten.

Die Bahnfahrt ins tiefe Waldviertel wollte kein Ende nehmen, ebenso der stundenlange Fußmarsch, der auch noch auf mich wartete. Doch, dann stand ich mit einem Male vor dem schmukken Forsthaus, und alle Müdigkeit war vergessen! Stimmengewirr, vom Hundegebell übertönt, drang aus dem Haus, und im Nu stand ich inmitten eines sich fortwährend bewegenden Menschen- und Hundeknäuels. Die drei jüngeren Brüder Georgs und ebenso viele temperamentvolle Jagdhunde ergaben eine Begrüßungslawine, der man erst einmal standhalten mußte. Die Eltern meines Freundes kamen dazu. Georg war an jenem Tag bei der Musterung; sein Vater, ein Forstmann in den besten Jahren, nahm mich aber sogleich unter seine Fittiche. „Böcke gibt es hier in Hülle und Fülle“, meinte er lächelnd. Wie schön, doch zunächst hatte ich einen Riesenhunger! Die liebenswerte Hausfrau sah mir das wohl an der Nasenspitze an, denn bald brutzelten Speck und Eier in einer großen Pfanne. Der Förster scheuchte Buben und Hunde ins Freie und holte eine Flasche vom Besten aus dem Keller. Ich fühlte mich im siebten Himmel!

Da Georg auf sich warten ließ und der gütige Forstmann

Oben: Aller Anfang ist schwer
Unten: Wohl behütet

meine sehnsüchtigen, zum Wald hin gerichteten Blicke unbemerkt blieben, beschrieb er mir den Weg zu einem Hochsitz, der in der Niederung am Rande eines großen Schlages stand. Ein alter Spießer und ein ungerader Sechser sollten dort ihre Einstände haben. „Wenn Sie den Weg nicht verlassen, sind Schlag und Hochsitz nicht zu verfehlen", meinte der Förster. Alles in mir vibrierte vor Passion, und das herzliche „Weidmannsheil" des Forstmannes vernahm ich bereits aus der Ferne. Wie sehr ich doch damals schon die Jagd liebte! Weder Gewitterschwüle noch fernes Donnergrollen konnten meinen Tatendrang bremsen.

Nach etwa zwanzig Minuten erreichte ich einen schummrigen Graben, dessen Ende sich zu einem versteckten, von unzähligen Brombeerstauden verfilzten Schlag hin öffnete. Rankengewirr, Stockausschläge, üppiger Graswuchs – soweit das Auge reicht. Langsam pirschte ich mich an den Hochsitz heran und erklomm vorsichtig die Leiter. Mittlerweile war auch die Gewitterfront rasch näher gekommen, und ich glaste eilig das Schlaggeviert ab. Wenig später sah ich es rot aus den Brombeerblättern leuchten. Ein Bock, das durfte doch nicht wahr sein! Elfenbeinfarbene Spieße schimmerten aus dem quellenden Blattgrün. Schon peitschte der Sturm die Bäume, und der Bock zog langsam, aber beständig, in Richtung Einstand. Kurz vor einer Fichtenjugend gelang es, das Silberkorn tief ins Blatt des alten Spießers zu senken.

Die Antwort der Schöpfung war gewaltig. Pechschwarze Wolken, von plötzlich aufkommenden, orkanartigen Stürmen herangetrieben, verfinsterten den Himmel. Schlagartig war es fin-

Links oben: Fast eine Antilope
Rechts oben: Farbkomposition
Unten: Bunte Beute

ster, gespenstig in der Niederung. Uralte Baumriesen schlugen krachend gegeneinander, splitterten und barsten wie zerbrechliches Spannholz. Schon prasselten taubeneiergroße Hagelkörner und wolkenbruchartige Regengüsse auf mich hernieder. Ein Inferno! In wenigen Augenblicken war ich bis auf die Haut durchnäßt und flüchtete mit dem Bock am Rücken zurück zum Forsthaus. Quer durch den Hochwald, um den Weg abzukürzen. Ein Wunschdenken, das nicht aufgehen sollte, denn bald hatte ich mich im dichtesten Dschungel des Unterholzes und im Labyrinth eines Grabengewirrs hoffnungslos verfranzt.

Meine Freude war daher unbeschreiblich, als ich auf einer kleinen Lichtung eine Hütte sah, in deren Eingang ein alter, bärtiger Mann stand. Natürlich wußte ich nichts von dessen Existenz und hielt ihn für einen Köhler, der in der Nähe seinen Meiler hatte. Freundlich bat der Mann den vom Regen triefenden Jäger in seine bescheidene Behausung, fachte Feuer an im offenen Herd und begann sogleich meine Kleider zu trocknen. Vom Reden hielt der Alte nicht allzu viel, bediente sich aber gerne aus der dargebotenen Tabakdose seines Gastes. So rauchten wir still unsere Zigaretten, blickten sinnierend ins flackernde Feuer und hörten dem Wind zu, der im nahen Wald schaurig musizierte. Schließlich lud mich der Bärtige noch zu einem Imbiß ein. Es gab Brot und Selchfleisch, beides aß ich mit großem Appetit und fühlte mich in der Hütte so richtig geborgen.

Als dann das Unwetter, schneller als erwartet, wieder abgezogen war, verabschiedete ich mich herzlich von dem schweigsamen Waldgeist, der mir vorher noch den genauen Weg zum Forsthaus gezeigt hatte. Im letzten Dämmerlicht traf ich in der Försterei ein. Dort war man schon in Sorge, nun aber hocherfreut, als ich mit dem Bock am Rücken aus dem Wald trat. Besonders Georg, der kurz vor mir nach Hause gekommen war, jubelte über mein schnelles Weidmannsheil.

Einem gemütlichen Abend, der, so wie am Vortag im Marchfeld, sehr lange dauerte und noch manche Überraschung brachte, stand nichts mehr im Wege.

Die Frau des Hauses, eine vorzügliche Köchin, kredenzte Rehbraten und zum Nachtisch köstliche Zwetschkenknödel. Meine Lieblingsspeise, wie die aufmerksame Förstersfrau von

Georg wußte. Im selben Augenblick, als sie uns den Kaffee servierte, stürzten die drei Jagdhunde, die bislang friedlich in der Diele geschlafen hatten, ins Freie und schlugen an, als stünde Mephisto in persona da draußen.

Wir gingen der Sache nach. Vom Garten aus sah ich im Schein der Straßenlaterne den alten Mann, der mir vor wenigen Stunden noch Unterschlupf gewährte, Fleisch und Brot zu essen gegeben hatte, am Forsthaus vorübergehen.

„Ach, der Schinder", sagte der Hausherr gedehnt, bevor ich noch meine Frage stellen konnte. Und ergänzend fügte der Forstmann hinzu: „Sie müssen wissen, der Stromer ernährt sich nur von Hunden, die er in der ganzen Umgebung stiehlt.

Unsere Vierbeiner spüren anscheinend den Geruch ihrer geschlachteten Artgenossen sowie die Gefahr, die von dem Alten ausgeht, und gebärden sich jedesmal so wild, wenn das Schlitzohr vorübergeht."

„Er nährt sich nur von Hu-Hu-Hunden?" Mir fiel es mit einem Male schwer, dieses Wort auszusprechen.

„Nur von Hunden, mag sein, daß hie und da auch einmal eine Katze seinen Speisezettel bereichert", meinte lachend der ahnungslose Förster, der von meiner Mahlzeit bei dem Alten – ich vergaß es vorhin zu erwähnen – ja nichts wußte.

Was in den nächsten Augenblicken geschah, ist schwierig wiederzugeben. Wenn ich mich richtig erinnere – immerhin zogen seither fünfundvierzig Jahre über Wald und Heide –, hörte ich mit einem Male ein nicht endenwollendes „inneres Hundegebell".

In wilder Aufruhr hetzte ich, so schnell mich meine Füße trugen, in die Dunkelheit, die den nahen Obstgarten liebevoll umfangen hielt.

Gütige Nacht, du gestattest dem Menschen immer wieder, viel Leid und Bitternis in deinem Schoß zu verbergen...

Echtes, bodenständiges „Feuerwasser" aus der „Hausapotheke" des besorgten Försters brachte meinen total ausgeflippten Magen allmählich wieder in Ordnung.

Am nächsten Tag rückte ich pünktlich und gesund bei meiner Einheit ein.

Das waren meine ersten – gleichzeitig aber auch meine letzten – Jagdabenteuer, die ich als frischgebackener Soldat in der Heimat erlebt hatte.

Bald darauf sah ich mich in einem überlangen Zug, der unser Regiment nach Frankreich und dort in die wunderschöne Normandie brachte.

Die Rose

Ein Militärfahrzeug, vollbesetzt mit Soldaten, in rasender Fahrt! Plötzlich quietschendes Bremsen, Schreie und schon donnerndes Krachen von splitterndem Holz und berstendem Eisen! Zunächst lähmende Stille, dann ein Stöhnen, Fluchen, Brüllen, Beten inmitten der Trümmer und leblosen Körper.

Auch ich lag da unten. Zuerst im wirren Haufen, dann schön ausgerichtet in Reih' und Glied, wie es sich gehört für einen guten Soldaten! Man hielt mich für tot. Ein Arzt merkte später den Irrtum. Ein Zufall? Der Schädel und die Wirbelsäule waren einige Male gebrochen.

Daher auch die bevorzugte Behandlung im Lazarett. Die Todeszelle! Die Sterbenden sollen die anderen nicht stören mit ihrem Röcheln und japsenden Stöhnen. Hinein daher in den weißen, kahlen Raum, den nachher alle so ruhig und friedlich verlassen. Nicht alle! Ich kann es beschwören!

Die Bewußtlosigkeit schwand, und ich spürte das Blut hämmern in den Adern. Plötzlich tanzte ein roter Fleck wild vor meinen Augen. Bevor die Nacht wiederkam, wollte ich erkennen, was mich da narrte. Es gelang! Der wirbelnde Fleck wurde zu einer ruhigen dunkelroten Rose! Nur einen Augenblick sah ich sie klar und rein vor mir, dann fielen die Augen wieder zu. Noch einmal wollte ich die Blume sehen, dazu reichte aber nicht mehr die Kraft.

Eine heiße Welle durchströmte meinen Körper. Das Ende? Angst überkam mich. Ich wollte schreien, konnte die Lippen, die schwer waren wie Blei, aber nicht bewegen. Es folgte ein Warten, das unendlich schien. Doch ganz unvermittelt gelang es mir, nochmals die Augen zu öffnen, und ich sah sie wieder... die leuchtende Rose.

Ich lebte. Ein unbeschreibliches Glücksgefühl durchlief meinen zerschlagenen Körper. Im neuerlichen Vergehen der Sinne spürte ich diesmal ganz deutlich, daß ich wieder erwachen werde.

Als ich irgendwann die Kraft hatte, die Augen zu öffnen,

peitschte ein Sturm die Rose vor dem Fenster. Sie wurde nach vorne gestoßen, nach hinten gerissen, zur Seite geschleudert. Schon verwehte der Wind die ersten Blütenblätter, und bald waren sie alle dahin. Verzweiflung überkam mich. Ich wollte die Blume, die mir so viel Kraft gab und Glauben an das Leben. Abermals stürzte ich in ein tiefes, dunkles Loch, und meine Kräfte verfielen.

Fieber durchwühlte meinen Körper, und der unerbittliche Kampf um das bißchen verbliebene Leben begann von neuem.

Es ist gleichermaßen spannend, an der Schwelle des Todes auf das Ende zu warten oder in das irdische Leben zurückzukehren.

Die Fieberkurve raste hinauf und hinunter, wie vom Sturm gepeitscht. In den bangen Stunden der Krisis verlangte ich immer wieder nach der Rose ... man sagte es mir später. Ich sah sie in ihrer vollen Schönheit, dann wieder gestoßen, zerrissen und sterbend.

Nach einem langen, erholsamen Schlaf das Erwachen und tastende Blicke zum Fenster. Aus einer Knospe leuchtete es dunkelrot.

Ich spürte das neue, kraftvoll wiederkehrende Leben.

Lange, viel zu lange währte schon mein Aufenthalt im Luftwaffenlazarett in Wien. Gut, daß ich damals nicht wußte, wieviel Zeit bis zu meiner vollständigen Genesung noch verstreichen sollte.

Die ausgedehnten Spaziergänge im nahen Türkenschanzpark genügten mir nicht mehr. Ich wollte mich schon wieder einmal jagdlich betätigen. Die Herbstjagden waren ja längst vorüber, aber der Winterfuchs spukte mir gewaltig im Kopf herum. Der nächtliche Ansitz mußte doch auch mit einem Gipsmieder möglich sein. Das letzte Gipshemd, das mir die Ärzte verpaßten, war sicher schon unter einem sehr bequemen Pullover zu verstecken. Den zuständigen Stabsarzt sekkierte ich so lange, bis er die Zustimmung zu einem vierzehntägigen Weihnachtsurlaub gab. Ich fühlte mich im siebten Himmel ...!

Die Weihnachtsfeiertage, Silvester, das süße Leben, waren vorüber. Welcher Jäger kennt nicht diese abscheuliche Feistzeit! Und so war es auch damals in meinem ersten Genesungsurlaub.

Da einen Happen von Muttchen, dort einen Happen von Tantchen, da ein Schlückchen mit Vater, dort ein Gläschen mit Freunden. Und ... die vielen Likörfläschchen vom Christbaum! Mit einem Mal zwickte und zwackte das Gipsmieder, das meinen Oberkörper bis zur Leibesmitte umfangen hielt, ganz erbärmlich.

Wie schön, wenn in dieser Zeit eine spannhohe Neue fällt! Welch herrliches Gefühl, durch Wald und Feld zu laufen. Überall gibt es Fährten und Spuren, faszinierende Perlenreihen. Freudigen Herzens sehe ich den mondhellen Nächten entgegen ...

Kein Lüftchen rührte sich. Die Nacht war still und klar, so wie ich sie mir schon lange gewünscht hatte. Ohne klirrende Kälte und schreienden Schnee. Durch den spannhohen Teppich konnten Menschen und Tiere lautlos Spur und Fährte ziehen. Schritt um Schritt setzte ich in die weichen Daunen, und nicht das geringste Geräusch ließ sich vernehmen.

Bald nach dem Dorf zog ich meine Spur hinüber zum riesigen Schneegeviert der Stockerwiese, die vom dunklen Fichtenholz umfangen war.

Auf diesem großen Wiesenstück mausten mit Vorliebe die Füchse. Nach jeder Neuen standen hier Spuren von zahlreichen Rotröcken. Nach schweißtreibendem Aufstieg erreichte ich noch vor dem Mond den alten Hochsitz, der in einen mächtigen Mostobstbaum hineingezimmert war und nach allen Seiten hin guten Ausblick bot. Bis auf die Nasenspitze eingemummt – das Gipshemd sollte nicht kalt werden –, sah ich recht zuversichtlich einer langen Ansitznacht entgegen.

Für mich zählte der Winterfuchs schon in meiner frühesten Jugend zu jenen Wildarten, die ich sehr gerne bejagte. Alles um Reineke – der federnde Schatten, die fuchsische Silhouette, die gestochene Perlenschnur, ja selbst die scharfe Witterung des befahrenen Baues faszinierten mich. Früh erkannte ich die Unterschiede zwischen Jung- und Altfuchs, die Unbekümmertheit des Rotzlöffels sowie die Abgefeimtheit des alten Freibeuters. Ja, die Erfahrung macht's!

Noch fehlte das Mondlicht, doch das herrschende Schneelicht wäre schon hilfreich zur Seite gestanden. – Vor dem Mond kam eine Rehgais mit ihrem Kitz auf die Stockerwiese. Die beiden leisteten mir aber nicht lange Gesellschaft und zogen bald wieder bergwärts in die dunklen Fichten. Wenig später hoppelten zwei Krumme an meinem Hochsitz vorüber. Es sah ganz so aus, als wäre trotz tiefer Temperaturen schon eine erste zaghafte Liebe im Spiel.

Plötzlich lugte der Mond über das Oberholz und goß sein sattes, helles Licht auf die Winterlandschaft. Immer wieder glaste ich die Stockerwiese ab, schaute aufs Feld hinaus... und zum Dorf hinüber. Noch fiel da und dort rotgelbes Licht aus den kleinen Fenstern der Bauernhöfe. Was mochte hinter den beleuchteten Scheiben vor sich gehen? Gab's Sorge am Krankenlager oder Freude um eine junge Mutter? Wollte da noch einer die Bibel lesen oder dort ein anderer mit klammen Fingern die Schulden addieren? Alles war möglich – viele Schicksale gab's und wird es ewig geben.

Doch wo blieben die Herren von Malepartus? Einmal hörte ich im Holz ein Bellen, aber kein Rotrock wollte auf die tiefverschneite Wiese.

Wenn ich jetzt von schneidendem Frost und bitterem Ausharren erzählen würde, wär's eine glatte Lüge. Es war geradezu ein gemütliches Dahindämmern, in süßer Kälte, die mein Gipshemd nicht durchdringen konnte. Jedenfalls tausendmal besser, als übelriechende Lazarettluft zu atmen!

Wieder kamen zwei Hasen krummrückig aus dem Holz und hoppelten ohne Zögern quer über die winterliche Wiese. Hopp, hopp, hopp, nichts als hinaus aufs freie Feld. War dem Hasenvolk das offene, freie Land lieber und sicherer als der Paß durch den nachtdunklen Forst? Lauerte Gefahr in den Wäldern? Immer wieder zeigte mir das nachtstarke Glas Löffelmänner. – Wo aber blieben die Rotröcke, denen mein ganzes Sinnen und Trachten galt?

Die guten Fuchszeiten – sie beginnen selten vor zehn Uhr und enden meist um die zweite Stunde – ließen nicht mehr lange auf sich warten.

Ich griff zum ersten Mal in jener Nacht zur Quäke. Die entsicherte Büchsflinte auf den Knien, blies ich das Jammer- und Todesgeschrei des Krummen in die stille Nacht hinaus. Teufel, hörte sich dieses Klagelied furchterregend an! Grauenhaft! Mir selbst lief der kalte Schauer über den Körper. Jetzt hieß es aber aufpassen! Bewegt sich dort drüben am Waldrand nicht etwas? Tatsächlich zeigt mir das Glas einen Hasen, den anscheinend der Schreck über mein Moritatenlied zu raumgreifender Flucht anspornte. Er hatte wahrhaftig „ alle Läufe voll zu tun“. Fast mußte ich hellauf lachen.

Stunde um Stunde verging, und kein Rotrock kam in meinen Gesichtskreis. Vor der Geisterstunde holte ich abermals die Quäke aus der Tasche. Wieder stoben zwei Hasen aufgeregt davon, und . . . die Szene blieb leer. War über die Stockerwiese ein Fuchsbann gesprochen?

Schon wollte mich Resignation umgarnen, die Hoffnung auf das Zustehen eines Fuchses verlassen, da geschah's. Von der entferntesten Waldecke zu meiner Linken kam der Schatten eines Fuchses. Donnerwetter, der hatte es aber eilig, einen Fraß zu bekommen! Schon verdichtete sich Rotrock im Fernrohr zum festen Körper, doch dann verhielt der Schlaue ganz plötzlich und rührte sich nicht mehr von der Stelle. Nanu! Was ging in ihm vor? Sollte ich den weiten Kugelschuß wagen? Schon hatte ich mich dazu entschlossen, obwohl die Entfernung bei einhundert Meter lag, da kam schlagartig wieder Bewegung in den Roten. Nicht mehr flüchtig wie zuvor, sondern geschmeidig, wie über den Schnee gleitend, schnürte Reineke quer zu meinem Sitz in Richtung Felder davon. Warum dieser Gesinnungswechsel? Was schien ihm plötzlich nicht mehr geheuer? Hatte man ihm aus dem alten Mostobstbaum schon einmal einen heißen Empfang bereitet? Wahrscheinlich! Die schon so sicher scheinende Beute verlor an Gestalt – zerrann in der Dunkelheit der Winternacht. Auch mein zwitschersüßes Mäuseln brachte keine Wende.

Fast verärgert griff ich noch einmal zur Quäke, und das wirkte Wunder. Augenblicklich warf sich Rotrock herum und schnürte abermals in Richtung Hochsitz. Diesmal sollte er mich aber nicht mehr narren. Gewitzigt hielt ich die eingestochene Büchse bereit, um auf alle Spitzbübereien des nächtlichen Freibeuters gefaßt zu sein. Und das war gut so, denn dasselbe Spiel wiederholte sich. Um kein Jota näher wie beim ersten Anlauf kam der Fuchs zur Ruhe, setzte sich auf seine Keulen und äugte starr in meine Richtung. War das ein Filou! Diesmal sollte er mir aber nicht mehr entwischen. Völlig ruhig, auf gut gepolsterter Auflage – nur das steife Gipsmieder störte gewaltig –, markierte ich das Fadenkreuz inmitten des sitzenden Stichfuchses. Tatsch! Grelleuchtender Mündungsblitz, und der Knall brüllte in den nachtschlafenden Ort hinüber. Ein dunkler Strich blieb im Schnee, und mein Herz begann vor Freude zu pochen. Den dumpfen Donnerschlag aus dem Mostobstbaum, dem Reineke soviel Mißtrauen entgegengebracht hatte, hörte er nicht mehr, lag ruhig im Schnee, und kein Haar rührte sich an seinem Balg.

Gottvolles Sterben ohne Schmerz und langsamem Dahinsiechen – reflektierende Gedanken waren zu verdrängen...

Das erregende Scharmützel mit dem Rotrock hatte mein Blut gehörig in Wallung gebracht. Als der Fuchs in seiner warmen Spur versunken und mein Inneres langsam wieder zur Ruhe gekommen war, griff die Kälte nach mir. Langsam kroch sie an den Beinen hoch, bis sie das Herz erreichte. Apropos Herz! An diesem wärmte sich – so gut es das Gipshemd gestattete! – ein klares Wässerchen, das Abhilfe schaffen konnte. Wie gut, aus dem kleinen, flachen, anschmiegsamen Fläschchen einen kräftigen Schluck zu tun. Ah, das schmeckte – und weckte die Lebensgeister! Der alte Reidler verstand wahrhaftig Großartiges aus seinen Zwetschken zu machen. Wie Öl rann der Slibowitz durch meine Kehle und heizte im Nu mein Innenleben an. Nach der Thermosflasche wollte ich noch nicht greifen. Ihr Inhalt, Orangen, Zitronen, ein Schuß Rum, Rotwein und „ein wenig Tee“, sollte als eiserne Reserve dienen.

Schon rückte die zweite Stunde langsam näher, als ich Knall und Fall einen weiteren Rotrock im Glas hatte. Ohne daß ich ihn kommen sah, stand er urplötzlich, aus dem Nichts gezaubert, einhundert Gänge vor meinem Hochsitz. Mit füchsisch federnden Läufen schnürte er dann stichgerade in Tod und Verderben. Sekunden später warf ihn die volle Garbe aus dem eng schießenden Schrotlauf in das winterliche Grab. Wahrhaftig ein Geschenk aus heiterem Himmel, und die Mondnacht war damit noch viel schöner geworden. Zwei Füchse, ehrlich ersessene Mondscheinfüchse, und immer noch Zeit, auf einen dritten zu warten. – Und all das in einem Gipshemd! Was wohl der Stabsarzt dazu sagen würde? „Bist du wahnsinnig...“

Bald dröhnte mit tiefem Glockenschlag die zweite Stunde des neuen Tages vom nahen Dorf herüber. Dabei kam mir vor, die

Stille wäre noch tiefer, noch reiner. O Seligkeit solcher Fuchsnächte, glückliche Einsamkeit unter dem gleißenden Lichtquell des fernen Erdtrabanten. Wer kann mich verstehen?

Es gibt nicht viele Grünröcke, die die kalte Winternacht dem warmen Bett vorziehen. Gut, daß nicht alle Menschen an den gleichen Dingen des Lebens Freude finden!

Dann und wann ging dem Waldkauz das Herz über, und sein lockendes, widerschallendes „Huhuhuhuhu“ tönte lebensbejahend aus der Dunkelheit des Oberholzes. Der drollige Kobold sehnte sich um diese Jahreszeit auch schon nach Liebe.

Die Kälte wurde plötzlich zudringlicher, und der Griff nach der Thermosflasche blieb nicht aus. Doch halt, war dort links nicht schon wieder eine gleitende Bewegung? Glas ans Auge. Tatsächlich, ein Fuchs oder besser gesagt ein Füchslein. Er unterschied sich in der Größe gewaltig von seinen beiden Vorgängern, kam auch unbefangener, unwissender, frecher, so, wie es sich für einen „Einjährigen” gehört. Hochläufig tänzelte er heran, die Eile und der magere Körper verrieten den Hunger, der wahrscheinlich in seinem Gescheide schnitt. Drei Füchse in einer Nacht, ich konnte es noch gar nicht fassen. „Zum Drüberstreuen ist der Kleine gut genug“, dachte ich schmunzelnd und ein bißchen überheblich, da fuhr plötzlich ein Windstoß aggressiv in meinen Nacken. Zum ersten Mal in dieser Nacht rührte sich der Wind, es sollte bald noch toller kommen. Wie der Blitz warf sich der Prinz von Malepartus in seiner Spur herum und stob wie von Furien gejagt davon. Für einen sicheren Schrotschuß schien die Entfernung zu weit, und an einen Kugelschuß auf den flüchtenden Jungfuchs war nicht zu denken. Schnell, kaum daß ihm meine Augen zu folgen vermochten, lösten sich seine Konturen in der Schneelandschaft auf. „So ein Rotzlöffel“, wer hätte das gedacht! Wahrhaftig: „Wenn der Wind jagt, soll der Jäger nicht jagen“, heißt es im Lehrbuch der Jagd!

Schade, es wäre zu schön gewesen. Ein leiser Kummer blieb zurück. „Die Nacht der drei Füchse“ hätte ich sie wahrscheinlich genannt, wäre auch dieser Rotrock mein gewesen. Die Freude über die beiden erlegten Füchse war aber dennoch groß, und nichts, rein gar nichts sollte sie trüben.

Da der Wind immer gewaltiger von Westen her blies, baumte ich alsbald mit steifen Gliedern ab, und nahm die beiden Füchse dankbar in Besitz. Mit klammen Fingern band ich sie auf den Rucksack. Teufel, war der mit einem Male schwer. Zwei baumelnde Rotröcke bringen wahrhaftig leicht das Gewicht eines schwachen Rehbockes.

Müde, aber glücklich zog ich meine Spur auf der mondvergoldeten weißen Fläche zurück zum Dorf. Der ungestüme Wind trieb die weißen Kristalle durch die Luft; sie stachen wie tausend feine Nadeln in mein Gesicht.

„Das gibt morgen eine tolle Schneeverwehung", mochten in etwa meine Gedanken gewesen sein, als ich auf dem riesigen Misthaufen des Stockerbauers eine Bewegung wahrnahm. Hund oder Katz waren bei diesem stürmischen Wetter fast auszuschließen. Also Fuchs? Narrte mich die Müdigkeit, die meinen Körper jetzt doch schon sehr zusetzte? Nein, das Glas zeigte mir tatsächlich einen Fuchs, der – wie sich später herausstellte – nach Schlachtabfällen grub, daß der Mist nur so durch die Gegend flog. Schon kniete ich im Schnee und schob mit zitterndem Finger eine Patrone in den Flintenlauf. Vorsichtig richtete ich mich dann auf und krümmte zum dritten Male in dieser Mondnacht den Finger, um das Maß des Glückes voll zu machen. Rums! Der schmerzlos Ausgelöschte kollerte den Misthaufen herunter und blieb wie seine beiden Vorgänger im Feuer.

Trotz Schneesturm: Jubel, Trubel, Heiterkeit! Jetzt waren es im letzten Augenblick doch noch ganz überraschend drei Füchse geworden, und ich konnte die Nacht so nennen, wie ich es draußen beim alten Mostobstbaum so gerne getan hätte.

Den Jungfuchs band ich nicht mehr auf den Rucksack, da war wirklich kein Platz mehr vorhanden, sondern trug ihn an den Läufen nach Hause. Wind und Schnee konnten mir jetzt nichts mehr anhaben...

Der alte Stockerbauer hatte den Krach in den Morgenstunden wohl vernommen – sehr deutlich sogar –, aber, Gott sei Dank, auch gleich richtig zu definieren gewußt.

„Hob ma eh denkt, des kau nur a narrischer Jaga sei, wia's mi g'schupft hot im Bett", meinte er schmunzelnd, als ich Stunden später meine Entschuldigung ob der nächtlichen Ruhestörung vorbrachte und mit dem sympathischen Alten einige „Zwetschkenkerne zwitscherte". – Viel war von dem freien Land nicht mehr zu sehen, die hohen Schneewächten türmten sich in den Obstgärten hinter den Häusern.

Nichts, rein gar nichts war von der romantischen Landschaft der letzten Vollmondnacht geblieben. Diese hatte nur noch in meinem Gedächtnis gültigen Bestand, und da einen sehr nachhaltigen, diese gottvolle, einsame „Nacht der drei Füchse".

Wahrlich, unerschöpflich in seinem Geben ist das jägerische Leben. Immer bereit, dem ewig von wilder Sehnsucht getriebenen Jägerherz Erfüllung zu gewähren.

Unsere Freundschaft begann in einem hellen Zweibettzimmer eines Luftwaffen-Lazarettes. Zunächst war ich für Hans, der nach einer Beinamputation oft deprimiert vor sich hindöste, keine große Hilfe. Nach Schädel- und Wirbelbrüchen total in Gips gepackt, hatte ich am Beginn meine eigenen Probleme. Doch bald entdeckten wir im Gespräch die gemeinsame Liebe zum Weidwerk, und schlagartig erging es uns besser. Wild, Jagd, Hunde, Waffen, ergaben unerschöpfliche Themen bei Tag und Nacht. Froh darüber, dem Sensenmann noch einmal entwischt zu sein, heilten wir unsere schweren Verletzungen aus.

Hans, der fürs erste den Krieg so gut wie hinter sich hatte, wurde acht Tage vor mir aus dem Lazarett entlassen. Vor seinem Abgang – zum Familienbesitz meines Freundes gehörte eine herrliche Hochwildjagd – mußte ich feierlich versprechen, bald auf einen Feisthirsch zu kommen.

Zwei Wochen danach war es soweit. Hans erwartete mich mit einem leichten Pferdewagen an der kleinen Bahnstation. Die anschließende wunderschöne Fahrt durch Felder, Wiesen und Wald, währte nicht allzu lange. Nach einer knappen Stunde erreichten wir den großen Bauernhof, der wie eine stolze Festung auf einer Anhöhe lag. Herzliche Begrüßung durch die Eltern meines Freundes sowie durch die beiden Tiroler Bracken, Flink und Ritta. Ich fühlte mich sofort wie zu Hause.

Nach einem wahren Festschmaus – zur damaligen Zeit schon eine Rarität – erlagen Hans und ich sehr bald dem Lockruf des nahen Bergreviers.

Schnell waren zwei Haflinger gesattelt, und wir ritten ins Revier, das unmittelbar hinter dem Bauernhof seinen Anfang nahm. Während des langen Rittes setzte mich immer wieder die Bergfreudigkeit der kleinen Pferde in Erstaunen. Es machte großen Spaß, im Sattel das Revier zu erforschen. Enorm, welch weite Strecken wir dabei zurücklegten!

Keine Frage, das Pferd ist von einem mystischen Hauch umgeben. Nicht umsonst geistert es seit Menschengedenken durch Literatur und Sage. In der griechischen Mythologie waren die Zentauren halb Mensch, halb Pferd. Welche wohl die bessere Hälfte war? Gäbe es diese Wesen auch heute, würde ich in vielen Fällen auf die Pferdehälfte tippen.

Trotz schattenspendendem Hochholz kamen wir richtig ins Schwitzen. Auf halben Weg zur Jagdhütte löschte eine Quelle den Durst der Jäger und der Pferde. Gleich nach der köstlichen Erfrischung führte der Weg über eine brennheiße Geröllhalde. Gar manches Stück Wild riß die Lahn hier schon zu Tode, wußte Hans zu berichten. Als wir durch einen weiteren steilen Hang, der mit Hochholz und später mit Latschen bedeckt war, auf einen Almboden hinausritten, wähnte ich mich beim Anblick der stattlichen Jagdhütte am Ziel. Doch weit gefehlt! Noch einmal wartete ein fünfzehnminütiger Ritt auf uns. Und gerade die letzten Serpentinen zogen sich am steilen Hang in der Gluthitze der letzten Hochsommertage ins Unendliche. Aber dann hatten wir es geschafft.

Der alte Revierjäger – 70 Lenze drückten seinen Rücken –, dessen Adlerauge wir nicht entgangen waren, empfing uns mit einem freundlichen Gruß und kühlem Trunk. Zu allererst mußten wir aber ein Stamperl Enzian kippen. Reine Vorsichtsmaßnahme gegen eine etwaige Erkältung! Rupert gefiel mir auf Anhieb. Er strahlte Ruhe und Verläßlichkeit aus. Alles, was er tat, machte er mit Hirn und Herz. Seine vornehme Zurückhaltung war wohltuend. Hans und ich entleerten die Rucksäcke und richteten uns in den Schlafräumen häuslich ein. Erfrischt und mit neuen Hemden versehen, ließen wir uns sodann vor dem Jagdhaus in die von Rupert bereitgestellten Liegestühle fallen. Herrliches, wohltuendes Nichtstun nach dem stundenlangen, schweißtreibenden Ritt. Nach unseren kaum ausgeheilten schweren Verwundungen, hatten wir eine Ruhepause nötig. Ich bewunderte Hans, der seine Prothese schon sehr gekonnt zu gebrauchen wußte. Doch recht lange hielten wir das Faulenzen nicht aus. Hans zeigte und beschrieb mir in groben Zügen die einzelnen Revierteile. Der Rundblick war einmalig, da die Jagdhütte im Herzen des Revieres lag.

Gegen Abend rüsteten wir zum ersten Pirschgang. Hans wollte hinauf zum nahen Latschensitz am Sattel, und Rupert sollte mich in den Teufelsgraben führen. Mein Freund hatte ungefähr einen halbstündigen Anstieg zu bewältigen und konnte nach dem Ansitz talwärts gehen. Bei Rupert und mir war es umgekehrt. Wir mußten zunächst fast eine Stunde ins Tal hinuntergehen und bei Dunkelheit wieder steil zur Jagdhütte hinaufsteigen. Na, dann los!

„Das Jagen ist hart am Berg", meinte Rupert gemächlich philosophierend nach etwa zehnminütiger Gehzeit. Es klang, als wollte er mich mit diesen Worten erst einmal beschnuppern. Daß ich dazu nur nickte und nichts sagte, schien dem Jäger zu gefallen. Eine Phrase wie etwa: Beim Jagen war mir noch nie eine Strapaze zuviel, hätte dem Alten wahrscheinlich ein völlig anderes Bild von mir gegeben.

Wir waren schon gut und gern eine Dreiviertelstunde unterwegs, und noch immer ging es durch Lärchen-, Fichten- und Buchenbestände bergab. Doch plötzlich tat sich eine riesige Schlucht vor uns auf. Waren wir am Ziel? Rupert spürte wahrscheinlich meine Frage, blieb stehen, wendete sich zu mir und meinte mit gedämpfter Stimme: „Ja, das ist der Teufelsgraben. Hier unten stehen in der Feistzeit die meisten Hirsche." Vorsichtig pirschten wir weiter und gelangten bald zu einem Hochsitz, der einen guten Einblick in den Teufelsgraben gewährte. Gerade hier wird die Kluft zu einem weiten Kessel. Schnell hatten wir unsere Utensilien am Hochstand verstaut und verfielen in ein stilles Meditieren.

Der Teufelsgraben unter uns ist von einer urwüchsigen, unberührten Schönheit. Die vom reißenden Schmelzwasser blank gewaschenen großen Steine liegen im wirren Durcheinander in der tiefen Schlucht, in der jetzt nur ein unscheinbares Gerinne leise dahinplätschert. Uralte Baumriesen, aus denen junges Leben wächst, liegen, wie sie vor vielen Jahren gefallen sind. Ich denke in diesen Augenblicken an alles andere, nur nicht an die Feisthirsche, hinter denen wir eigentlich her sind. So wie wir saßen wohl auch unsere Urahnen hier, das Steinbeil oder den

Speer mit der scharfen Knochenspitze in den starken Händen, um auf durchziehendes Wild zu lauern. Diesen Zwangswechsel wird wohl auch schon der Jäger, dessen Blut in unseren Adern fließt, gekannt und beansprucht haben. Teufelsgraben!

Geduldig saßen wir, bis die Nacht um den Berg war. Das Hochwild wollte von uns nichts wissen. Wer hinter Feisthirschen schon her war, weiß, wie schwierig es manchmal ist, dieses heimliche Wild ins Visier zu bekommen. Langsam stiegen wir dann wieder den steilen Hang hinauf. Bald war nur mehr Finsternis um uns. Fernes, zunächst nichtbeachtetes Donnergrollen näherte sich rasch. Böig auffrischende Winde kündeten eine Gewitterfront an. Ob wir's noch schaffen? Nein, zweihundert Meter vor dem Jagdhaus prasselte der erste Regenguß auf uns hernieder. Hans hatte gut lachen, er kam gerade noch trocken unter das schützende Dach. Welch' gewaltige Worte doch Blitz und Donner im Gebirge zu sprechen haben!

Während draußen das über unseren Berg hinwegziehende Wetter tobte, werkte Rupert, den ich bald als ausgezeichneten Koch kennenlernen sollte, recht emsig am Herd. Es dauerte nicht allzu lange, bis Hans und ich mit lüstern geblähten Riechorganen die Küche anvisierten. Ich staunte dann nicht schlecht, als Rupert einen ausgezeichneten Bauernschmaus servierte. „Unser erstes gemeinsames Essen am Berg", meinte Hans und freute sich, daß ihm damit eine Überraschung gelungen war. Auch der Wein war famos. Mit einem Glas Blaufränkischen hieß mich mein Freund im Revier noch einmal herzlich willkommen. Obwohl nach dem genußvollen Mahl alle Grundlagen für einen urgemütlichen Abend gegeben waren, meinte Hans nach

Oben: Kinder der Nacht
Unten: Auf jedem Flügel ein Auge

einer der Verdauung dienenden Zigarre: „Schade, wir müssen auf die Matratze, denn du sollst ja einen Hirsch schießen, und morgen ist es günstig. Der nächtliche Regen ist Goldes wert." Ruperts heftiges, zustimmendes Nicken war wie Wasser auf ein Mühlrad. Der Feisthirsch ist halt überall ein Gespenst, das sich im Revier wohl fährtet, aber ganz selten blicken läßt. Nun, man wird ja sehen!

Nach einem üppigen Mahl war das Schlafen für mich noch nie eine einfache Sache. Aber irgendwann verließen mich dann doch die Sinne, und ich stürzte in den Teufelsgraben, um mich mit riesigen Hirschen aus der Urzeit herumzuschlagen. Dementsprechend war dann auch das Erwachen. Doch Rupert, der schon längst meine ganzen Sympathien errungen hatte, half mir, auch diese Hürde zu meistern; sein Kaffee hätte wohl auch tote Elefanten geweckt!

Wir brachen sehr früh auf, da Rupert schon beim ersten Grau des neuen Tages auf dem Hochstand am Teufelsgraben sitzen wollte. Ein stundenlanger Nachtmarsch wartete vorher auf uns. Gut, daß über dem Firmament unzählige, hellfunkelnde Sterne ausgeschüttet waren. Die Zeit schien stillzustehen, und trotzdem bezweifelte ich unser rechtzeitiges Ankommen. Doch da hatte ich zu Unrecht an Ruperts Zeitgefühl gezweifelt. Wir saßen längst am Teufelsgraben, als allmählich der Glanz der Sterne erlosch. Lautlosen Fluges schwebte eine Eule an uns vorüber. Sie hatte wohl vom Jagen und Fressen genug und mochte zu ihrem nahen Schlafbaum schaukeln.

Ich liebe diese lebenden, pulsierenden Hochsommernächte. Unglaublich, was es da an Geräuschen alles zu hören gibt. Und

Oben: Sonnengold
Unten: Abstieg in die Tiefebene

noch dazu in einem „Teufelsgraben", in dem jedes Geräusch doppelt zählt! Allein der Name spricht Bände und läßt der Phantasie freien Lauf. Mag sein, daß einer, der nicht Herr seiner Nerven ist, in einer solchen Nacht und an einem solchen Ort das Gruseln lernt.

Und in dieses angespannte Lauschen plötzlich ein Krachen, das uns beide zusammenfahren ließ. Ein starker, knochentrokkener Ast mußte da unten im Teufelsgraben gesplittert sein. Ich spürte Ruperts Hand auf meinem Arm und vernahm ein gehauchtes Wort: „Hochwild!" Wo aber blieb das Licht? Am Rande der tiefen Schlucht nahmen Bäume und Steine ja bereits Kontur und Gestalt an, doch in der Tiefe lag noch mystische Dunkelheit. Andererseits war es ganz gut, daß noch kein Büchsenlicht herrschte, denn augenblicklich schüttelte mich das Hirschfieber wie einen nassen Sack. Ich dachte angestrengt an alles Mögliche, nur nicht an die Jagd, und langsam versiegte der Tatterich. Dabei wurde es hell. Wir hingen an den Gläsern und sahen drei Hirsche durch den tiefen Kessel wechseln. Endlich konnten wir ansprechen. Vorne zog ein junger Sechser, dann kam „mein ungerader Zehner" und dahinter würdevoll ein hoffnungsvoller Zwölfer mit mächtigen, dünnen Kronen. „Den mittleren Hirsch können Sie schießen, aber warten, bis er heroben am Rand des steilen Hanges ist", hauchte Rupert in mein Ohr. Längst lag meine Büchse auf dem Wetterfleck und meine Augen folgten den Hirschen auf ihrem Wechsel durch die düstere Schlucht. Sie hatten es nicht eilig. Endlich waren sie am steilen Anstieg auf unserer Seite. Als der junge Sechser den Grabenrand erreichte, verhoffte er starr in unsere Richtung. Um Himmels willen, schlug uns der Wind ein Schnippchen? Mein Auge suchte im Fernrohr den ungeraden Zehner, aber o Schreck, den Hirsch deckte fast zur Gänze der Stamm einer mächtigen Fichte. Ich konnte nur eine Keule und ein Stück von der Dünnung sehen. Bange Sekunden, die zum Martyrium wurden, brachen an. Wieder wollte das Hirschfieber von mir Besitz ergreifen, und ich dachte mit aller Willenskraft an die Beerdigung meines letzten Großonkels. Endlich zog das Sechserhirschl völlig vertraut weiter, und schon setzte der ungerade Zehner mit einer gewaltigen Flucht hinauf zum Grabenrand. An derselben Stelle, wo vor Sekunden noch der Sechser stand, verhoffte nun „mein Hirsch“ und zeigte mir dabei völlig frei das Blatt. Einer rasenden Hochflucht mit angezogenen Vorderläufen folgte prasselndes, krachendes Zusammenbrechen im dürren, verfilzten Astwerk. Wieder spürte ich die Hand Ruperts, doch diesmal umfaßte sie mich mit festem Druck. Das seiner Brust entströmende „Weidmannsheil“ klang wie ein feierliches Amen. Was für ein Mensch und was für ein Jäger! Mit der gleichen Würde überreichte er mir den Bruch und die Grandeln. Der Hirsch vom Teufelsgraben, rasch verendet, mit einem Schuß durch beide Blätter, trug rechts eine Stange mit einem Eissproß und links eine klobige Sechserstange. Ein richtig angesprochener Hirsch, der nicht nur dem Erleger Freude bereitete.

Die Kunst des richtigen Ansprechens ist wahrhaftig sehr oft graue Theorie, egal ob es sich um Hoch-, Schwarz- oder Rehwild handelt. Richtig angesprochen – und auch dann nicht immer(!) – wird in vielen Fällen erst, wenn das Wild auf der Decke oder Schwarte liegt. Und der, der sich rühmt, noch nie einen Fehler gemacht zu haben, ist entweder ein Großmaul oder jederzeit bereit, über den Abschußplan hinaus Beute zu machen.

Hans, der meinen Schuß vernommen hatte, kam uns vor der Jagdhütte ein Stück entgegen, um mir ein herzliches „Weidmannsheil“ zu sagen. Rundum lagen die nahen und fernen Gipfel in jungfräulichem Morgenlicht. Ich stand und bestaunte die unbeschreibliche Schönheit der Bergwelt.

Das Bringen meines Hirsches konnte nur mit Hilfe der Pferde geschehen. Eine stimmungsvolle, aber langwierige Arbeit!

Nachher ließ Hans die Pfropfen einiger für solche Anlässe sorgsam gehüteter Sektflaschen knallen. Wir waren glücklich und alle Erschwernisse der damaligen Zeit waren weit von uns gerückt. Der ausklingende Tag in der Jagdhütte meines Freundes zählte wohl zu den gehaltvollsten, die ich bis dahin in meinem jungen Jägerdasein erleben durfte. Heute weiß ich, daß ein Jagdherr wie Hans und ein Revierjäger wie Rupert rar wie Goldnuggets in unseren Alpenflüssen sind.

Mein Freund wollte damals, daß ich noch einen Rehbock strecke, aber ich mußte nach Hause. Arztbesuche, Nachbehandlungen standen auf dem Programm. Erst als ich hoch und heilig versprach, während der Schußzeit wiederzukommen, ließ mich Hans ziehen.

Als ich nach Wochen wieder im Bergland aufkreuzte, war die Hirschbrunft schon im vollen Gange. Da an jenem Tag Hans und Rupert am Hof unabkömmlich waren, mußte ich den Aufstieg zur Jagdhütte allein in Angriff nehmen. Hans wollte nachkommen, sobald dies möglich war. Nach langer, mühevoller Quälerei – ich wollte es unbedingt ohne Hilfe eines Pferdes schaffen –, erreichte ich gegen Abend die Jagdhütte am Almboden. Wahrhaftig ein idyllisches Plätzchen, dessen Schönheit ich nun ganz allein auskosten durfte. Ich liebte schon in meiner Jugend die Stimmungsbilder des Herbstes; die farbenprächtigen Mischwälder zum Tal hin und die klare Fernsicht, die himmelwärtsstrebende Felswände zum Greifen nah erscheinen läßt.

Hundemüde vom langwierigen Aufstieg warf ich mich aufs Bett. Starke Schmerzen in den kaum erst verheilten Halswirbeln ließen mich auf eine Abendpirsch verzichten. Am nächsten Morgen wollte ich mich dem längst fälligen Herbstbock widmen. Durch das offene Hüttenfenster drang fernes Orgelkonzert der Hirsche; die meisten Stimmen kamen aus dem Tal, doch auch knapp unter dem Almboden röhrten zwei Hirsche mit einem Mal ganz flott. Für einen Jäger kann es wohl keine schönere Nachtmusik geben!

Um die mitternächtliche Stunde fielen Regengüsse auf den Berg. Im ersten Morgengrauen war der Himmel jedoch schon wieder rein und klar. Eine unvergleichlich süße Frische lag in der Luft, als ich zu einem Schlag unter den Lärchen pirschte. Da unten müssen ja – wenn überhaupt – Rehe ihre Einstände haben. Zwischen den Stämmen war die Luft mit intensivem Modergeruch von Pilzen geschwängert. Warum wohl die Hirsche noch nicht röhrten? So leise es nur ging, pirschte ich zum Hochstand, der am oberen Schlagrand stand. Die Leiter ächzte und knarrte gotterbärmlich wie ein altes Bett. Und in das bange, zaghafte Aufbäumen fiel ganz überraschend der dröhnende Baß eines nahe schreienden Hirsches. Ein kalter Schauer lief mir über den Rücken. Endlich saß ich wie versteinert auf der Bank, aber der Hirsch schwieg jetzt wie ein Grab. Hatte er doch etwas vom Stöhnen der Leiter vernommen? Noch lag die Dämmerung auf dem wilden Staudengewirr des steilen Schlages. Sosehr ich auch meine Augen strapazierte, nichts. „Wie langsam doch die Zeit verrinnt, wenn man auf den ersten Tagesschimmer wartet", dachte ich, und allmählich kam das Licht. Plötzlich war in meinem Glas ein starker Hirsch, dessen Geweih eine mächtige Auslage und lange Kronenenden hatte. Dieser Anblick ließ mich schnell meinen Bergbock vergessen. Als der Hirsch mit einem Tier hinter eine größere Fichtengruppe zog, fühlte ich mit Schrecken einen stechenden Luftzug im Nacken. Wenig später polterte ein zweites Tier, das ich nicht gesehen hatte, zurück ins Altholz. Der Hirsch und sein Tier gingen flüchtig mit. Noch einmal sah ich die drei wippenden Spiegel, das Aufblitzen der Kronenenden, aus. Du verräterischer Strolch von einem Wind! Das wäre vielleicht ein ganz spannender Brunftmorgen geworden. Hirsch war keiner mehr frei, doch das Zusammentreffen mit Hochwild in ihrer hohen Zeit hat meist Spannung im Gefolge.

Langsam bekam mein Rehbock wieder Gewicht. Nach dem Intermezzo mit dem Hochwild mochte der Schlag wohl frei von Rehböcken sein. Dazu der von der Höhe ins Tal schleichende Wind. Na, wenn schon, ich blieb sitzen. Beim Jagen gibt es keine Normen; manchmal wird sogar das Unmögliche möglich. Allerdings ist die Bejagung so später Rehböcke meist schwierig und nicht erfolgversprechend.

Als mir dann die ersten Sonnenstrahlen die Haut und die nachtstarren Glieder wärmten, blieb ich erst recht in meinem luftigen Auslug. Lange träumte ich in den Morgen hinein und ergötzte mich an der herben Bergwildnis. Hell leuchtender Fels, dunkel wucherndes Zirbengerank, ewiges Grün und vergängliches Farbenspiel von Blättern, Blumen und Beeren mischten sich in wilder Pracht. Neben meinem Hochsitz fielen von einem Bergahorn große gelbe Blätter müde zu Boden. Unentwegtes Sterben – die Front kam mir in den Sinn. Welche Kumpel mag es wohl bis zu meiner Rückkehr erwischen? Ich wendete meine Blicke von dem sterbenden Bergahorn, wollte das leise Mahnen nicht wahrhaben, wollte nur den sonnendurchfluteten Herbsttag genießen.

Erst am späten Vormittag kam ich wie ein hungriger Wolf zur Hütte. Ein warmes Essen und ein gutes Bett sind nach kurzer Nacht und langer Frühpirsch mehr als ein Geschenk des Himmels.

Schon am frühen Nachmittag versuchte ich eine Pirsch durch

den großen Lärchenbestand. Vielleicht saß irgendwo ein müder Bock zwischen den Stämmen und ließ die warme Herbstsonne auf seine Decke scheinen. Und bald sah ich tatsächlich Rot unter mir am steilen Hang. Bock oder Geiß? Das Stück warf nicht auf, zog immer nur gierig äsend weiter und weiter. Ein ständiger Wechsel von Versinken und Auftauchen des Wildkörpers im üppigen Herbstkraut. Ein Bock, der nach anstrengender Brunft zu Kräften kommen will? Es schien so. „Wenn ich das Haupt nur für einen Augenblick sehen könnte", dachte ich, und schon flog es herrisch in die Höhe. Wohl halb verdeckt, konnte ich hoch über die Lauscher ragende, enggestellte, endenarme Stangen erkennen. Das genügte – längst zog der Bock mit tiefem Äser weiter, und ich entschloß mich zum Schuß. Im hohen Blatt, kaum eine Handbreit unter dem Ziemer, stand das Silberkorn, als mein Finger den Abzug berührte. Rasende Flucht, Bewegung im Blättermeer, dann Stille wie wenige Augenblicke zuvor.

Den Anschuß fand ich nach einer kurzen Suche, doch was werde ich am Ende der roten Todesbahn vorfinden? War nie ein Freund von schnellen Schüssen, doch im schwierigen Gelände der Bergreviere scheint ein rasches Ansprechen und Handeln unerläßlich.

Wie glücklich war ich daher, als ich meine Beute in Augenschein nehmen konnte. Selbst ohne sein hohes Alter wäre der Bock mit den extrem enggestellten Stangen reif für die Kugel gewesen. Und Enden konnte man die Warzen, die sich auf den steilen Spießen fanden, kaum nennen. Wahrhaftig, das lange Warten wurde reichlich belohnt!

Wie gerne man doch so einen Bock zur Hütte trägt. Da ist mit einem Mal kein Hang zu steil und kein Weg zu weit. Auch die Schmerzen im Rückgrad waren wie weggewischt. „Na, Hans wird Augen machen, wenn er die Krone dieses Methusalems sieht", dachte ich, kurz bevor ich die Jagdhütte erreichte – und dann stand plötzlich mein Freund vor mir. Krummrückig, den Bock am Buckel, sah ich zunächst seine Füße und dann erst den ganzen Kerl! Er hielt es im Tal nicht mehr aus und kam am Rücken eines Haflingers ins Revier. Wahrhaftig, ein Freund, mit dem man in allen Lebenslagen leichte und schwere Pferde stehlen konnte!

Fest eingemummt – in den Nächten frischt es um diese Zeit in den Bergen schon gewaltig auf – saßen wir nach dem Abendbrot noch eine kleine Ewigkeit vor der Jagdhütte und hörten dem verklingenden Orgelkonzert der Hirsche zu. Da und dort war im Tal noch das aufwühlende Röhren zu hören. Einmal kam auch aus den nahen Lärchen ein dumpfes Knören, und wir hielten gespannt den Atem an. Doch es war wohl nur ein Schlußakkord, den hier heroben ein Geweihter setzte. Neben uns hing an einer Säule des Hüttenvorbaus mein später Herbstbock und machte diese glücklichen Stunden noch gehaltvoller.

Ich nahm all diese beglückenden Dinge mit Augen und Ohren und mit meiner ganzen Seele auf und fuhr am nächsten Tag nach Hause.

Der Genesungsurlaub war zu Ende, und die Furie Krieg nahm mich wieder in ihre Klauen. Ein Jahr danach – fast auf den Tag genau – kam ich in dieses wunderschöne Revier zurück. Das wußten wir natürlich nicht beim Abschied. Auch von den unglücklichen Begleiterscheinungen, die dieses Wiedersehen ganz empfindlich trüben sollten, hatten wir – Gott sei Dank – keine Ahnung.

Die Tage gingen schnell dahin. Aus dem Sommer formte sich wieder ein Herbst mit Sonnenglut und Altweiberfäden. Da flatterte mir eines Tages aus heiterem Himmel ein Urlaubsschein in die Hände. Es war wie im Märchen, denn längst hatte ich meinen nächsten Urlaub auf den berüchtigten Sanktnimmerleinstag verschoben. Ein böser Traum? Aber nein, vor mir lag ein echtes Papier mit noch druckfeuchtem Stempel und Unterschrift. Das Glück blieb mir hartnäckig auf den Fersen, seit ich einem rußgeschwärzten Rauchfangkehrer die Hand auf die Schulter fallen ließ. Es war nach meinem Genesungsurlaub am Weg zum Bahnhof.

Jetzt aber nichts als raus, sonst pfeift mich im letzten Augenblick noch ein Verrückter zurück, und zwei lange, glückliche Wochen waren beim Teufel! Trotz der unbändigen Freude blieb ein bitterer Beigeschmack. Die enttäuschten Blicke jener, die zurückbleiben mußten, gingen unter die Haut.

Mit einer Packung Zigaretten und einigen derben Flüchen

ergatterte ich einen Fensterplatz. Die tagelange Reise konnte beginnen. Wenn das aus allen Löchern pfauchende Ungetüm an der Spitze unserer endlosen Wagenkolonne nicht gerade die Sicht mit dicken Ruß- und Dampfwolken vernebelte, suchten meine Blicke gierig Wald, Wiesen und Felder. Der Anblick eines Rehes in den Morgen- und Abendstunden elektrisierte mich förmlich, ließ meine Gedanken Hunderte von Kilometern vorauseilen, und ich sah mich schon in den vertrauten Jagdgründen. Wildgänse zogen am Himmel – ein Beweis dafür, daß der Spätherbst nahe war.

Zwei lange, lange Urlaubswochen! Eine Göttergabe! Was ich damit anfangen wollte? Jagen, jagen und... jagen. Mir fiel nichts Schöneres ein! Da und dort war natürlich zu prüfen, ob die brieflichen Liebes- und Treueschwüre noch Gültigkeit hatten. Dazu fand sich aber wirklich in den langen Herbstnächten genügend Zeit.

Endlich zu Hause! Glückliche, erholsame Stunden, doch sehr lange konnten mich die beiden lieben Alten nicht halten. Die Jagd lockte! Vater ahnte es und hatte in weiser Voraussicht einen Rehbock im Talon.

Schon bei der ersten Pirsch holte ich den uralten Bock aus dem hintersten Winkel des Revieres. Er war für die Strapazen des kommenden Winters nicht mehr gerüstet. Unendlich langsam zog er durchs herbstliche Laub. Es schien wahrhaftig, als hätte er auf die erlösende Kugel, auf das schmerzlose Ende gewartet. Glückliches Sterben! Wie vielen Menschen der damaligen Zeit war diese Huld nicht gegeben. Geschunden und zerfetzt hatten sie in fremden Ländern geduldig auf das erlösende Ende zu warten. In den ersten Tagen war es immer schwierig, Abstand von der Brutalität des unseligen Krieges zu gewinnen. Die Gedanken blieben bei jenen, die draußen zurückbleiben mußten. Erst eine Einladung zur Hirschbrunft, von Hans, die zu Hause auf mich wartete, verscheuchte die düstere Grübelei. Gleich am nächsten Tag setzte ich mich in den Zug und fuhr frohgemut und nichts Böses ahnend dem sagenhaften Hirschrevier – das mir ja aus dem Vorjahr in bester Erinnerung war – entgegen. Am Ziel meiner Reise gab es ein herzliches Wiedersehen mit Hans.

War das ein Hallo! Wenn junge, närrische Jäger zusammenkommen – eigentlich hat sich da bis zum heutigen Tag nicht sehr viel geändert(!) –, kann man über mangelnden Gesprächsstoff nicht klagen. Der liebenswürdige „Alte Herr" meines Freundes brachte uns gerne ein Opfer aus seinen eisernen Altweinbeständen, dann war der Erinnerung an gemeinsam Erlebtem Tür und Tor geöffnet.

In diese gemütlichen Stunden fuhr eine Hiobsbotschaft wie ein Blitz aus heiterem Himmel. Ein „hohes Vieh" der damaligen Zeit, um es gleich richtig zu sagen, ein unerwünschter, äußerst unangenehmer Bonze, der sofort mit Repressalien drohte, wenn jemand nicht gewillt war, seine Wünsche zu erfüllen, hatte sich für den nächsten Tag zur Jagd angesagt. Aber nicht nur das! Er kam uneingeladen, um den König des Revieres zu strecken. Den König? Das sagt und schreibt sich so einfach, klingt wie eine Phrase. Doch auf jenen Hirsch, davon sollte ich mich selbst bald überzeugen, trafen diese Worte zu. Weit und breit sprach man in allen Jägerkreisen von dem Geweihten, und so blieb er auch dem ungebetenen Gast nicht verborgen. Der Kapitale mußte überdies auf Anhieb fallen, man stelle sich diese Impertinenz vor, da er dem Erleger in wenigen Tagen als Dekorationsstück anläßlich eines Galadiners im „allerhöchsten Kreis" dienen sollte. Massive Drohungen für den Fall, daß der Hirsch bis zum gewünschten Termin nicht zur Strecke käme, waren wohl der Gipfel der Frechheit. Diese Drohungen mußten ernst genommen werden, da Zorn und Schikanen des Allgewaltigen nicht nur sprichwörtlich, sondern auch allseits bekannt waren.

Schnell schlug unsere Wiedersehensfreude in ohnmächtige Wut um. Man war machtlos und mußte sich fügen.

Mit Pomp rauschte der ungebetene Gast anderntags an und fuhr gegen Abend mit Rupert, den wir wahrhaftig nicht beneideten, ins Revier.

Untätig warteten wir zu Hause auf den erlösenden Schuß, da es allen anderen untersagt war, während der Anwesenheit des Paschas das Revier zu betreten. Traurigkeit und Erleichterung zugleich überkamen uns, als nach Stunden die Hörner „Hirsch tot" verkündeten. Dem Bonzen brannte nach seiner Rückkehr aus dem Revier der Boden unter den Füßen. Nach einem kurzen Umtrunk machte er sich mit seiner parasitären Begleitung aus dem Staub. Dem Jagdherrn geruhte er vorher allerdings noch gnädigst mitzuteilen, daß der gestreckte Hirsch – wie könnte es anders sein – auf Tannenreis gebettet am nächsten Tag zu überbringen sei. Kein Wort des Dankes – nichts! Viele mißglückte Posen, vorgetragen im piekfeinsten Jagdzeug, erregten in uns eine tiefe Abscheu.

Endlich fand man Zeit, Rupert nach dem Hergang der Jagd zu befragen. Der Schuß beim allerletzten Büchsenlicht auf den inmitten des Brunftrudels ziehenden Hirschen war eigentlich alles, was der Mann zu berichten wußte. Kein Schußzeichen, nur ein Wegbrechen von Hirsch, Tieren und Kälbern. Das hörte sich nicht sehr verheißungsvoll an.

Zur frühen Stunde verließen wir, Hans, Rupert und ich, das Haus. Das Röhren der Hirsche begleitete uns. In allen Höhen und Tiefen orgelten die Recken, nur die tiefe Stimme des alten Vierzehnenders war verstummt. Also doch!? Das erste Tageslicht fand uns am Anschuß, es gab reichlich Schweiß, guten Lungenschweiß, und schon nach etwa fünfzig Gängen standen wir vor einem mit Blattschuß gestreckten Tier. Warum um Himmels willen das?

„Bringt mir den Hirsch, und wenn ihr ihn selber schießen müßt.“ Die Worte des alten, kränklichen Vaters von Hans klingen mir heute noch im Ohr. Ein ganzer Tag blieb uns, um diesen Wunsch zu erfüllen, damit der Bonze seine Drohungen nicht wahrmachen konnte. Aber wie?

Urplötzlich fuhren wir betroffen zusammen. Einige hundert Meter unter uns, wir standen damals auf der Kuppe eines sanften Hügels, dröhnte der tiefe Baß des alten Vierzehnenders. Einige Male noch ein rauher, wütender Kampfschrei aus grobem Hals, dann war es dem Hirsch genug. Auch die anderen Hirsche schwiegen.

Wir standen wie gelähmt. Was tun? In fliegender Eile berieten wir und beschlossen letztlich den Rat des alten erfahrenen Jägers in die Tat umzusetzen. Wir standen direkt auf dem Brunftplatz des Vierzehnenders, auf einem riesigen, mit üppigen Stockausschlägen bewachsenen Schlag, den nach allen Seiten hin ein alter Fichtenbestand umgab. Hans und ich sollten auf je einer hügelwärts führenden Schlagseite im Bestand einen alten Hochwildwechsel beziehen. Rupert selbst wollte versuchen, den Hirsch zu umgehen und nach oben zu drücken.

Gelang dieses Vorhaben, hoffte der Alte, daß entweder mein Freund oder ich zu Schuß kommen werden. Von unseren Ständen aus, wenn irgendwie möglich, auch den Kahlschlag im Auge zu behalten, war die letzte Empfehlung des alten, weisen Ruperts, bevor er nach der roten Arbeit im Holz verschwand. Eine treue Seele, die unser uneingeschränktes Vertrauen genoß.

Hans und ich bezogen unsere Stände. Ich war bald an Ort und Stelle und folgte mit den Blicken meinem Freund, bis er in einer Entfernung von etwa fünfhundert Gängen am jenseitigen Waldrand verschwand. Dort irgendwo mußte sein Weg ein Ende finden.

Unvergeßlich mein Stand. Er fand sich hinter einem mächtigen, bärtigen Fichtenstamm, auf einer riesigen, mit dickem Moos überzogenen Steinplatte, von wo ich sowohl weit hinein in das Hochholz als auch hinaus auf den Schlag ein gutes Schußfeld hatte. Das Moos dämpfte meine Schritte wie ein teurer orientalischer Teppich. Nebeldunst schlich zwischen den Stämmen vom Tal herauf und zog langsam an meinem Stand vorbei. Der Wind war also günstig. Kein Laut weit und breit, obwohl meine angespannten Sinne bereit waren, jedes hörbare Geräusch zu orten und aufzunehmen. Draußen am Schlag äste wenig später ein Reh, sonst nirgendwo ein Stück Wild. Schon mochte sich die erste Stunde meines regungslosen Ausharrens füllen, da brach es mit einem Male unter meinem Felsenstand, und Augenblicke später kam zwischen zwei Fichtenstämmen das unendlich lange, eisgraue Haupt eines Alttieres zum Vorschein. Einem nicht endenwollenden Sichern folgte ein völlig vertrautes Weiterziehen. Tiere und Kälber kamen aus dem Tal herauf, und dann sah ich plötzlich die Stangen des Hirsches zwischen den Fichtenstämmen geistern. Das Haupt folgte. Weit ausladend wankte darauf das Geweih. Meine Hände umklammerten Schaft und Kolbenhals der eingestochenen Büchse. Nur noch Sekunden, und der Hirsch mußte frei sein. Schon tastete der Zielstachel des Fernrohres nach dem Leben im Blatt, da merkte ich den Irrtum, dem ich fast erlegen. Ich kann heute, nach mehr als vierzig Jahren, nicht mehr genau sagen, welcher Hirsch damals beim Rudel stand. Glaube mich aber zu erinnern, daß ein wohl starkes, aber endenloses Geweih mir im letzten Augenblick die Augen öffnete. Nicht den gesuchten Vierzehnender, sondern einen Beihirsch hatte ich vor der Büchse. Völlig vertraut zog das Hochwild kaum dreißig Gänge an meinem Stand vorbei. Wo aber war der Alte?

Mein langsam abklingendes, erregendes Warten beendet urplötzlich der harte Knall eines Schusses. Das grollende Echo ließ keine Frage offen.

Nach einer geraumen Weile fand ich Hans. Er stand in Gedanken versunken vor einem kapitalen Vierzehnender, mit dunklen, geperlten Stangen und ungewöhnlich starken vierendigen Kronen. Die gewaltigen Augenenden, die sich im mächtigen Schwung über dem grauen Windfang wölbten, habe ich heute noch in bester Erinnerung.

Jetzt erst, da wir vor dem gefällten Geweihten standen, fühlten wir die fatale Situation, in der wir uns befanden. Besonders Hans mußte das Unrecht, das ihm da widerfuhr, sehr nahe gehen. Hier konnte man wahrhaftig sagen: „Nicht alles, was Recht ist, darf recht sein!" Mein Freund stand ohne Zweifel vor seinem Lebenshirsch, der ihm aber nicht gehören durfte. Daher verständlicherweise keine überwallende Freude, kein zitternder Griff in die einmalige Trophäe.

Eilig, mit gespanntem Gesichtsausdruck, kam Rupert heran, sah den Hirsch und drückte seinem jungen Jagdherrn auch nur stumm die Hand. Erschüttert hielten wir wohl die traurigste Totenwacht unseres Lebens. Wie sehr ich doch meinem von diesem unseligen Krieg so schwer gezeichneten Freund diesen Hirsch gegönnt hätte.

Uns allen war in jenem Herbst die Freude am Jagen vergangen. Als mich der ratternde, ächzende „Fronturlauber" wieder hinausbrachte, war mir noch immer nicht nach Wild und Weidwerk zumute. Es dauerte lange, bis ich nach diesem betrüblichen Erlebnis wieder Freude am Jagen finden konnte.

Pierre

Gleißendes Licht lag auf Wiesen und Wäldern. Matt schimmerten die mächtigen Kronen der Laubbäume, in deren Geäst der Glast mit den Schatten spielte. Morgen oder übermorgen mochte der Herbstmond voll sein. Dieser Mond, der mich schon von Kindheit an in seinen Bann zog. Nicht, daß ich als Schlafwandler über Dächer gestiegen wäre, nein, allein das volle Gesicht des Erdtrabanten fesselte mich. Die leuchtende Kugel gaukelte Dinge vor, das kein Traumbild zu geben imstande war. Kein Wunder also, daß ich damals schon – kaum trocken hinter den Ohren – unzählige winterliche „Fuchsnächte“ auf meinem Konto hatte. Natürlich wußte ich zu jener Zeit nichts von den vielen, vielen Mondnächten, die ich noch dem urigen Schwarzwild opfern sollte . . .

Ich saß am offenen Fenster, schrieb in meinem Tagebuch und horchte in die Nacht hinaus. Die vielen Geräusche, die aus der Dunkelheit kommen, faszinierten mich ein Leben lang. Rehe, Eulen, Frösche, Grillen und was es da noch alles zu hören gibt!

Was mich damals allerdings störte, monotone Schritte am Beton. Ein Wachposten, der in jener Nacht vor meiner Baracke auf und ab ging, spulte sie mit der Präzision eines Uhrwerkes herunter: „Eins, zwei, drei, vier, fünf, sechs, sieben acht, scharrende Kehrtwendung, eins, zwei, drei, vier, fünf . . . acht“, und so ging es weiter, weiter, weiter. Unseliger Krieg, wann wirst du endlich ein Ende finden? Wann? „Eins, zwei, drei . . . verdammter Mist.“

Da, . . . ganz deutlich war es zu hören. Wie von der Tarantel gestochen, fuhr ich in die Höhe und horchte angespannt in die Dunkelheit hinaus.

„Eins, zwei, drei . . .“ „Bleib stehen, Kerl“, herrschte ich den pflichtbewußten Posten völlig zu Unrecht an. Dem Mann fuhr der Schreck in alle Glieder. Er blieb augenblicklich stehen und rührte sich nicht vom Fleck. Meine Enttäuschung stieg, je länger ich in die Nacht hinaushorchte. Nur monotones Grillengezirpe, höhnisches Waldkauzlachen und sonst kein Laut. Eine Mystifikation? Hörte ich Gespenster? War es das Mondgesicht, das mir wieder einmal ein Märchen erzählte?

Der Soldat wagte noch immer keinen Schritt, erst als ich ihn herbeiwinkte, schlich er auf Zehenspitzen näher.

„Horch!"

Nun lagen wir beide auf der Lauer, bis es endlich wieder aus der Dunkelheit der Wälder kam; diesmal deutlich und voll Urkraft. Jetzt gab es für mich keinen Zweifel mehr; ich spürte, wie mir die Spannung eine gewaltige Gänsehaut über den Körper trieb.

„Hast du gehört?"

„Jawohl!"

„Was hast du gehört?"

„Ein, ein... Tier."

„Richtig, aber welches Tier?"

„Ich glaube, es war ein Löwe", flüsterte der Soldat mit aufgeregter, heiserer Stimme. Ich lachte laut in die Nacht hinaus und gab dem Posten eine Zigarette.

„Das war ein röhrender Hirsch! Gute Nacht."

„Gute Nacht, Herr..."

Ich warf mich aufs Bett und träumte mit offenen Augen. Auch zu Hause mochten jetzt die Hirsche schreien, ihre gewaltigen Stimmen die Wälder erfüllen. Wie schön wäre es, wenn eins, zwei, drei, vier... aus der Traum, ich sah mich wieder in die Wirklichkeit versetzt.

Na schön, wenn es keinen Urlaub und somit keine Hirschbrunft in der Heimat für mich gab, dann mußte es eben hier eine für mich geben. Legal natürlich, soweit man dies überhaupt so nennen konnte.

Schon am nächsten Morgen fuhr ich nach R. zum Jagdoffizier – ich glaube, so hieß diese Funktion –, der sogleich ein offenes Ohr für mein Anliegen zeigte, aber auch sichtlich erfreut war, wieder einmal mit einem Grünrock ins Gespräch zu kommen. Über mein Ersuchen teilte er mir ein bestimmtes Revier zu und gab mir auch einen Hirsch zum Abschuß frei. Mein Herz machte einen Salto vorwärts, und so schnell ich konnte jagte ich den Wagen wieder zurück in die herrlichen Wälder der Normandie.

Nun war ich also zur Jagdausübung berechtigt, und zwar in einem Revier, mit dessen Inhaber ich mich längst angefreundet hatte. Eigentlich war Pierre der Bruder des Gutsbesitzers, der gleich zu Beginn des Krieges in deutsche Gefangenschaft geriet.

Mein „Alter“, ein fünfunddreißigjähriger Major, wollte von der Jagd nichts wissen. Er soff viel lieber eine Flasche um die andere – und das machte mir wiederum keine allzu große Freude. Diese harte Nuß war noch zu knacken! Es dauerte eine ganze Weile und eine stattliche Batterie „Pullen Sekt“, bis ich die Zustimmung für meine Hirschjagd in der Tasche hatte. Endlich war der „zünftige Abschiedstrunk“ mit dem saufwütigen Boß beendet.

„Daß du mir nicht ohne Hirsch nach Hause kommst, sonst zahlst' zehn Flaschen, verstanden?“

Jetzt lag es an mir, wie ein Löwe zu brüllen:

„Jawohl, Herr Major.“

Gedacht habe ich mir allerdings etwas anderes!

Drei Tage Hirschbrunft in den nahen herbstlichen Wäldern lagen vor mir. Vergessen der Krieg und all das Nervenzermürbende; eins, zwei, drei . . .

Ein Militärfahrzeug brachte mich auf einem holprigen Feldweg zu den riesigen Eichenwäldern. Dort wartete auf mich ein Mann, der in mir nicht den lästigen, verdammenswerten Besatzungssoldaten sah, vielmehr den Gleichgesinnten, den Naturfreund, den Jäger. Wir waren uns vom ersten Augenblick an zugetan, wenngleich es der eine dem anderen zunächst nicht offen eingestand. Stundenlange Gespräche brachten uns näher; alle trennenden Schranken fielen; was blieb, war der Mensch! Pierre, der Waldläufer, lernte mein Leben kennen und ich das seine. Wir spürten, wie wir Freunde wurden inmitten der stillen Wälder. Der Schwur, unsere Freundschaft über alle Klippen des unseligen Krieges zu tragen, war uns heilig. Allein dieses Wollen ließ uns beide das Schwere der damaligen Zeit oft völlig vergessen.

So stand ich denn vor Pierre, und drei gottvolle Tage konnten beginnen. Der Waldläufer schüttelte meine Hand wie einen Pumpenschwengel, und die Wiedersehensfreude lachte ihm dabei aus seinen hellen Augen. Die Begrüßung war für mich immer wieder ein sehr schmerzhaftes Zeremoniell, in Pierre mußten wahre Bärenkräfte stecken!

Herrlich schmeckten die Feldhühner aus der Küche meines Freundes, der hier – abseits des großen Wirtschaftsgebäudes – tagelang in der Einschicht lebte. Er wiederum nahm gerne von dem, was ich in sein stilles Waldhaus brachte. Bei allem erzielten wir einen Gleichklang, der uns von Stunde zu Stunde mehr und mehr verband.

Als Pierre meine Unruhe merkte, rüsteten wir zum Aufbruch. Der Wald war von den Farben des Herbstes gezeichnet. Es gibt wohl keinen Maler – wäre er auch noch so begnadet –, der die Buntheit des herbstlichen Laubwaldes naturgetreu darstellen kann. Die vielen Nuancen, die es da gibt! Und wenn erst die Sonnenstrahlen mit diesen Farben zu spielen beginnen, wähnt man sich wahrhaftig in einer anderen Welt. Das fühlte ich besonders in der Normandie, wo ein eigenartiger Glanz auf den Wäldern zu liegen schien.

Wir gingen an einem kleinen, stillen See vorbei und durchstiegen wildromantische Schluchten. Die Welt könnte nirgendwo schöner sein. In der Heimat wohl, bei diesen Gedanken schwangen aber ganz andere Gefühle mit. Nach stundenlangem Marsch erwarteten wir im Herzen des Revieres den ersten Brunftabend. Unsere Kanzel stand am Rande eines schier unübersehbaren Kahlschlages, der nach allen Seiten hin von Laubwäldern eingeschlossen war.

Spät am Abend endlich das erste sehnlich erwartete Zeichen der Brunft, dem gleich das zweite und bald viele andere folgten. Die Hirsche röhrten, und unsere Herzen klopften in freudiger Erregung den Takt dazu. Im allerletzten Licht sahen wir dann auch noch ein starkes Brunftrudel, konnten den Hirsch aber wegen der großen Entfernung nicht mehr ansprechen. Seine Stimme war gewaltig, und so beschlossen wir, den kommenden Morgen wieder hier zu erwarten. Das Konzert der orgelnden Hirsche begleitete unseren Heimweg.

Es war schon spät geworden, als wir bei Pierres Haus eintrafen. Abermals aß ich mit großem Appetit Wildgerichte aus der Küche meines Freundes. Kochen konnte er, das mußte man ihm lassen! Später erzählte der Waldläufer haarsträubende Geschichten aus seinem und anderer Leute Leben. Ich hörte Pierre gerne zu, da er ein Meister des Vortrags war. Ein wunderbarer Abend, der Mond stand über den Eichen, und wir genossen den ewigen Frieden des ruhenden Waldes in vollen Zügen. Fernes Röhren der Hirsche untermalte unser Gespräch, das meist die Jagd zum Inhalt hatte.

Schaudernd dachte ich an die sich ständig wiederholenden Kasinoabende und deren obszöne Höhepunkte: Suff und drittklassige Frauen. Wie idyllisch hingegen hier, im Jagdhaus der Normandie, vor dem offenen Kamin, in dem immer lodernde Feuer prasselten oder Glutberge lagen, die mystisches Licht in das Herrenzimmer warfen. Nach jeder Abendpirsch, von den monotonen Pendelschlägen einer Barockuhr durch stundenlange Dialoge begleitet, vergaß ich den Krieg und alle damit verbundenen Bitternisse. Pierre erging es wohl nicht anders.

„Warum hatte man dich eigentlich nicht zu den Fahnen gerufen?“ Mein Blick ruhte fragend auf Pierre, der sinnend in sein mit Bordeaux gefülltes Glas blickte, bevor er zu reden begann.

„Das ist eine lange Geschichte, die ich dir schon einige Male erzählen wollte, und sie beginnt mit dem tragischen Tod meines Onkels Albert, der mich zu seinem Universalerben auserwählt hatte. Als Leiter des Gutes ließ man mich bei Kriegsausbruch fürs erste ungeschoren, und dann ging alles sehr schnell ... wie du ja weißt.“

„Dein Onkel ist auf tragische Weise ums Leben gekommen?“, lenkte ich bewußt von Frankreichs rascher Niederlage ab, die damals wohl allen Franzosen wie Feuer im Herzen brannte.

„Ja, eine halbe Stunde von hier geschah diese menschliche Tragödie, die ich dir jetzt erzählen werde“, antwortete Pierre und lehnte sich weit in seinen Klubsessel zurück.

„Damals kochte in den umliegenden Eichenwäldern der Nebel, und das Laub sank tropfnaß zu Boden. Feiner Regen träufelte unablässig aus tiefhängenden Wolken. Ein schauriges Wetter, das uns hier die Hirschbrunft schon oft verleidet hatte. Wer je in einem solchem Nebelmeer saß, ließ seine Jagdfreuden ganz sicher weit hinter sich. Nicht so, Minju, der Jäger! Er war hinter den Hirschen her. Dabei harrte er stundenlang auf Hochsitzen aus und fror jämmerlich. Spätherbstliche Kälte setzte sich in seinen Knochen fest. Wenn der Jäger Arm- und Beingelenke bewegte, stachen ihn tausend feine Nadelspitzen. Und trotzdem verbrachte er Tag und Nacht auf luftigen Hochständen und Bäumen. Doch dieses Martyrium sollte nur mehr einige Tage dauern, dann kam der Jagdherr – mein Onkel Albert – aus der Stadt, um den kapitalen Vierzehnender zu erlegen; den stärksten Hirsch, der seit Menschengedenken seinen Einstand in diesen Wäldern hatte.

Bis dahin wollte Minju, ein beinharter Jägertyp, hautnah am Hirsch verbleiben. Wie ein Schatten wollte er ihm folgen. Viele, zu viele Spitzbuben gab es im weiten Umkreis, die hinter dem König der Wälder her waren. Immer wieder fand man Hirsche mit gekapptem Geweih. Diesmal sollte es den Schwärzern nicht gelingen, den Kapitalen zu meucheln.

„Eher sollen mich die Filous von einem Baum herunterschießen", sagte der Jäger wiederholt. Da er täglich zu mir kam, um Bericht zu erstatten, war ich über alle Abläufe im Revier genauestens informiert. Minju steckte in einem Teufelskreis, dem er nicht entrinnen konnte.

Die Stärke des Hirsches hatte sich schnell herumgesprochen. Nicht nur im Lebensbereich der Jägerschaft, auch im Untergrund der Wildererbanden. Um den Kapitalen gab es in allen umliegenden Spelunken erhitzte, lautstarke Debatten. Man schloß bereits Wetten ab, daß dieser Hirsch nicht die Beute des Jagdherrn werden sollte. Minju wagte daher keinen Schritt mehr aus dem Bannkreis des Geweihten. Der pflichtbewußte Jäger blieb in der Nähe des Brunftplatzes, in der Nähe des großen Schlages, der im Herzen des Revieres lag.

Minju kannte den Hirsch besser als alles andere dieser Welt. Wie in Trance, konnte er die wuchtigen Stangen des Kapitalen von den Rosenstöcken bis zu den Kronenenden haargenau beschreiben. Nicht nur das! Er erkannte den Hirsch an jedem Laut, egal ob auf dessen Geäse ein Orgeln, Trenzer oder ein Sprenglaut kam. Es gab für den Jäger auch keinen Zweifel, wenn er nur Teile eines Trittsiegels des Hirschen sah. Kein Wunder, wenn ihm dieser schon als Traumbild verfolgte!

Wenn der hartgesottene Mann an Frau und Kinder dachte, schlich sich manchmal Wehmut in sein Herz. Er wußte kaum noch, wie das Mädchen und der Bub aussahen. Dafür kannte er den Hirsch um vieles besser! Kam Minju tatsächlich einmal nach Hause, schliefen die Kinder längst. Nach kurzer Nacht, lange bevor der erste Schimmer im Osten aufging, verließ der Jäger regelmäßig das Haus. Die Liebe seiner Frau spendete ihm Kraft, hielt ihn aufrecht, ließ ihn für kurze Zeit Gefahren und Härte seines schweren Berufes vergessen.

Mit zunehmendem Mondlicht war der Jäger in der Endphase nur mehr im Wald zu finden. Tag und Nacht stand er im Dienst, schlief zwischendurch da und dort eine Stunde.

Minju, dessen Körper stärker sein mochte als sein Geist, war der perfekteste Jäger weit und breit. Er besaß die Nase eines Schweißhundes, das Auge eines Adlers und die Kraft eines Bären. Wahrhaftig, manch ein Mensch ist ein Geheimnis, ein Wunder der Schöpfung. Dank dieser außerordentlichen Eigenschaften war Minju mit dem lichtscheuen Gesindel, das sich verbotenerweise mit Waffen in unseren Wäldern umhertrieb, bis zur Stunde fertig geworden. Freilich hing dabei sein Leben oft nur an einem seidenen Faden.

Der Jäger war Onkel Albert, dessen Gunst er zu schätzen wußte, in einer hündischen Treue ergeben. Daher auch der aufopferungsvolle Dienst bis zur totalen Erschöpfung. Minju wollte erst zu seiner Familie zurückkehren und ausruhen, wenn der Hirsch auf der Decke lag. Noch waren es Tage – bald würden es nur noch Stunden sein ...

Ich beschreibe die Einzelheiten deshalb so genau, damit du die ganze Tragik, die am Ende dieser Erzählung steht, verstehen kannst", meinte Pierre, und ich, sein interessierter Zuhörer, nickte zustimmend.

„Der Hirsch, unumschränkter Herrscher in unseren Wäldern, gab sich wahrlich majestätisch. Er schlug die Rivalen ab, wie sie kamen, und setzte danach seinen tiefen, vollen Siegesschrei dröhnend in die unendlichen Eichenwälder. Minju wäre es lieber gewesen, der Vierzehnender hätte mehr geschwiegen und nicht ständig seinen Standort verraten.

Endlich nahte die Stunde, der jagdliche Höhepunkt. Am nächsten Tag sollte Onkel Albert aus Paris kommen und unter Führung seines bewährten Jägers den Hirsch strecken. Die letzte Nacht brach an. Von ihr konnte der Jäger nichts mehr berichten. Polizisten rekonstruierten vieles, doch wie mochte diese Nacht wirklich verlaufen sein ...?

Langsam verrann die Zeit. Das gleißende Mondlicht fiel satt

auf die Erde, auf den großen Schlag. Schemenhaft mochte Minju das Brunftrudel gesehen haben. Sein starkes Glas zeigte ihm wohl, wie Tiere und Kälber zusammendrängten, wenn sie der Geweihte würdevoll umkreiste und dabei federnd Lauf um Lauf in den weichen Waldboden stapfte. Das starke Geweih zierte den mächtigen Rumpf, aus dem immer wieder zornige Kampfschreie brachen. Heißer Atem, der sich in der Nachtkälte augenblicklich in Wasserdampf umwandelte, strömte gespenstig aus dem Geäse. „Wahrhaftig ein König", mochte der Jäger gedacht haben.

Geisterhaft stiegen Nebelfahnen aus dem Tal herauf. Ganz sicher atmete Minju erleichtert auf. Denn, so lange Nebel den Brunftplatz umfangen hielt, war der Hirsch vor den Kugeln der Schwärzer sicher. Mit dem Schrei des Hirsches im Ohr mochte der Jäger, von bleierner Müdigkeit übermannt, in das Dunkel eines bodenloses Schlafes gestürzt sein. Im Geäst einer Eiche, mit dem Ledergurt festgezurrt, schlief der Jäger manche Stunde, halb sitzend, halb hängend... fast wie ein Tier.

Die schützenden Nebelschwaden hatten sich damals wohl rasch aufgelöst, und strahlendes Mondlicht mochte sehr schnell wieder die Szenerie erhellt haben.

Dann zerriß die Stille der Nacht wohl ein dumpfer, dröhnender Knall, und sein Echo fuhr brüllend durch die mächtigen Eichenstämme. Minju, mit einem Schlag hellwach, wollte ganz sicher der Wahrheit für Augenblicke nicht in die Augen sehen. Erstarrt mochte er das wilde Wegprasseln... den krachenden Fall vernommen haben.

Aus, vorbei – ein schmerzliches Ende!

Für Minju mußte in diesen Augenblicken eine Welt eingestürzt sein. Eine blindwütige Rachgier mochte sich seiner bemächtigt haben. Einem Panther gleich, glitt sein Körper zu Boden. Für jeden anderen Menschen unhörbar, schlich er zum nahen Schauplatz des nächtlichen Geschehens.

Sehr bald mußte der Jäger am Waldrand den riesigen schwarzen Klumpen und die mächtige Stange des Vierzehnenders, deren Silhouette anklagend zum Himmel wuchtete, gesehen haben. Der Kapitale war den Schwärzern zum Opfer gefallen. Alle Mühen und Strapazen der letzten Tage, Wochen, Jahre waren umsonst.

Die Hände des Jägers krampften sich wohl um den Schaft seiner Büchse, als er die Gestalt wahrnahm, die vor dem gestreckten Hirsch kauerte. Abgrundtiefer Haß verdrängte alle menschlichen Gefühle im Herzen Minjus. Nur Bruchteile von Sekunden mochten zwischen Anruf – einem wilden, tierischen Schrei – und dem Schuß liegen, der aus dem Stutzen des Jägers peitschte, als drüben eine bewaffnete Gestalt in die Höhe fuhr. Auch diesmal versiegte das donnernde Echo des Knalles nur langsam grollend in der Ferne.

Mitten ins Herz getroffen, fand Minju wenig später ... seinen Jagdherrn, der einen Tag zu früh aus Paris kam und vom Jagdfieber getrieben in die Eichenwälder ging, wo er seinen Lebenshirsch wußte.

Nicht weit vom Schauplatz der Tragödie fanden sie auch Minju, den Jäger. Niemand stand ihm in seiner wohl schwersten Stunde bei. Niemand hörte seine letzten, wirr gestammelten Worte, die bis zum bitteren Ende das tragische Geschehen ungeschehen machen wollten. Wie oft der Jäger seinen Gott und die Menschen wohl um Verzeihung bat, bevor er Hand an sich legte ...?

„Meines Vaters Bruder, ein passionierter Jäger, dem damals Gut und Jagd gehörten, fand also in diesen herrlichen Wäldern auf so schreckliche Weise sein Ende“, schloß Pierre seine nächtliche Erzählung.

Gegen Abend klarte der Himmel auf. Es war schon spät – ein kurzer Ansitz mußte uns aber noch gelingen. Im übrigen ist es nie zu spät, das zu tun, was man sich vorgenommen hat. Eilenden Schrittes versuchten wir daher vor Einbruch der Dunkelheit einen verhältnismäßig nahen Schlag, der Pierre als ausgezeichneter Brunftplatz bekannt war, zu erreichen. Rundum melden nah und fern recht hitzig die Hirsche. Ein gutes Vorzeichen! Nach etwa zwanzig Minuten erreichten wir einen schummrigen Graben, dessen Ende sich alsbald zu einem von unzähligen Stockausschlägen bedeckten Schlag hin öffnet. Bei noch angemessenem Schußlicht erklommen wir eine Kanzel, die uns nach allen Seiten hin einen traumhaften Ausblick bot. Kaum saßen wir fest in dem phantastischen Auslug, fing unweit von uns ein Hirsch mit grollender Stimme zu röhren an. Ein zweiter antwortete, und im Nu war ein tolles Duett im Gange. Wenn nur die Nacht nicht schon vor der Kanzel stünde!

Plötzlich hatten wir den immer zorniger schreienden Hirsch im Glas. In einer Entfernung von etwa dreihundert Gängen zog er inmitten seines starken Brunftrudels auf die Lichtung und begann dort sofort zu wüten. Es gelang uns nicht, den Hirsch richtig anzusprechen, da er keinen Augenblick Ruhe gab und immer in Bewegung war.

Ich erlebte ein Schauspiel wie nie zuvor. Der Hirsch schlug mit seinem starken Geweih wie ein Berserker in den Waldboden und in das Unterholz. Große schwarze Erdbrocken und armdicke Äste flogen nach allen Seiten. Wahrscheinlich trafen einige Trümmer auch das Kahlwild, da Tiere und Kälber immer wieder erschrocken durcheinanderfuhren. Das von dem Wüterich hervorgerufene Getöse war weithin hörbar. Ich konnte mich an den einmaligen Bildern nicht sattsehen. Sie waren so aufwühlend, so erregend für den jungen Jäger, der so etwas noch nie erlebt hatte. Meine Hochwilderfahrungen waren damals gering. Mit Interesse beobachtete ich, wie das Alttier während des Schlagens des Hirsches starr äugend und fortwährend windend die Sicherung übernahm. Wahrlich viel konzentrierter als ein Wachposten: „Eins, zwei, drei . . .“

Doch weg mit diesen störenden Gedanken, heute mochte ich noch nicht an das Morgen denken. Irgend etwas mußte das Leittier dann wahrgenommen haben – der Wind stand auch nicht sehr günstig –, denn schlagartig rumpelte die gesamte Hochzeitsgesellschaft ins Hochholz. Aus, vorbei, die tolle Raserei eines zornigen Brunfthirsches, den mein Freund vorher nie gesehen hatte. Wanderhirsche gibt es in der Brunft wohl überall. War er vergrämt? Der nächste Morgen sollte uns hierüber Aufschluß geben. Pierre hielt den Hirsch schußbar, wollte ihn nur noch genauer ansprechen, denn unser gemeinsames Jagen sollte mit einem starken Geweih seine Krönung finden. So wollte es zumindest mein Freund, und ich konnte mich seiner Meinung nur anschließen.

Längst war das letzte Schußlicht vorbei, wir saßen immer noch in der Kanzel und horchten in die Nacht hinaus; wir hörten das Orgeln der Hirsche, die in den großen, unübersehbaren Eichenwäldern ihren Einstand hatten.

Als wir uns auf den Rückweg machten, zog die volle Scheibe des Mondes über den mächtigen Baumkronen ihre Bahn am

Himmel. Es dauerte nicht lange, und wir horchten wieder mit pochendem Herzen – diesmal aber nicht wegen der Hirsche –, in die Dunkelheit hinein. Pierre, ausgestattet mit dem Gehör eines Luchses, faßte während unseres gemütlichen Heimganges plötzlich meinen Arm und zog mich hinter den Stamm einer starken Eiche. Der Waldläufer gebot mir, Ruhe zu bewahren, und bald hörte auch ich Laute, die für mich zunächst undefinierbar waren. Wild konnte diese immer deutlicher werdenden Geräusche jedenfalls nicht verursachen, das war mir bald klar. Schnelle menschliche Schritte? Natürlich, wie Schuppen fiel es mir plötzlich von den Augen! Und schon kam es geisterhaft, wie ein riesiger Tatzelwurm, entlang des Weges auf uns zu. Das Mondlicht, das an manchen Stellen durch die Kronen der Eichen brach, ließ uns etwa ein Dutzend Gestalten schemenhaft erkennen, die schnellen Schrittes, kaum zwei Meter, an uns vorbeihasteten. Zweifellos Soldaten! Ein Spähtrupp, aber welcher Nationalität? Unsere Soldaten konnten es nicht sein, da ich von etwaigen Übungen und Einsätzen gewußt hätte. Also Partisanen, vielleicht auch ein regulärer Gegner, mit Fallschirmen oder Booten – das Meer war nicht allzu fern – gelandet! Wir wußten damals schon lange von Gruppen, die nur des Nachts operierten und sich dabei des Schutzes der riesigen Eichenwälder bedienten. Eine verdammt mißliche Situation, in die wir da beinahe geraten wären. Als der Trupp vorbei war und unsere Herzen wieder ruhiger schlugen, quälten mich alsbald Gedanken, die ich während der Jagd völlig vergessen hatte.

„Eins, zwei, drei ...“, abscheuliche Furie des Krieges!

Wir beschlossen, am nächsten Morgen erst mit dem beginnenden Licht hinauszugehen, um nicht während der Dunkelheit in eine mögliche Falle zu tappen. Als wir in die Nähe des Schlages kamen, der mir vom Abend des Vortages in bester Erinnerung war, sahen wir mit einem Mal Hochwild. Tier und Kalb zogen in einer Entfernung von kaum dreißig Gängen völlig vertraut über den Weg. Der Wind stand gut. Und wieder war es Pierre, der das Kommende ahnte, vielleicht auch schon wahrnahm. Von seiner starken Hand zu Boden gedrückt, hieß er mich, über die Knie zu schießen, wenn der dem Kahlwild folgende Hirsch der richtige wäre. Wo war der Hirsch? Ich konnte beim besten Willen keinen erspähen. Es vergingen aber nur Augenblicke, da tauchte zwischen den Eichenstämmen ein riesiger Wildkörper auf. Als ich das starke Geweih sah, schüttelte mich auch schon ein gewaltiges Jagdfieber. Das so sehnlich erträumte Weidmannsheil kam zu schnell, zu übergangslos, brachte mein Herzblut in stürmische Wallung. Ich fühlte mich wahrhaftig nicht fähig, nicht stark genug, einen gezielten Schuß abzugeben, und der neben mir kauernde Pierre flüsterte in einem fort:

„Schießen, schießen, schießen..."

Ich kann heute nicht mehr sagen – und hätte dies wahrscheinlich auch damals nach dem Schuß nicht können –, wie es mir schließlich doch gelang, eine Kugel loszuwerden. Nach dem Donnerschlag verstand ich zunächst kaum den Sinn der Worte meines Freundes, der freudig erregt immer wieder „bonne chasse, bonne chasse!" rief und dabei jedesmal seine schwere Tatze auf meine Schulter fallen ließ. In Erinnerung ist mir hingegen noch genau, daß Pierre den Hirsch leise anknörte, als dieser über den Weg zog. Ich sehe heute noch das ruckartige Verhoffen und das deutlich wahrnehmbare zornige Gehabe, das der Geweihte dem vermeintlichen Gegner zur Schau stellte. Wie ein Bildwerk stand der Koloß völlig frei vor mir. Im Knall warf sich der Hirsch herum, um in jene Richtung zu flüchten, aus der er gekommen war. Es war überwältigend, all die Urkraft zu schauen, die noch einmal, in einem letzten Aufbäumen, in diesem mächtigen Wildkörper frei wurde. Die auf den Waldboden hart aufgesetzten Schalen dröhnten wie die Hufe eines galoppierenden Pferdes, berstendes Holz wies uns die Fluchtrichtung. Schnell verebbte aber das brechende Davonstürmen in einem prasselnden, dumpf polternden Sturz. Erst jetzt war ich mir meines Weidmannsheils sicher, und eine herrliche Stunde brach an.

Es waren freudige Augenblicke, die ich damals mit Pierre während der Totenwacht erlebte. Lange saßen wir bei dem alten Eissproßzehner, träumten von Frieden und kommenden glücklichen, gemeinsamen Tagen.

Den Freund hat mir der unselige Krieg genommen, auch die Trophäe; die Erinnerung hingegen blieb und ist stark genug, mich bis ans Ende zu begleiten.

Eine glückliche Fügung wollte es, daß ich auch in der nächsten Hirschbrunft mit Pierre wieder jagen konnte.

Bald nach diesem großartigen Jagderlebnis verlegte sich unser Regiment in südliche Regionen. Direkt am Mittelmeer die Zelte aufzuschlagen, brachte für viele eine angenehme Abwechslung in das eintönige Soldatenleben. Doch mir fehlte recht bald die Jagdmöglichkeit, die ich im Norden des Landes hatte. Außer ein paar Schlangen war im weiten Umkreis unseres Lagers nichts zu holen. Ich angelte daher so lange, bis alle meine Kameraden keinen Fisch mehr sehen konnten.

Meine Freude war daher riesengroß, als der Zufall Regie führte und ich im Herbst nach R. zurückkehrte. Ein Lehrgang, der zwei Monate währte, gab mir damals die Möglichkeit, abermals mit Pierre zu jagen.

Mein Freund war vor Freude sprachlos, als ich ganz überraschend vor ihm stand. Viel gab's zu erzählen, doch sehr bald fiel mir die bedrückte Miene Pierres auf. Was war geschehen, seit ich den Norden verlassen hatte? Mein Freund kratzte umständlich seinen Kopf, es fiel ihm sichtlich schwer, die richtigen Worte zu finden. Trotzdem verleugnete er nicht den Grund seiner Betroffenheit. Im Untergrund formierte sich der Widerstand gegen die ungeliebte Besatzungsmacht. In den umliegenden Wäldern, so auch im Revier meines Freundes, war allerhand los, gab es immer häufiger verdächtige Gestalten zu sehen. Diesen langsam vorgetragenen Ausführungen folgte ein langes Schweigen, doch dann siegte die Vernunft, und wir waren einig, auch weiterhin unsere Freundschaft aufrechtzuhalten, und gemeinsam zu jagen.

„Ich möchte nur nicht, daß du zu Schaden kommst", fügte Pierre noch hinzu und sah mich mit einem warmherzigen Blick an.

„Wenn ich sterben muß, dann soll es beim Jagen geschehen", erwiderte ich damals unbekümmert, worauf mich mein Freund in seine Arme schloß.

Wieder war ich an einem Wochenende bei Pierre, doch schlechtes Wetter hielt uns in der Jagdhütte zurück. Die Nacht kam, und mit ihr das große Unbehagen. Wie wird das Wetter wohl morgen sein? Tagelang goß es schon in Strömen, und alles troff vor Feuchtigkeit. Die Wege waren aufgeweicht und grundlos geworden. Gigantische Seen entstanden in den Niederungen und im Grabenlabyrinth des Revieres. Regenschwangere Wolken zogen träge dahin. Wahrlich kein gutes Omen für den nächsten Tag! Der Blick in die brodelnde Hexenküche ließ eher Gedanken an eine Sintflut als an Schönwetter aufkommen.

Immer wieder gingen wir ans Fenster, und immer wieder wendeten wir uns enttäuscht ab. Draußen fiel im rauschenden Regen das Laub zur Erde.

Der Abend brach herein, und wir versanken im Jagdzimmer nicht nur in den bequemen Klubsesseln, sondern auch in Bausch und Bogen in jagdlichen Gesprächen. Monoton plätscherte die Zeit dahin, doch plötzlich fuhren wir beide wie auf Kommando aus unseren Fauteuils und stürzten zum Fenster. Das Trommeln der Regentropfen an den Scheiben war verstummt, und wir waren mit wenigen Schritten auf der Terrasse. Ein frischer Wind, der bald den Himmel blank fegen mochte, schlug uns entgegen. War das ein Hallo!

Rasch in die Federn, wo ich aber kaum die Wohltat des stärkenden Schlafes zu spüren bekam. Lag's am genossenen französischen Rebensaft oder an der Vorfreude auf das kommende Jagen? Als ich leises Klopfen an der Tür vernahm, fuhr ich schlaftrunken aus dem Bett und mit dem Kopf an einen im Gastzimmer tief hängenden Luster.

Das Wetter? Puh, es war frisch, fast brennkalt, eine richtige Frostnacht. Egal, Hauptsache, es regnete nicht mehr, und am Himmel blinkten die Sterne.

Bald nahm uns der Wald auf, und wir hörten rundum das Schreien der Hirsche.

Zunächst pirschten wir einer Talsohle entlang und stiegen dann auf einem schmalen Steig zum Windbruchschlag hinauf. Tiefgründig durchnäßtes Gestein verhinderte am steilen Hang einen sicheren Tritt. Ständig ging es durch Hochwald, es war unsagbar finster, und wir kamen nur langsam voran. Als direkt über uns eine tiefe, rauhe Stimme erscholl, blieben wir wie angewurzelt stehen.

„Dein Hirsch", raunte Pierre und meint damit den zurückgesetzten Achter, der uns – und nicht nur uns – im Vorjahr schon zum Narren machte. Unverkennbar, dieser Baß! Der Hirsch zählt zu den ältesten im Revier. Die Schlauheit des Achters war sprichwörtlich geworden. Noch nie konnte ein Jäger dem Hirsch die Kugel antragen. Viele Grünröcke bekamen ihn zwar in

Anblick, doch nur für wenige Augenblicke. Der Geweihte schien mit einem besonderen Sinn, der ihn jede Gefahr sofort erkennen ließ, ausgestattet. Diese Meinung vertraten alle, die mit dem Hirsch „schon zu tun hatten". Und damals wollten wir also wieder eine Pirsch auf ihn wagen. Die wievielte?

Am gegenüberliegenden Hang hörten wir ein flottes Zwiegespräch zweier guter Stimmen. Was für eine herrliche Begleitmusik!

Im dauernden Anstieg pirschten wir vorsichtig zum großen Windbruchschlag – ich kannte dieses wilde Durcheinander aus dem Vorjahr –, in dessen Nahbereich der alte Achter während der Brunft immer zu hören war. Doch nie am gleichen Ort. Es hatte wahrlich den Anschein, der alte Griesgram umkreiste mit seinem Brunftrudel ohne Unterlaß den riesigen Schlag, dessen Ränder immerwährend von neuen Windbrüchen gezeichnet waren. Dieses ständige Umherzigeunern mochte mithin auch ein Hauptgrund sein, daß der Hirsch trotz seines hohen Alters noch nicht auf der Decke lag. Auch einen fixen Tageseinstand schien es für den Alten nicht zu geben.

Da wir von dem Hirsch bald nur noch hie und da einen Trenzer hörten – es hatte wohl keiner Lust, sich mit ihm anzulegen –, war die Pirsch mit einem Male immer schwieriger geworden. Mit größter Behutsamkeit schoben wir uns am untersten Zipfel des Schlages heran und verharrten dort zunächst einmal, an den Stamm einer mächtigen Fichte gelehnt. Da der Achter immer beim Hellwerden völlig verschwieg – auch das war eine Eigenart von ihm –, wollten wir möglichst schnell versuchen, mit dem Brunftrudel Kontakt zu bekommen. Am Schlagrand vorsichtig weiterpirschend, sahen wir endlich Kahlwild. Das Licht reichte, um etwa zehn Tiere und Kälber auszumachen. Wo aber war der Pascha? Pierre sah mich fragend an und zuckte mit den Schultern. Plötzlich sah ich den Hirsch! Er stand zwischen den Baumleichen zweier Windwurfbarrikaden, etwas abseits des Rudels. In meinen Händen begann das Glas leise zu beben. Allerdings völlig grundlos, denn der Hirsch, der dort stand, entpuppte sich bald als junger Zwölfender, als Beihirsch. Wenn der Jüngling es wagte, so nahe an das Rudel heranzugehen, konnte der Platzhirsch nicht anwesend sein. Wo war er? Hatte er abermals als erster die drohende Gefahr wahrgenommen? Narrte er zum xten Mal den Jäger? Alles Schauen, Warten und Hoffen schien umsonst. Schon stahl sich der Kronprinz mit einem liebeshungrigen Tier davon. „Gnade dir, Jüngling, wenn der Alte das wahrnimmt." Das Kahlwild begann langsam einzuziehen, bald war die Szene leer und verwaist!

Schon will mich Resignation umgarnen, da dringt plötzlich ein bedeutsames Geräusch an unser Ohr. Es klingt wie ein schwerer Tritt, der kleines Dürrholz bricht und kommt aus der Tiefe der Schlucht. Eine innere Stimme mag mich leiten und alles andere entscheiden. Das Glas sinkt auf die Brust, und meine Hände greifen nach der Büchse, die neben mir an einer Fichte lehnt. Behutsames Umdrehen verschmilzt mit dem Entsichern des Gewehres. Um keinen Gedanken zu früh, denn schon kommt der alte Achter mit gesenktem Haupt und suchendem Windfang aus der Tiefe. Die gnadenlose Unruhe, die sein ganzes Leben beherrschte, mag letztlich doch sein Schicksal besiegeln. Ich sehe im Fernrohr an den mächtigen Stangen die acht Enden und warte auf meine Chance. Plötzlich wirft der Alte ruckartig auf, dann schlägt die Kugel hart auf den gewaltigen Träger. Die Gefahr mag der Recke im Aufbäumen, im gewollten Wegbrechen noch erkannt, den Donnerschlag kaum mehr vernommen haben. Wie vom Blitz erschlagen rutscht der Hirsch den steilen Hang hinunter, bis seine Todesfahrt an einer mächtigen Fichte ihr Ende findet.

O launische Götter der Jagd! Tage, Wochen, Jahre opfert man da einem Stück Wild, glaubt selbst nicht mehr an Erfüllung, und dann ist alles nur ein Werk weniger Augenblicke. Zufall, Fügung, Schicksal?

Bald stehen wir ergriffen vor dem alten Achter, dessen mächtiges Geweih aus starken Stangen und langen Enden besteht. Dann nehme ich aus der Hand meines Freundes den Bruch entgegen. Hubertus sei Dank für solche Gefährten, die in diesen Augenblicken eins sind mit dir.

Schon während wir den Geweihten zum Jagdhaus brachten, zogen Wolken auf, und abermals fiel Regen auf die Erde. Es war bitterkalt, und der Himmel über den endlosen Wäldern glich einem grauen Tuch. Selbst wenn Feuer vom Himmel gefallen wäre, ich hätte damals nicht auf die Jagd mit Pierre verzichtet.

Nach diesem raschen jagdlichen Erfolg ersuchte ich den zuständigen Jagdoffizier – den ich mittlerweile recht gut kannte – um eine weitere Abschußlizenz für einen Hirsch. Dieses Papier war schnell in meiner Tasche, da in jenem Jahr schon viele hohe Herrschaften auf die Jagd in diesen gottvollen Räumen verzichteten. So blieb auch ein General aus, der in der vergangenen Brunft einen Hirsch gestreckt hatte und wiederkommen wollte. Die Unsicherheit in den umliegenden Wäldern war zu jener Zeit wohl schon in aller Leute Munde. Mir konnte das recht sein, ich wollte jedenfalls nicht auf das Weidwerk bei Pierre verzichten.

Wieder war ich im Jagdhaus meines Freundes, und wieder sprachen wir nächtelang über die Jagd, über unsere Zukunft, über den unseligen Krieg, den wir damals schon für verloren hielten. Mehr noch: Pierre bat mich für immer zu bleiben, er wollte mir einen sicheren Zufluchtsort in seinen Wäldern verschaffen. Ich war damals wohl zu jung, um diesen Gedanken einzufangen, zu bändigen und in die Tat umzusetzen. Wir sprachen über Wert und Unwert der Zivilisation sowie über die sinnlosen Vernichtungen, die durch den Krieg an allen Kulturgütern vollzogen werden. Uns war damals schon klar, daß der Mensch seine Umwelt zerstört, daß nie mehr gutzumachende Schäden zutagetreten werden. Nun, heute wissen wir, daß der Wald und die Flüsse sterben, der Boden vernichtet wird...

In einem Grabenlabyrinth, in dem urwaldähnliche Zustände herrschten, steckten Hirsche, von denen nur wenige Menschen wußten. Selbst Pierre kam nur ganz selten in das schwerzugängliche Herz des Revieres, das düster und kaum begehbar war. Obendrein vermutete mein Freund in diesem unwegsamen Gelände Verstecke des Widerstandes und machte schon aus diesem Grunde einen weiten Bogen um dieses Gebiet. Trotzdem: Hirschbrunft hatte eigene Gesetze, und wir wollten auf alle Fälle auch in diesem schwierigen Grabengewirr nach den Hirschen schauen; wohlwissend, daß dieses „Unternehmen“ nicht ungefährlich war, Müh und Plag auf uns wartete. Die Strapazen sollten sich lohnen, unvergeßliche Eindrücke überdauerten Jahrzehnte, blieben bis zum heutigen Tag in der Erinnerung bestehen.

Nach einem einstündigen Fußmarsch durch den nächtlichen Wald kommen wir in die Nähe unseres Zieles. Totenstille!

Warum röhren heute die Hirsche nicht? Zaghaft beginnt es grau zu werden. Urplötzlich kommt aus den Gräben ein tiefer, langgezogener Schrei. Pierre und ich stehen wie angewurzelt. Und gleich noch einmal ein dumpfes, grollendes Röhren wie aus einem dröhnenden Kellergewölbe, wie aus einer Gruft. Schaurig! Wir stehen am Rande einer Schlucht, doch der Blick in die Tiefe ist uns verwehrt. Baumriesen, moosbedeckte Steine, Lianen, Strauchwerk, ein Urwald schaut uns entgegen. Langsam, ab und zu mit der Muschel röhrend, dringen wir auf einem Hochwildwechsel in die kraterähnliche Senke ein. Nur langsam geht es voran; immer wieder müssen wir Pausen einlegen.

Mit einem Male sinkt Pierre vor mir wie ein Kartenhaus zusammen. Aus dem Holz dringt ein leises Brechen, das rasch näher kommt. Dann das tiefe Knören eines Hirsches, und schon erscheint ein Tier im üppigen Pflanzenwuchs einer kleinen vor uns liegenden Lichtung. Hinter dem Tier wackelt für Augenblicke das Staudenwerk kräftig. Ich erkenne im Fernrohr meiner Büchse Teile eines mächtigen Geweihes mit endlosen Kronenenden.

Ein Kapitalhirsch! Pierre deutet mir zu schießen. Verzweifelt suche ich im Blattgewirr eine Lücke, die mir ein winziges Stück vom Träger zeigt. Nichts! Doch der Hirsch muß ja jeden Augenblick zu seinem völlig freistehenden Tier treten. Da fühle ich plötzlich einen kalten Luftzug hinter meinen schweißtriefenden Ohren, und schon wirft sich das Tier zurück in den grünen Dschungel, aus dem es eben erst gekommen ist. Zu sehr verabscheut das Hochwild die Gerüche des ungeliebten Zweibeiners! Nach einem letzten Schwanken des Blattgewirrs und Aufblitzen der weißen Kronenenden, einem Krachen im Unterholz – dann ist es wieder totenstill im Grabenlabyrinth. Dem polternd davonbrechenden Hochzeitspaar schickt mein Freund einige dröhnende Kampfrufe nach, doch diese werden wohl von den beiden nicht ernst genommen.

Was tun? Wir entscheiden uns für ein Verbleiben in den düsteren Schluchten und erreichen nach einer halbstündigen mühevollen Pirsch einen großen begehbaren Felsblock, von dem wir eine relativ gute Sicht auf einem vor uns liegenden Kessel und einem daraus aufsteigenden Hang haben. In diese kraterähnliche Senke münden einige Gräben, und es ist durchaus möglich, daß wir noch Hochwild in Anblick bekommen.

Auf den Ruf steht uns bald ein junger Zwölfer zu.

„Nichts für deine Büchse“, meint Pierre schmunzelnd. Kaum gesagt, dröhnt aus einem in den Kessel führenden Graben eine grobe, äußerst gereizte Stimme. Das Konzert zwischen Pierre und dem jungen Zwölfer muß dem unsichtbaren Hirsch wohl arg unter die Decke gefahren sein. Mein Freund greift abermals nach dem Ruf und bearbeitet mit einem dürren Ast den moosbedeckten Stein, auf dem wir liegen. Sofort kommt eine wütende Antwort aus dem Graben, und wir merken, daß sich der Hirsch rasch nähert. Schon nahe, aber immer noch in sicherer Deckung, wird der Hirsch plötzlich zum Wüterich. Er bearbeitet so zornig sein Umfeld, daß wir Holzstücke, Grasbüschel und Erde durch die Luft fliegen sehen. Was für ein gewaltiges Schauspiel! Ich liege mit vibrierenden Nerven hinter der eingestochenen Büchse und warte gespannt auf das Auftauchen des Hirsches. Jeden Augenblick kann er aus der Deckung kommen. Doch ganz so schnell sollten sich meine jagdlichen Wünsche nicht erfüllen. Der Hirsch tobt noch eine ganze Weile, und auf einmal ist es mäuschenstill in der Deckung. Bange Minuten vergehen! Hat uns der Wind abermals ein Schnippchen geschlagen, ist der Wüterich schon über alle Berge oder legt er nur eine Ruhepause ein? Er scheint ohne Kahlwild zu sein. Pierre greift noch einmal zum Ruf und schmettert mit grobem Hals den Sprengruf in Richtung Deckung. Das wirkt, das ist dem Hirsch nun doch zuviel. Im dichtesten Unterholz wird es lebendig, ein starkes Geweih wächst aus dem grünen Gewucher, und mit einem gewaltigen Ruck wuchtet der Hirsch seinen massigen Körper ins Freie.

„Abattre, abattre“ – „schießen, schießen“ –, flüstert Pierre neben mir. Im Augenblick, in dem der Geweihte zu seinem letzten dröhnenden Schrei ansetzt, schlägt die Kugel hart auf sein Blatt. Im Schuß bricht der Hirsch zusammen, kommt schnell wieder auf die Läufe und poltert zurück in den grünen Dschungel, aus dem er eben erst gezogen war. Endlich der erlösende, die Todesflucht beendende Sturz, der weithin vernehmbar ist.

Tief aufatmend spüre ich Pierres schwere Hand auf meiner Schulter, und unsere Blicke drücken aus, was Schütze und Pirschführer in solchen Augenblicken bewegt. Gefühle lassen sich in solch glücklichen Momenten gut mit Blicken, Gesten oder auch im stummen Verweilen mitteilen. Dann aber, als die ungeheure Spannung von uns läßt, erleben wir im leisen Gespräch noch einmal die letzte Phase der atemberaubenden Jagd, die sowohl Pierre als auch mir unendlich schien.

Als wir dann der roten Todesbahn folgen, wissen wir nur, daß an ihrem Ende ein hochjagdbarer Hirsch liegen wird. Es ging in Wirklichkeit ja alles viel zu schnell, viel zu stürmisch, um meinem Freund die Möglichkeit zu geben, die Enden an den Geweihstangen zu zählen. Es dauert nicht lange, und wir sehen eine mächtige, vielendige Krone über einen moosbedeckten Stein ragen. Dann stehen wir entblößten Hauptes vor einem hochkapitalen Vierzehnender, dem die Kugel – ich führte damals eine 9,3 x 74er Büchse – beide Blätter durchschlagen hatte. Was für ein großartiger Augenblick, am gestreckten Wild den Bruch aus der Hand eines Freundes entgegenzunehmen. Eindrücke, die wahrhaftig niemals in Vergessenheit geraten wie auch das Erlebnis, das wir am Rückweg zum Jagdhaus hatten.

Fast dem Grabenlabyrinth entstiegen, blieb Pierre plötzlich ruckartig stehen und zog mich hinter eine riesige wetterzerzauste Fichte. Das unglaublich starke Gehör des Waldläufers hatte ein verdächtiges Geräusch wahrgenommen. Schon nach kurzer Zeit querten zwei Zivilisten, mit Militärgewehren über der Schulter, unseren Weg. Kein Zweifel, Angehörige des Untergrundes. Gut, daß uns ein Freund Pierres ans Herz legte, in diesen Sektor des Revieres äußerst vorsichtig zu sein. Als Soldat wäre ich gegenüber allen bewaffneten Personen, die zivile Kleidung trugen, zum sofortigen Waffengebrauch berechtigt gewe-

sen. Natürlich dachte ich keinen Augenblick daran, von dieser Ermächtigung Gebrauch zu machen. Bleibt nur die Frage offen: Wie hätten sich die beiden Männer verhalten, wären wir ihnen ahnungslos über den Weg gelaufen? Ich sagte es schon, um das Weidwerk ausüben zu können, setzte ich manchmal mein Leben ein.

Eine böse Zeit, die uns zu ihrem Spielball machte. Gut, daß wir von all dem Leid nichts wußten, das uns noch bevorstand. Die unbändige Sehnsucht nach Wald, Wild und Jagd half mir aber, all diese schweren Zeiten zu überwinden.

Apropos Widerstandskämpfer! Diese nichtexistenten Menschen haben mir damals – bei Ausübung der Jagd – zwei böse Streiche gespielt!

In den Töpfen der Gerüchteküche unseres Regiments brodelte es wieder einmal heftig. Die Verlegung unserer Einheit an die Ostfront, so hieß es, sollte unmittelbar bevorstehen. Alles, nur das nicht, dachten wohl Mannschaften, Unteroffiziere und Offiziere. Das zermürbende Warten ging weiter. Man spürte: Es tickte eine Zeitbombe.

Ich fand in solchen und ähnlichen Situationen immer wieder Trost – Zuversicht – Hoffnung bei Ausübung der Jagd, die für mich während des Krieges das Beste von allem war...!

Da zwischen dem Fliegerhorst in R. und meinem Jagdrevier nur wenige Kilometer lagen, war ich schnell am Ziel meiner geheimen Wünsche. Eine Beiwagenmaschine stand mir jederzeit zur Verfügung – was wollte ich mehr?

Oben: Vogel mit dem langen Gesicht
Unten: Langweiliges Knipsen

Bevor ich an einem Spätherbsttag losfuhr, um mich in der kommenden Nacht auf Schwarzwild anzusetzen, sagte ich dem Spieß, wo man mich im Ernstfall finden konnte.

Ich mußte mit der Beiwagenmaschine möglichst nahe an den Hochstand heranfahren, damit sie nicht einem Sabotageakt zum Opfer fiel. Im französischen Untergrund gärte es damals schon kräftig, und Übergriffe dieser Art standen an der Tagesordnung.

Das Licht des halben Mondes schimmerte durch die Kronen hoher Laubbäume, ein Meer von Sternen blinkte und glitzerte um die Wette. Was wohl in der Arena des Universums vor sich gehen mag? Existiert auf anderen Sternen Leben, das Einblick in unser Erdendasein hat? Welche Bewandtnis mag es mit den fremden Flugkörpern haben, die sich offensichtlich für unsere Welt interessieren? Plant man möglicherweise schon irgendwo im All eine Invasion, um unseren Planeten zu erobern... auszulöschen...? Möglich! Ganz sicher stand uns vorher aber noch die Invasion der Alliierten ins Haus.

Plötzlich ein sattes Geräusch, das alle Hirngespinste um Weltall und Leben auf fremden Sternen schnell vergessen ließ. Starke Äste gehen meist nur dann in Brüche, wenn in den nachtdunklen Wäldern Hoch- oder Schwarzwild auf den Läufen ist. Und das Geräusch war nahe, sehr nahe! Ich langte vorsichtig nach dem Glas und tastete mit Hilfe der starken Optik den vor mir sich windenden Waldrand ab. Nichts rührte und bewegte sich, und dennoch knisterte die Luft vor Spannung. Ich fühlte: Irgendwo verhoffte Wild, ehe es die Lichtung annahm. Und so war es dann auch. Tier und Kalb spannten mich aber lange auf die Folter, bevor sie völlig vertraut über die nicht allzu große Blöße zogen. Vom Kirrplatz, wo deutlich sichtbar einige Rüben lagen, wollten die beiden nichts wissen. War etwa schon Schwarzwild in der Nähe...? Ein schreckendes Reh ließ mich die Ohren spitzen.

Schon leuchtet der Lichtquell die dunklen Waldränder aus. Ich sehe nach der Uhr – bald bricht die Geisterstunde an. „Jetzt könnte sich doch endlich ein Schwarzkittel zeigen“, denke ich und will wieder einmal – wie so oft zuvor – den gegenüberliegenden Waldrand ableuchten. Da, am Kirrplatz ein dunkler Schatten... ein zweiter... zwei starke Wildschweine. Bache und

Keiler? Sieht ganz so aus. Die beiden machen sich ohne Federlesen über die Rüben her, ein genüßliches Fressen beginnt. Längst liegt meine eingestochene Büchse auf weicher Auflage, doch die deutlich stärkere Sau – ich vermute in ihr den Keiler – steht während des Fraßes eine Ewigkeit spitz zu mir. Als sie mir endlich die Breitseite zudreht und ich mit dem Abkommen ins Leben will, ist plötzlich das Haupt der anderen Sau vor dem Blatt. Verflixte Geschichte! Ich will keinen unsicheren Schuß wagen, und das Warten fällt schwer. Endlich lösen sich die beiden dunklen Wildkörper voneinander, und Augenblicke später brüllt meine 9,3 x 74er Büchse laut in die Nacht hinein...

Wahrscheinlich war der Knall etwas zu laut, zu herausfordernd, da er ungebetene Gäste angezogen hatte. Davon aber ein wenig später. Der Basse, wie ich bald feststellen sollte, kam nicht mehr weit. Sein stampfendes Verschlegeln signalisierte deutlich das rasch versiegende Leben.

Als Ruhe eingetreten war, hielt ich es am Hochsitz nicht mehr lange aus; heute würde ich wesentlich länger warten! Vorsichtig schlich ich mit der entsicherten Büchse in der einen und mit der brennenden Taschenlampe in der anderen Hand in das Holz, aus dem die untrügliche Botschaft gekommen war. Mein Weg war kurz, die rote Todesbahn deutlich auf den nächtlichen Waldboden geschrieben. Bald stand ich vor einer groben Sau. Der Anblick des wehrhaften Wildes flößte mir Ehrfurcht ein. Gefühle, die wohl Jahrtausende hindurch dem Jäger ans Herz gegriffen haben.

Nach der roten Arbeit, die allein nur schwer zu bewältigen war, eilte ich zu meiner Maschine und fuhr so rasch wie möglich zurück zum Flugplatz. Irgendwie war's ein Rennen gegen die Uhr; ich fühlte im Unterbewußtsein, Eile war geboten. Es dauerte aber doch eine geraume Zeit, bis ich mit zwei Soldaten – sprich: Bringkommando – in einem Wagen saß und mit Volldampf zurück ins Revier fuhr.

Unruhe und Sorge waren berechtigt! Als ich mit meinen beiden Gehilfen die Stelle erreichte, wo ich den Keiler mit Mühe aufgebrochen hatte, lag nur mehr der Aufbruch im Dürrlaub. Mit anderen Worten: Aus der erfolgreichen nächtlichen Saujagd war plötzlich die ganze Luft raus – und das mußte ausgerechnet mir passieren! Eine verhängnisvolle Geschichte, der Keiler gestohlen... aber von wem? Franzosen? Eigene? Organisieren nannte man das damals, wenn eine Einheit der anderen etwas klaute. Am Rande des Fliegerhorstes lag eine Flakbatterie. Diesen Spitzbuben traute ich im ersten Moment jede Schurkerei zu. Perfide Dinge solcher Art waren gegen Ende des Krieges in der deutschen Wehrmacht oft am Programm. Nach reiflicher Überlegung verwarf ich jedoch diesen Gedanken. Blieben also nur mehr die französischen Widerstandskämpfer, die sich mehr und mehr gegen die ungeliebte Besatzungsmacht stemmten.

„Laß dir's halt nicht gefallen", meinte der zuständige Jagdoffizier lakonisch. Was konnte ich schon tun? Ich schwor bei allem, was mir heilig war: Ein zweites Mal sollte mir so eine „Sauerei" nicht mehr passieren!

Eines blieb von der unglücklichen „Saunacht": Eine schwere, fiebrige Erkältung, der ich mich aber so rasch wie nur möglich mittels einer „Roßkur" entledigen wollte. Neben Medikamenten schluckte ich auch eine größere Menge Alkohol und lag bald ganz gehörig schwitzend und von bösen Träumen geplagt auf der harten Matratze.

In der Nacht flog plötzlich die Tür meiner Krankenstube auf, ein Partisan stürmte ins Zimmer und setzte mir eine Pistole auf die Brust. Noch bevor ein Wort über die Lippen des Mannes kam, krachte ein Schuß.

Ich erwachte und hatte eine rauchende Pistole in der Hand. Gott sei Dank war die Kugel, ohne besonderen Schaden anzurichten, in einem Holzspind verschwunden. Nach meiner „Entwaffnung" durch einen verständnisvollen, mitfühlenden Sani nahm ich abermals einen unendlichen Schluck vom feinsten französischen Cognac, kroch wieder ins Bett und war nach einem nicht endenwollenden Schlaf genesen. So einfach war das!

Noch ein wenig matt und mit zittrigen Knien setzte ich mich nach einigen Tagen wieder auf Schwarzwild an. Abermals benützte ich denselben Hochsitz, diesmal aber mit einem Begleiter, dessen Hilfe ich sofort in Anspruch nehmen wollte, sollte mir ein Stück von dem begehrten Schwarzwild zur Beute werden. – Es war für mich in meinem Leben immer wichtig, zu wissen, was ich bewerkstelligen konnte. Noch viel wichtiger aber war es, zu wissen, was ich nicht konnte, um die Finger davon zu lassen. Auf die Jagd hatte ich allerdings nie verzichtet, auch wenn dabei manchmal eine gefährliche Gratwanderung zu bewältigen war.

Der Mond war in der Zwischenzeit fast voll geworden, aber die Schwarzkittel wollten von den vorgelegten Köstlichkeiten absolut nichts wissen. Ich saß Nacht um Nacht... nichts! Erst als die Scheibe des Erdtrabanten allmählich wieder zum Halbmond zusammenschmolz, kam das Schweinevolk abermals auf die kurzen Läufe, vor allem aus seinen Einständen. Das volle Mondlicht schätzten die Schwarzkittel also auch in Frankreich nicht!

Nach Beziehen des Hochstandes schlief mein Begleiter schon nach kurzer Zeit wie ein Murmeltier, auch wenn er vorher vor Jagdbegeisterung nur so glühte. Die Nächte waren für manche Soldaten in Frankreich sehr lang! Ich ließ den Kumpel schmunzelnd gewähren, nur wenn sein Schnarchkonzert den Frieden der Nacht zu stören begann, bekam er den obligaten Rippenstoß.

Glückselige Einsamkeit, gottvolle Stille. Stunden, die das Reich der Traumwelt erschließen... Gedanken beflügeln... das Häßliche des Krieges vergessen lassen.

Damals träumte ich oft vom Polarkreis, wo Elch und Grizzly einander „Gute Nacht“ sagen. Später, als die Verwirklichung dieser Träume keine Utopie mehr waren, packte ich nicht zu, und jetzt habe ich die Überfuhr im wahrsten Sinne des Wortes wohl versäumt.

Im besagten Revier, nahe dem Flugplatz, fanden sich unendlich lange dicke Moosbänke, die dem Schwarzwild – und nicht nur diesem – manchmal ein völlig lautloses Anwechseln ermöglichten. Und so auch in jener Nacht, etwa vierzehn Tage, nachdem die Strolche meinen Keiler gestohlen hatten. Wie aus der Erde gezaubert, standen urplötzlich einige Schwarzkittel über Mais und Rüben. Allesamt Überläufer; weder eine ganz starke Sau noch Frischlinge beteiligten sich an der sofort einsetzenden Freßorgie. Sogar mein Begleiter erwachte und wurde von mir angehalten, ja keinen Mucks von sich zu geben. Das hatte ich ihm eingebleut wie die Buchstaben des Alphabets!

Das Licht war gut, und ich suchte in aller Ruhe das stärkste

Wildschwein aus. Mit Bedacht setzte ich der freistehenden Sau die Kugel aufs Blatt. Der Schwarzkittel blieb im Feuer, und die anderen preschten in gewohnter Manier in die nahe Deckung. Die Moosbänke dämpften gespenstig die Geräusche des flüchtenden Wildes, und bald war es wieder mäuschenstill um unseren Hochsitz.

Meinen Begleiter beutelte das Jagdfieber, als hätte er den Schuß abgegeben. Mir ging es ja nicht viel besser, auch mein Korpus zitterte wie Espenlaub.

Recht bald mahnte ich zur Eile, da auch diesmal Spitzbuben in der Nähe sein konnten, um uns die Beute auf irgendeine Art abzujagen. Rasch war der starke Überläuferkeiler in den Beiwagen gewuchtet – aufbrechen wollte ich erst im sicheren Bereich des Fliegerhorstes – und wir ließen die Maschine ratternd und knatternd heimwärts rollen.

Hinter der Postenlinie, die der Bewachung des Horstes diente, verrichtete ich in Ruhe die rote Arbeit. Dann schafften wir den Schwarzkittel in einen sicheren, küchennahen Kühlraum... aus dem er am Morgen des nächsten Tages verschwunden war!

Wir standen vor einem Rätsel, verdächtigten alle, die meisten zu Unrecht, doch die Ganoven, die mir den üblen Streich gespielt hatten, waren nicht zu ermitteln. Viele Franzosen arbeiteten in den Kasernen der deutschen Besatzungsmacht und kannten daher alle Örtlichkeiten wie ihre Westentasche. Bin ganz sicher, daß ich mich als Franzose auch an diesen gegen die fremde Besatzungsmacht gerichteten Scharmützeln beteiligt hätte.

Noch ein Erlebnis, eine unvergeßliche Begebenheit, bescherte mir ein Revier in der Normandie – schier unglaubliche Dinge, die dort im Zusammenhang mit der Jagdausübung passierten.

Am Beginn meiner Pirschgänge suchte ich immer den zuständigen Revierjäger auf. Einmal fand ich in dem mir zugeteilten Revier einen alten Waldschrat vor, dessen anfängliche Abneigung allen Deutschen gegenüber, wie so oft in diesem Land, bald in Sympathie, später sogar in ehrliche Zuneigung umschlug. Obwohl der Mann mehr als 50 Jahre älter war, verband mich, so unglaublich dies klingen mag, bald eine enge Freundschaft mit ihm. Immer wieder suchte ich den Alten auf, wenn ich von meinen Pirschgängen zurückkehrte – ihm selbst war die Ausübung der Jagd ja untersagt – und verbrachte Abend um Abend im alten Jägerhaus. Wir tranken und rauchten meist das, was ich mit hinausnahm. Unsere Gespräche hatten, wie konnte es auch anders sein, meist die Jagd früherer Tage zum Inhalt. Meine Enttäuschung über die von mir festgestellte Wildknappheit in den herrlichen Wäldern ringsum beeindruckte den Alten sichtlich. Immer, wenn davon die Rede war, versuchte er mir klarzumachen, daß es hier vor dem Krieg große Hochwildbestände gegeben hatte und ... auch wieder geben werde. Davon war er felsenfest überzeugt.

Die besinnlichen Abende im alten Jägerhaus bereiteten mir eine ehrliche Freude, bis diese ruhige Zeit urplötzlich vorbei war. Eine ungewöhnlich starke Hirschfährte stand über Nacht in den umliegenden Wäldern. Ich war wie besessen nach diesem Hirsch. Jede freie Minute verbrachte ich draußen auf den Schlägen, Lichtungen und Waldrändern. Es war Sommer – die Hirsche waren feist und faul. Und trotzdem war die Heimlichkeit des Kapitalen sagenhaft. Er hielt keinen Wechsel und zog nur in stockfinsteren Nächten zu den Äsungsplätzen. Einmal fand sich sein mächtiger Trittsiegel da, dann wieder an ganz anderer Stelle. Geringere Hirsche fährteten sich nie in seiner Nähe, der alte Griesgram wollte offensichtlich von seinem Hofstaat nichts wissen. Die riesigen Tritte des Hirsches ließen mich jedesmal in Ehrfurcht erbeben. War dies überhaupt ein Hirsch, oder narrte mich ein Spuk?

Oft sehnte ich die Brunft herbei. Des Hirsches Fährte ließ ja auf einen gewaltigen Resonanzkasten schließen, und diesem dröhnenden Röhren hätte ich folgen können. Zur hohen Zeit des Hochwildes sollte unsere Einheit – wie ich zwischenzeitlich erfahren hatte – jedoch schon über alle Berge sein. Dieses Wissen machte mich heiß, und ich versuchte mit allen Mitteln, den Hirsch in der Feistzeit zu strecken. Eine harte Nuß, die ich da knacken wollte!

Wieder einmal lag ich im würzig duftenden Heu und lauschte gespannt in die Nacht hinein, in eine Nacht, die von gleißendem

Mondlicht durchdrungen war. Der Ruf eines Steinkauzes hallte schaurig durch den Wald. Die kleine Eule, ein Totenvogel...? Aberglaube war schon immer eine schlimme Sache der Menschheit.

Aus dem vor meinem Heuschober sich breitenden Wiesengrund stiegen feine Dunstschleier und tauchten alles in ein bedrohliches Zwielicht. Bäume und Sträucher nahmen gespenstige Gestalten an. Imaginäre Bilder erhoben sich aus der Nacht. Vor allem der Hirsch, um den sich fast all meine Gedanken drehten, tauchte immer wieder auf, dann wieder waren es Motive aus der Heimat, die Sehnsucht nach Frieden und Rückkehr aufkommen ließen. Gedanken, Gedanken – auch sie könnten die Welt verändern, sie müßten nur verwirklicht werden.

Die Zeit verging, und die Nacht neigte sich ihrem Ende zu. Plötzlich brach es in der nahen Dickung. Hochwild, da gab es wohl keinen Zweifel. Doch wieder trat nichts aus, zog kein Stück in die einladenden Wiesen. Wie oft sich dieses merkwürdige Schauspiel in der letzten Zeit schon wiederholte?! Ich fand keine Erklärung. Um es ein wenig überzeichnet zu sagen: Der Wald kam mir langsam schon verhext, verteufelt vor!

Als ich am nächsten Tag mit dem alten Waldläufer während eines Revierganges an jener Stelle Nachschau hielt, wo des Nachts Hochwild in der Dickung brach, stießen wir auf einem Fahrweg abermals auf die mächtige Fährte. Verdammt! Allmählich verfluchte ich diesen Hirsch und begann ihn zu hassen. War er mit menschlichen Sinnen ausgestattet? Wie anders hätte er mit mir immer dasselbe Spiel spielen können? Ich bekenne: Auch in mondhellen Nächten war ich hinter diesem teuflischen Hirsch her. Die ganzen Umstände – die Jugend – man wußte nie, wann zum letzten Halali geblasen werde. Eines wußte man: Deutschlands Totentanz in den Abgrund nahm immer deutlichere Formen an.

Meine besessene Jagd auf den mystischen Feisthirsch in den sonnendurchfluteten Eichenwäldern der Normandie, erfuhr damals ein schroffes Ende. Hals über Kopf ging es in den Süden, ich fand gerade noch Zeit, dem alten, sympathischen Waldläufer zum Abschied die Hand zu reichen. Aus, vorbei der Traum, einen Lebenshirsch auf die Decke zu legen. Ich war damals sehr jung und verschmerzte die vergebene Chance bald. Zugegeben: Die kapitale Hirschfährte spukte auch im sonnigen Süden noch lange in meinem Kopf! Sie blieb eine unvergeßliche Vision.

Ein Jahr war vergangen – wir waren noch immer nicht am Ziel unserer Odyssee –, da führte mich mein Weg rein zufällig noch einmal durch die prächtigen Eichenwälder, die im Norden Frankreichs oft Mittelpunkt meiner Jagdzüge waren. Ob der Kapitale noch lebte? Klopfenden Herzens näherte ich mich dem Haus des alten Jägers. Immer, wenn mich das Glück in die Arme nimmt, überkommt mich ein prickelndes Gefühl der Freude.

Als ich ans Haus trat, fand ich alle Türen verschlossen. Ein angelehntes Fenster war leicht zu öffnen und gewährte einen Blick in jenen Raum, in dem ich mit dem Waldschrat unzählige Stunden verbrachte. Auf allen Einrichtungsgegenständen lag Staub, das Haus schien unbewohnt.

Nanu, was war geschehen? Plötzlich fiel ich aus allen Wolken. Auf einer fensternahen Bank lag ein unter dem Kniegelenk gekappter, präparierter Vorderlauf eines Hirsches. Mit Mühe gelang es mir, den Lauf durchs Fenster zu angeln. Ein Blick genügte. Das Präparat war uralt. Einer inneren Stimme folgend, machte ich die wenigen Schritte zum Garten und stieß die Schalen des Laufes in die weiche Erde. Vor mir stand das bekannte Fährtenzeichen, das ich – wie könnte es auch anders sein – vor Jahren noch einem lebenden Wesen zugeordnet hatte. Ein Irrtum war völlig ausgeschlossen. Das ging unter die Haut! Ich sah mich plötzlich als Opfer eines monatelangen Narrenspiels... das darf doch nicht wahr sein! Wie konnte mir der Alte dies antun? Sollt ich ihm grollen oder vor wieherndem Lachen ersticken...?

Als ich wenig später im nahen Dorf vom Tod des alten Jägers erfuhr – bald nach meiner überstürzten Abreise wechselte er in die ewigen Jagdgründe hinüber –, war ich gleich milder gestimmt. Plötzlich glaubte ich sogar zu verstehen. Sprach der Franzose nicht unaufhörlich wie in Trance von starken Hirschen, die in seinen geliebten heimatlichen Wäldern vorkamen? Wahrscheinlich konnte er nie überwinden, daß fast all diese urigen Hochwildbestände der Furie Krieg zum Opfer gefallen waren. Das mochte wohl der Grund sein, warum der Alte zum Gaukler geworden war.

Die Tage, die ich hier erlebt hatte, waren angefüllt mit Spannung und Hoffnung, mit Freude und Haß, daher blieben sie auch unvergeßlich in meiner Erinnerung eingebunden.

Eine riesige Staubfahne hüllte unseren Wagen ein, als wir weiterfuhren. Ich schaute nicht mehr zu den goldfarbenen Wäldern zurück, denn ich mußte erst Abstand von diesem Erlebnis gewinnen.

Bonzenbock

Fast jedes Jahr höre ich folgende Worte aus Freundesmund: „Wenn die Jagd auf den roten Bock aufgeht, wirst du ein anderer Mensch.“ Ich spür's auch selbst; dann drängt es mich förmlich hinaus in die heimlichen Gründe. Empfindungen aus längst versunkenen Zeiten werden wach, Erinnerungen draußen im Wald während stundenlanger Ansitze.

Auch der „Bonzenbock“ steigt dann manchmal herauf aus der Vergangenheit, der Bock, den ich während des Zweiten Weltkrieges zwischen Front und Heimat streckte.

Etwa die Hälfte des großen Krieges war verstrichen, als ich eines Tages irgendwo am Strand des Mittelmeeres saß und apathisch vor mich hindöste. Die Hitze war kaum zu ertragen. Meine Gedanken waren zu Hause in den schattenspendenden Wäldern, wo die Rehbrunft beginnen mochte.

Plötzlich stand mein Kompaniechef neben mir und fragte mich, woran ich dachte. Er, selbst ein begeisterter Weidmann und Besitzer einer herrlichen Eigenjagd, wie ich aus unzähligen Gesprächen wußte, sagte ganz unvermittelt, als er von meinen Träumereien erfuhr: „Mein Junge, ich gebe dir vierzehn Tage Heimaturlaub, damit du mit den Böcken reden kannst. Fahr bitte aber auch bei meiner Frau vorbei, und bring ihr ein paar Geschenke von mir. Kannst bei uns auch einen oder zwei gute Böcke schießen, denn ich komme in diesem Jahr ohnehin nicht mehr dazu.“

Ich wußte nicht, wie mir geschah! Erst als ich mit dem Urlaubsschein im Zug saß, der in Richtung Heimat ratterte, glaubte ich an die Gunst Fortunas.

Stunden vergingen, besinnliche Stunden, in denen ich die Vorfreude auf die bevorstehenden Urlaubsgenüsse auskosten konnte. Stunden wurden zu Tagen, und dann stand ich vor dem Herrenhaus meines Kompaniechefs und hatte somit das erste Etappenziel meiner langen Reise erreicht.

Wenig später war ich Mittelpunkt einer reizenden Familie und mußte erzählen, erzählen, erzählen. Schließlich erlöste mich davon der Hausherr, der wohl als erster merkte, daß mir der Gesprächsstoff ausging. Der alte Herr war ein dynamischer Siebziger, der mit viel Umsicht die Geschicke des riesigen Gutes leitete. Als er vernahm, daß ich auf Wunsch seines Sohnes einen Bock schießen sollte, ging auf seinem Gesicht ein maliziöses Lächeln auf.

„Junge, Junge, da hab' ich etwas ganz Besonderes für Sie, den Bonzenbock", meinte er, füllte die Gläser, und als er meinen fragenden Blick sah, kam er sofort zur Sache.

„Wir haben sehr unter den Launen eines unangenehmen Jagdnachbarn zu leiden. Ein Emporkömmling par excellence, höchster Parteigenosse, ein Dufreund eines hohen Kriegsherrn. Was aber das Schlimmste ist: Dieser Goldfasan läßt uns seine ganze Macht spüren, sucht Streit, wo es nur geht, und bringt dann äußerst unsaubere Mittel ins Spiel.

„So, und jetzt hören Sie besonders gut zu", sagte der alte Herr, und das bewußte Lächeln erschien wieder auf seinem freundlichen Gesicht: „An der Grenze zu diesem unguten Patron steht ein ganz kapitaler Rehbock. Einmal hüben, einmal drüben! Ich kann diesen Bonzenbock – so nennen wir ihn schon lange – nicht schießen, sonst habe ich Feuer am Dach. Aber Sie, mein Junge, können das. Wenn Sie den Bock erlegen, kann der feine Nachbar überhaupt nichts sagen. Sie sind Soldat, kommen von der Front, das muß sein großes Maul stopfen. Und wenn er vor Ärger zerspringt, werde ich mir ins Fäustchen lachen."

Alle meine Einwände wies der Gutsherr kurzerhand zurück. „Das lassen Sie nur meine Sorge sein", meinte er schmunzelnd und erklärte mir sodann alle Details, die ich wissen mußte.

Bald setzte ich mich in Richtung Reviergrenze in Bewegung. Mit einem untadeligen „Generalstabsplan" in der Tasche, der alles enthielt – von der Wegskizze bis zur maßstabgerechten Grenzzeichnung, in der sowohl auf der „Freund-" als auch auf der „Feindseite" alles Wichtige eingezeichnet war. Bewaffnet mit einem Mannlicher-Schönauer 7x64 ohne Zielfernrohr, der mir sogleich sehr gut lag.

Nach einer weiteren halben Stunde saß ich auf einem Hochstand, von dem ich einen herrlichen Ausblick hatte. In einer

Entfernung von etwa 100 Gängen wand sich der Grenzgraben durch einen riesigen Schlag, der im Nachbarrevier auf eine große Fichtenschonung stieß. Gespannt, ob mir das von meinem Jagdherrn so sehnlich gegönnte Weidmannsheil beschieden sein sollte, orientierte ich mich genauest in der Umgebung und konnte jenseits der Grenze, ebenfalls auf einem Hochstand, eine Person ausmachen. Somit fanden sich auch die Worte des alten Gutsherrn bestätigt, daß schon wochenlang im Nachbarrevier ein Jäger an der Grenze sitze, dessen einzige Aufgabe es sei, auf den „Bonzenbock" zu achten. Sicherlich war der Kapitale einem besonderen Jagdgast versprochen.

Es dürfte ungefähr die Mitte des Nachmittags angebrochen sein, und ich machte mich eben zum Blatten fertig. Da sah ich plötzlich jenseits der Grenze, am Rande der Fichtenjugend, ein Stück Rehwild mit tiefem Äser. Lange konnte ich das Reh nicht ansprechen. Warf es endlich auf, stand es garantiert mit dem Haupt hinter einer Deckung, zog es weiter, war der Äser schon wieder auf dem Boden. Zweifellos ein suchender, herumzigeunernder Bock. Eben wollte ich nach dem Blatter greifen, da brach es hinter mir im Altholz, und schon sprengten Geiß und Bock heran. Mein Gott, was für ein Bock! Hoch ragten die dunklen Stangen über die Lauscher, und die langen, elfenbeinfarbenen Enden blinkten im Sonnenlicht, als der Bock knapp hinter der Geiß in den Schlag fegte. Es bedurfte wahrlich keines Glases, um den „Bonzenbock" zu erkennen und als solchen anzusprechen.

Das Blut hämmert wild in meinen Adern. An einen Schuß war nicht zu denken; so nahe an der Grenze durfte kein Risiko eingegangen werden. Noch ehe ich mich versah, hatte das liebestolle Paar den Grenzgraben überfallen und tauchte wenig später in die Fichtenschonung ein. Vorbei der Spuk!

War es eine Vision, die mich narrte? Auf dem „feindlichen" Hochstand saß der Jäger mit dem Glas vor den Augen und schaute unentwegt zur Fichtenjugend hin. Auch er hatte das Intermezzo gesehen.

Was war jetzt zu tun? Blatten hatte wenig Sinn, da der Bock zweifellos bei der Geiß stand. Also warten. Geduld, so dachte ich, war in diesem Augenblick das Richtige.

Warum sollte sich das erregende Schauspiel von vorhin nicht

wiederholen, den Kapitalen der Liebesdrang nicht noch einmal über die Grenze führen, dachte ich und legte die Büchse schußbereit auf meine Knie, um so der weiteren Dinge zu harren. Wahrlich um keine Sekunde zu früh, denn schon wieder krachte es hinter mir im Unterholz, und in toller Fahrt trieb der Bock die Geiß heran. Diesmal noch näher an meinem Hochstand vorbei. Vergessen waren alle guten Grundsätze, vergessen die nahe Grenze, schon lag das Gewehr eingestochen an der Wange, ich zog mit, und als das Silberkorn für einen Augenblick im Leben stand, ließ ich fliegen. Kaum vierzig Gänge von der Grenze entfernt, versank der „Bonzenbock“, wie vom Blitz erschlagen, im Gewirr von Gräsern und Goldruten.

Erst als ich wenig später vor dem gefällten Recken stand, den Blattschuß sah und meine zitternde Hand ein eisgraues Haupt mit einer Krone, wie ich vorher noch keine gesehen hatte, aus verfilzten Gräsern hob, wurde mir trotz meiner Jugend bewußt, welche Sternstunde mir da beschieden war. Im andächtigen Schauen ließ ich mich nieder, sah nur den Urian, und alles andere um mich versank...

Die besinnlichen Augenblicke währten nicht lange. Worte, direkt neben mir gesprochen, rissen mich ganz unvermittelt in die Wirklichkeit zurück. Vor mir stand ein am ganzen Leib schlotterndes Männchen, das völlig außer Atem war und, wie mir schien, nur wirres Zeug vor sich hinredete.

„Was haben Sie getan – unser Bock – wer sind Sie – wenn das der Herr . . . .leiter erfährt – Gnade Ihnen!“ So ging es stoßweise weiter. Da stand der Wächter des „Bonzenbockes“, der seine Felle davonschwimmen sah und dessen starrer Blick, unentwegt auf den Kapitalen gerichtet war. Langsam wurde mir der Kerl unheimlich.

Als ich den völlig durchgedrehten Mann anherrschte und aufforderte, schleunigst in sein Revier zurückzukehren, befolgte er dies augenblicklich, so daß ich mich eines Lächelns nicht erwehren konnte. Kein Kämpfer, dachte ich, ein Etappenhengst!

Langsam ging ich mit dem Bock zum Gutshof zurück, doch schon bald kam mir der Jagdherr mit einem leichten Jagdwagen entgegen. Als der alte Herr den „Bonzenbock“ sah, war er außer sich vor Freude. Eine Freude, die wohl doppelte Bedeutung hatte. Ich spürte zwar, der Jagdherr gönnte mir den Bock von Herzen, aber ich kannte auch den Grund seines Frohsinns!

Nach einem sehr fröhlichen und stimmungsvollen Abend verließ ich am nächsten Tag die sympathische Familie meines Hauptmannes, um die Weiterreise in die Heimat anzutreten.

Mit dem Zorn des mächtigen Nachbarn wurde ich persönlich nicht konfrontiert. Ich erfuhr aber alles durch meinen Kompaniechef, der sich über den gelungenen Abschuß des „Bonzenbockes“ ebenfalls diebisch freute.

Leider verlor ich bald danach diesen väterlichen Freund. Wer weiß, warum er plötzlich aus dem sonnigen Süden die Fahrt nach dem sibirischen Norden antreten mußte!

Auch in der Normandie teilte ich in der Nähe von R. ein Revier mit einem General, den ganz sicher die Partei nach oben geschwemmt hatte. Bogner, so hieß der Mann, war weder Jäger noch Kavalier, dafür bösartig und brandgefährlich.

Ein roter Admiral segelte gemächlich an meinem Hochsitz vorüber. War er vielleicht auch müde und abgekämpft wie ich? Kaum zu glauben, denn Wiesen, Felder und Schläge waren geradezu mit Blumen übersät. Mit anderen Worten: Der Nektar floß in Strömen! Da war meine Situation hingegen schon betrüblicher, denn die Rehböcke hatte wohl alle der Erdboden verschluckt. Tagelang war ich schon hinter den „rotbefrackten Schürzenjägern“ her... doch Erfolg gab's keinen; nicht einmal die Spur eines brauchbaren Anblicks.

An jenem Tag saß ich also nach langem, schweißtreibendem Pirschgang auf einem Hochsitz in der Nähe einer Eiche, die, so wußten es die Franzosen zu erzählen, Kaiser Napoleon gepflanzt hatte. Ich hätte mich damals wahrhaftig gerne an einen ewige Jugend spendenden Göttertrank aufgerichtet, um noch einmal auf Nektar und Mythologie zurückzukommen, da ich ausgelaugt war wie ein Jagdhund nach einer anstrengenden Treibjagd!

In der vergangenen Nacht gab's Alarm, der die Übung ausgelöst hatte, die mir noch Stunden später in den Knochen steckte. Die anschließende Frühpirsch – ich wollte damals den Bock mit der Brechstange erzwingen – war ermüdend, und so sah ich mich also ziemlich am Ende meiner Kräfte. Eine Weile wollte ich mich ausruhen, dabei auf ein Zeichen der Rehbrunft warten und gegen Mittag meine Schritte heimwärts lenken.

Der Hochsitz bestand aus einem bequemen Sitzbrett sowie aus einer brauchbaren Auflage. Er war kunstvoll in eine große Platane hineingebaut und gewährte einen traumhaften Rundblick. Man erreichte diesen Sitz nicht wie üblich über eine Leiter, sondern über einige Äste, dazu bedurfte es aber einer schlangenartigen Gelenkigkeit. Diesen famosen Auslug fand ich rein zufällig, und er war meines Wissens nur mir bekannt. Der, der dieses kleine Kunstwerk angefertigt hatte, befand sich angeblich in deutscher Gefangenschaft, vielleicht auch schon im Untergrund, wenn ihm die Flucht gelungen war. Ich wiederum erzählte niemandem von dem so vortrefflich getarnten Hochsitz, und das sollte sich später noch einige Male bezahlt machen.

Die hochsommerliche Hitze nahm mehr und mehr Besitz von dem Landstrich – meine Augen waren schon am Zufallen, als mich plötzlich einige Fieptöne aus dem schläfrigen Dahindämmern rissen. Nanu? Schlagartig hellwach, merkte ich recht bald: Das klang nicht echt, eher nach einem „musizierenden Sonntagsjäger". Da kündigte sich Böses an! General Bogner, der dann und wann in diesem Revier sein Unwesen trieb! Ein von der mächtigen Partei gehievter Mann, der im weiten Umkreis Narrenfreiheit genoß. Er tauchte immer ganz überraschend auf, blieb ein, zwei Tage und verschwand dann wieder in der Versenkung. Der Mann schoß viel, traf wenig und verursachte – zum Leidwesen eines alten, gestreßten Jagdaufsehers – von Mal zu Mal schlimme Nachsuchen. Als ich den „Goldfasan" vor einigen

Oben: Gast aus dem Norden
Unten: Enten-Double

Wochen das letzte Mal sah, legte er eine widerlich hochnäsige Haltung an den Tag, und ich schwor ihm „jagdliche Rache“, wo immer sich hiezu Gelegenheit bieten sollte.

Und da rückte der General auch schon in mein Blickfeld. Kaum eine Schrotschußlänge gegangen, fiepte er abermals. Dabei stand er locker wie ein Spaziergänger neben Baum oder Strauch, die Büchse am Rücken, als gäbe es gar keinen Rehbock zu erwarten. Dilettantischer ging's wohl nicht mehr!

Plötzlich preschten – auch völlig überraschend für mich – Gais und Bock in die Wiese, die von wenigen Bäumen und kleinen Hecken bedeckt war. Die stürmische Liebesfahrt der beiden Rehe ging hart an dem Sonntagsjäger vorbei und im weiten Bogen wieder zu diesem zurück. Ich sah dann die beiden Rehe einen langwierigen Hexenring zeichnen, und als ich sie für wenige Sekunden aus den Augen verlor, krümmte der jagende „Generalissimus“ den Finger. Der Schuß dröhnte gewaltig in meinen Ohren ... und das gestörte Hochzeitspaar flüchtete zu Tode erschrocken in die Senke, aus der es vor wenigen Minuten wie ein Blitz aus heiterem Himmel gekommen war. Der General hatte in alter Manier seine Visitenkarte abgegeben, lud durch und setzte seine zweifelhafte „Konzertreise“ fort. Kein Gedanke an eine Nachsuche, kein Blick zum nahen Anschuß ... das sagte wohl alles! Als die letzten Fieptöne in der Ferne verklungen waren, baumte ich wie ein erfahrener Reckturner ab und machte mich müde und zerschlagen auf den Heimweg.

Vor dem Mittagstisch stieß ich in der Offiziersmesse auf den eben vom Revier zurückgekehrten General, der sich diesmal ungewohnt jovial gab:

„Servus, wir jagen wohl wieder im selben Revier?“

„Jawohl, Herr General.“

„Hast du schon einen Bock?“

„Nein, Herr General, die Brunft scheint noch nicht richtig im Gang zu sein.“

„Da bin ich aber ganz anderer Meinung“, erwiderte der etwas dickliche Mann mit ironischem Lächeln. Dann tischte er mir sein vormittägiges Jagderlebnis auf, und fast alles war erstunken und erlogen. Ein Lateiner par excellence...! Das Ganze hörte sich etwa so an:

„Saß auf einem Hochstand und blattete mir einen Rehbock herbei. Einen Spießer mit Stangen wie eine Antilope, sag ich dir. Leider rutschte mir die eingestochene Büchse von der Auflage und, peng, draußen war die Kugel.“ Was für ein Geflunker, dachte ich und nickte mit bedauernder Miene.

„Aber morgen hol' ich mir den „Antilopen-Bock“... heute räum ich ihm noch eine Galgenfrist ein“, meinte er und lachte schallend. Bevor mich der Schwadroneur huldvoll entließ, erlaubte ich mir – schon dunkle Gedanken schmiedend! – gehorsamst zu bemerken:

„Herr General, hüten Sie das Geheimnis von diesem interessanten Bock, damit er keinem anderen zur Beute wird.“

„Keine Angst, mein Lieber, von mir wird niemand erfahren, wo dieser Bock zu finden ist... auch du nicht“, setzte er lächelnd hinzu, und die gewohnte Arroganz hatte ihn wieder.

Wenn du wüßtest, was du nicht weißt, wäre dir nicht wohl in deiner Haut, war in etwa mein mystischer Gedankengang. Ich beschloß stehenden Fußes, nach einer notwendigen Regenerationsphase, dem geliebten, versteckten Plantanenhochsitz noch heute einen Besuch abzustatten.

Nach ein paar Stunden Tiefschlaf, ich hatte doch damals schon mehr als dreißig Stunden kein Auge zugemacht, fuhr ich ins Revier. Bei einem alten Bildstock, der an einen ermordeten französischen Förster erinnerte – Spitzbuben gibt es wohl in allen Ländern dieser Welt –, stellte ich den Wagen ab und setzte mich per pedes in Richtung Napoleoneiche in Bewegung.

Nach einer etwa halbstündigen Pirsch bezog ich den verborgenen Platanenhochsitz, der mir am Vormittag so vortrefflich Einblick in das Jagdverhalten meines Widerparts gewährte.

Brunftböcke waren schon immer „hart im Nehmen“, dachte ich, und hoffte gleichzeitig, daß der „Antilopen-Bock“ den Schreckschuß des Generals nicht allzu ernst genommen hatte.

Über der vor mir liegenden Wiese ließ sich ein Bussard von der aufsteigenden warmen Luft in höhere Regionen tragen, und ein weißgeballter Gewitterstock stand drohend über dem gegenüberliegenden Mischwald. Dort drüben hatte das Hochwild seine Einstände, doch die Hirschbrunft war noch lange nicht in greifbarer Nähe...

Lange hockte ich, mit dem heißen Hochsommertag zu einer Symbiose verschmolzen, völlig apathisch im Laubdach der schattenspendenden Platane. Der letzte Nachtdienst steckte mir wohl noch immer ein wenig in den Knochen. Das änderte sich aber blitzartig, als das rote Hochzeitspaar aus der leichten Senke kam. Der Bock trieb die Gais in den Wiesenflecken, dabei verschwanden die Rehe hinter Hecken, tauchten wieder auf und kamen in weitem Bogen zurück. Alles wie am Vormittag! Doch mit einem Mal war es dem stürmischen Freier zuviel, und er tat sich schier übergangslos im Schatten eines Busches nieder. Anders oder besser ausgedrückt: Er ließ sich regelrecht ins grüne Bett fallen!

Bald zeigte mir das Glas deutlich die verdrehten Spieße, und mein Herz begann zu jubeln! Dort unten saß die „Antilope“, und... der General brauchte keinen Gedanken mehr an sie zu verschwenden. Wenn nicht etwas Unvorhergesehenes geschah, gehörte der Bock mir; da gab es keine Frage! Eines mußte man dem schießwütigen Parteimann lassen: Angesprochen hatte er vortrefflich, wenn auch wie immer Übertreibung im Spiel war. „Antilope en miniature“ konnte man höchstens sagen.

Der Bock spannt mich besonders lange auf die Folter. Es heißt doch immer, der Löwe sei das faulste Tier. Nun, der Erfinder dieser These hatte garantiert nie mit brunftmüden Rehböcken zu tun gehabt! Es scheint eine Ewigkeit, bis der Spießer im Zeitlupentempo auf die Läufe kommt... und von der Kugel aus meiner Büchse in sein warmes Bett zurückgeworfen wird. Wieder einmal hat der Zufall Rolle und Regie geführt...

Tatsächlich, es waren eigenartig geformte Stangen, die das Haupt des von Lungenwürmern geplagten Bockes zierten. Beim Aufbrechen merkte ich die quälenden Parasiten.

Blieb dann nur die Frage: Wie wird wohl General Bogner

reagieren? Irgendwie sah ich diesem Augenblick mit etwas gemischten Gefühlen entgegen. Je näher ich der Kaserne kam, desto mehr sah ich mich in die Rolle des Zauberlehrlings gedrängt. „Die Geister, die er rief..."

Schneller als erwartet traf ich mit dem überheblichen Zyniker, dessen Zorn ich mir zweifellos eingehandelt hatte, im Kasino, wo ich meine trockene Kehle anfeuchten wollte, zusammen. Vielleicht wollte ich mir auch nur ein wenig Mut antrinken, so genau kann ich das heute nicht mehr sagen. Frei nach dem Motto: „Der Angriff ist die beste Verteidigung" erzählte ich von meiner seltsamen Beute und öffnete wenig später den Kofferraum meines Wagens, indem die „Antilope" auf Eichenlaub gebettet lag. Die Luft knisterte vor Spannung, und das Gesicht des Generals werde ich bis zum Ende meiner Tage nicht vergessen. Der geöffnete Mund und die Glotzaugen in dem feisten Antlitz erinnerten stark an einen wohlgenährten Weihnachtskarpfen. Als der Mann seine Sprache wiedergefunden hatte, zog er mit gewohnter Eloquenz vom Leder:

„Mensch, das ist doch mein „Antilopen-Bock", wo hast du ihn geschossen?" Ich tat sehr erstaunt und nannte einen Ort, der weitab – ganz sicher zwei Wegstunden – von meinem versteckten Platanenhochsitz lag.

„Dann muß es wohl mehr „Antilopen-Böcke" in diesem Revier geben", meinte der General, bevor er mit hochrotem Kopf fluchtartig die Szene verließ. Das erste war wohl ausgestanden. Ich wunderte mich damals sehr, daß Schüsse aus dem Hinterhalt ausblieben. Nun, das nächste Mal ging die Sache ohnehin nicht mehr so glimpflich aus. Das sollte ich allerdings erst in der Hirschbrunft erfahren.

Bogner bejagte damals noch sehr hinhaltend seine imaginäre „Antilope"; Weidmannsheil war ihm dabei keines beschieden! Da er das Revier in wenigen Tagen total verblattet hatte, bekam er – den Himmel sei Dank – auch keinen anderen Bock mehr vor sein miserabel schießendes Feuerrohr.

Kurz vor seiner Abreise meinte der General etwas lakonisch zu mir:

„Bin mir ganz sicher, daß du meinen „Antilopen-Bock" geschossen hast." Drohendes Feuer flackerte in seinen Augen, und ich fühlte, wozu Menschen seines Schlags fähig waren.

Im gleichen Jahr, während der Hirschbrunft, kam ich mit General Bogner noch einmal in Berührung. Abermals lag mir viel daran, das Wild vor seiner unberechenbar schießenden Büchse zu schützen und ihm gleichzeitig, wenn irgendwie möglich, ein Schnippchen zu schlagen.

Schon bevor die Hirsche schrien, besuchte ich die kleine Waldschenke des alten Bernar, wo deutsche Soldaten eigentlich gar nicht gerne gesehen waren. Der Wirt, dessen Häuschen mitten im Revier lag, war Jäger und kannte daher den umliegenden Landstrich wie seine Westentasche. Er allein wußte von meinem geliebten Platanenhochsitz. Dieses kleine Kunstwerk hatte wiederum Bernars Sohn vor Ausbruch des Krieges angefertigt. Und wie das Leben so spielt, befand sich Robert – Bernars hoffnungsvoller Sproß – als Kriegsgefangener bei einem Landwirt in meinem Heimatbezirk. Aus Briefen wußte man, daß es Robert gut ging. Diese Tatsache öffnete Bernars Herz, und ich war ein gerngesehener Gast in der kleinen Waldschenke.

Ganz anders erging es General Bogner, der von Bernar ständig jagdliche Auskünfte einholen wollte, aber nie welche bekam. Bogner war vor allem in der kleinen Schenke nicht gerne gesehen, da er Madeleine, die bildhübsche Tochter des Hauses, wie ein närrisch verliebter Gockel umgarnte. Madeleine, ein graziles, fast ätherisches Wesen mit ausdrucksvollem Gesicht, das von gewellten braunen Naturlocken umrahmt war, haßte den zudringlichen General.

Ich hatte die jagdlichen Qualitäten dieses Mannes längst durchschaut, und es fiel mir daher nicht schwer, diesen Sonntagsjäger da und dort auszuspielen. Natürlich war dabei Vorsicht am Platz, die Gefährlichkeit und vor allem die Skrupellosigkeit Bogners waren nicht zu unterschätzen. Besonders die Bernars mußten sich von der Rache dieses Mannes in acht nehmen. Wahrscheinlich wußte oder fühlte Madeleine, daß ihre ständigen Abweisungen den General verärgern und zu Sanktionen veranlassen konnten. Daher ging sie Bogner aus dem Weg, wo immer dies möglich war.

Langsam kam die Hirschbrunft in Schwung, und ich verbrachte meine ganze freie Zeit im Revier oder in der kleinen Waldschenke, um mich von Bernar über den Stand der Dinge unterrichten zu lassen.

Es gab damals nur einen guten Hirsch im Revier, einen alten Zwölfender, von dem leider auch schon Bogner wußte. Da er von meinem gut getarnten Platanensitz keine Ahnung hatte, ließ er sich auf besagter Wiese, die im Revier als bester Brunftplatz galt, einen Hochsitz aufstellen. Jetzt mußte ich natürlich höllisch auf der Hut sein, damit mir der Mann nicht den Rang ablief. Den Zwölfender wollte ich schießen, koste es, was es wolle!

Im Wald roch es nach Schwämmen, die irgendwo faulen mochten, und nach feuchter Erde, feuchtem Moos, Kräutern und Beeren. Eine Zeit im Jahresablauf, wo das Atmen wieder leichter fällt, Freude bereitet, . . . Hirschbrunftzauber.

Kurz bevor die Dunkelheit um sich griff, hörte ich eines Abends die ersten Schreie, undeutlich, wahrscheinlich war der Hirsch überriegelt. Als ich später durch die Dunkelheit ging, um bei Bernar noch vorbeizuschauen, dröhnte ein tiefer Baß in der Nähe meiner Wiese. Es ging los!

Zwei Tage später berichtete mir Bernar, daß der Zwölfender seinen Brunftplatz auf der Wiese bezogen hätte. Mein einmaliger Platanenhochsitz stand plötzlich wieder hoch im Kurs. Und jetzt, wo der Platzhirsch zu bejagen war, tauchte General Bogner auf.

„Zum Teufel mit ihm, wir alle wollen, daß du den Hirsch schießt", sagte Bernar und weihte mich in ein sehr gewagtes Vorhaben ein. Er wollte Bogner, der dem Geist aus der Flasche nicht abgeneigt war, unter Alkohol setzen, damit meine erfolgversprechende Abendpirsch gesichert war. Über Sinn und Unsinn dieses Planes hatte ich eine sehr zwiespältige Meinung, da ich mir um die Bernars Sorgen machte. Man wußte ja nicht – sollte der „alkoholische Anschlag" überhaupt gelingen –, wie Bogner reagieren würde.

„Das laß nur meine Sorge sein, da bin ich schon mit ganz anderen Kreaturen fertig geworden", meinte Bernar und setzte dann noch hinzu: „Wir werden Wasser trinken, und der General wird im Alkohol ersaufen."

„Ja, wenn aber . . ."

„Kein Einwand, du wirst sehen, diese Sache geht glatt über die Bühne." Ich gab mich geschlagen.

In der Tat: Bogner, der das G'spür eines Bulldozers zu haben schien, merkte rein gar nichts, fühlte sich vielmehr geehrt, daß ihm ausgerechnet an jenem Tag immer wieder zugeprostet wurde. Den reinen Alkohol, der im Laufe des nachmittägigen Gelages in seine Getränke floß, merkte er ebenso wenig. Über Bernars Empfehlung mimte auch ich den fröhlichen, angeheiterten Zecher.

Der General erwies sich vorerst als äußerst trinkfest, was Bernar wiederum veranlaßte, die Dosis Alkohol in den Mixgetränken drastisch zu erhöhen. Als Bogner endlich Wirkung zeigte, allmählich Gewalt über Körper und Geist verloren hatte, durfte – besser gesagt mußte – auch Madeleine in die Gaststube kommen. Von ihrem Anblick entzückt, vergaß der „Pseudo-Nimrod“ nun völlig seine jagdlichen Pläne. Dafür nahmen meine immer klarere Formen an. Der Zwölfender sollte mir gehören! – Noch ein paar harte Drinks und der alkoholgeschwängerte General sank in Morpheus Arme. Halb entkleidet steckte man Bogner in das Bett von Madeleine. Ja zum Teufel, was sollte das nun wieder bedeuten? Sinn und Zweck dieser „Aktion“ erfuhr ich erst Stunden später.

All diese Inszenierungen dienten nur dazu, mein jagdliches Vergnügen sicherzustellen. Die guten Bernars! Sie taten unglaublich viel für mich, obwohl Gefahr und Angst allgegenwärtig waren.

Bald nach diesem Intermezzo sitze ich in der Platane und warte sehnsüchtig auf den Abend. Ab und zu kommt aus einer nahen Eichenjugend ein verheißungsvoller Trenzer. Der Platzhirsch? Keine Frage, das muß er sein.

Als sich die Dämmerung anschickt, dem Wild auch im Freien Deckung zu gewähren, plötzlich einige dröhnende Schreie am Dickungsrand ... dann Sprengrufe am laufenden Band. Da gibt es wohl Störenfriede abzuschlagen. Mir stockt der Atem! Wenn nur das Büchsenlicht reicht. Mit einem Mal steht der Hirsch – wie aus der Erde gezaubert –, halb verdeckt durch ein Schmaltier am Ende einer Hecke. Er ist es! Mein Herz klopft wie verrückt.

In angemessener Entfernung ziehen am Waldrand zwei Beihirsche. Ihr Verhalten ist zaghaft, unschlüssig wie das schlechte Gewissen. Die beiden äugen fortwährend gierig nach dem Kahlwild, das ich hinter der schütteren Hecke nur schemenhaft erkennen kann. Der Zwölfender beschlägt einige Male das

Schmaltier und zerfetzt dann einen Strauch am Ende der Hecke. Äste, Grasbüschel und Erde fliegen durch die Luft. Nach mehreren zornigen, tiefdröhnenden Schreien in Richtung Beihirsche dreht mir der Hirsch endlich die Breitseite zu, und die Kugel aus meiner 9,3x74er Büchse klatscht ihm deutlich vernehmbar aufs hohe Blatt. Der Zwölfender wirft sich im Knall mit angezogenen Vorderläufen herum und verschwindet nach einigen torkelnden Fluchten hinter der Hecke. Ich sitze wie gelähmt... und plötzlich kommt mir General Bogner in den Sinn. Eine unangenehme Auseinandersetzung wird wohl nicht ausbleiben. Die Freude über den guten Hirsch verdrängt aber rasch diese düsteren Visionen...

Nicht weit vom Anschuß fand ich den alten, ungeraden Zwölfender. Er lag mit angezogenen Läufen, das Haupt zur Seite geneigt. Mächtig ragte die rechte Stange aus der Dunkelheit, die sich mittlerweile auf Wiese und Wald gesenkt hatte. Glückliche Augenblicke an der heißersehnten Beute. Nur Bogner spukte mir arg im Kopf herum.

Nach Aufbrechen und Verblenden hastete ich freudig erregt zur kleinen Waldschenke, in der ich so etwas wie Friedhofsruhe erwartet hatte; doch das Gegenteil war der Fall. Als man mich sah und von meinem Weidmannsheil erfuhr, herrschte Jubel, Trubel, Heiterkeit! Meine etwas bange Frage nach Bogner tat Bernar mit einer Handbewegung ab:

„Der kommt erst morgen wieder zu sich", meinte er schmunzelnd. Er mußte sich seiner Sache sehr sicher sein. Meine Hirschfeier währte tief in die Nacht hinein.

Am Abend des nächsten Tages erzählte mir Bernar vom raschen, unrühmlichen Abgang des Generals. Als dieser nach durchschlafener Nacht wieder in die Welt der Nüchternheit zurückfand, machte ihm Bernar die Hölle heiß:

„Was nur mit Madeleine geschehen sei? Das arme Mädchen wäre völlig verstört in die Nacht hinaus und bis jetzt nicht zurückgekehrt. Man müsse Meldung erstatten."

Die Wahrheit sah allerdings anders aus: Das Mädchen schlief in der vergangenen Nacht sorgsam behütet in einem anderen Zimmer und blieb versteckt, bis der General das Haus verlassen hatte.

Bei Bogner, der ja einer Alkoholvergiftung nahe war, konnte

das Erinnerungsvermögen natürlich nicht intakt sein, und er geriet bei Bernars aufgetischten Lügen übergangslos in Panik. Er bat flehentlich um Diskretion, hinterließ einen hohen Geldbetrag und verließ fluchtartig die kleine Waldschenke.

„Niemand weinte ihm eine stumme Träne nach", sagte Bernar und stellte lachend eine Flasche Bordeaux auf den Tisch. Ob ihm dabei wohl in seiner Haut war? Ich war jedenfalls sehr froh, daß es für die freundlichen Bewohner des kleinen Gasthauses die soviel für mich getan und gewagt hatten, kein böses Nachspiel gab.

Mir blieb allerdings die Rache des Generals, der nur die Schüsse aus dem Hinterhalt einwandfrei beherrschte, nicht erspart. Der Verlust der Jagdgenehmigung für das herrliche Revier – mit Waldschenke, Platanenhochsitz und Napoleoneiche – war für mich ein besonders schwerer Schlag. Im neuen Revier, das ich bejagen durfte, fanden sich nur einige kranke Sandhasen. All das spielte aber letztlich keine große Rolle mehr, da meine Tage in R. ohnehin schon gezählt waren.

Ich habe von General Bogner nie mehr etwas gehört oder gesehen. Wenn der hochkarätige Parteigänger das Kriegsende erlebt hatte, mag er wohl bald wieder sein jagdliches Unwesen in anderen Revieren getrieben haben.

Schlangenpyramide

Am Beginn stand eine Einladung zur Rehbrunft. Das Außergewöhnliche daran? Nun, die Fackel des Krieges loderte heftig, und mich trennten gut und gerne zweitausend Kilometer vom Revier, in dem ich diese jagdlichen Freuden schöpfen sollte. All meine Versuche, einen Heimaturlaub – wie man damals sagte – zu bekommen, scheiterten kläglich. Die wenigen, die zum Zug kamen, waren Landwirte. Man brauchte sie zu Hause dringend bei den Erntearbeiten. Ich hatte mich mit meinem Schicksal längst abgefunden, als ich eines schönen Sommertages völlig überraschend im Zug saß und Richtung Heimat rollte.

Wie schnell sich doch im Leben eines Menschen das Blatt manchmal wendet! Nicht daß ich als Urlauber diese weite Reise unternahm, bei Gott nicht! Wichtige Kurierpost war mir anvertraut. Doch im stillen rechnete ich mir eine geringe Chance aus, im Revier meines Freundes mit den hitzigen Böcken ins Gespräch zu kommen. Auf der Hinfahrt war dies wohl nicht möglich, da die Reisezeit nach den bestehenden Fahrplänen minutiös vorgeschrieben war. Aber für die zeitliche Begrenzung der Rückreise rechnete ich insgeheim mit dem Wohlwollen eines einsichtsvollen Vorgesetzten.

Während der Nachtzeit durchraste der Fernzug den Landstrich, in dem die jagdlichen Gründe meines Freundes lagen. Obwohl ich nur ein in Sekundenschnelle vorbeifliegendes, mattbeleuchtetes Bahnhofsgebäude erkennen konnte, klopfte mein Herz doch recht stürmisch vor Freude. Ich sah mich bereits als Jäger durch die umliegenden Wälder, die dunkel und geheimnisvoll die Bahnlinie begleiteten, pirschen.

Am Bestimmungsort meiner Reise waren wohl die dienstlichen Formalitäten sehr schnell erledigt, doch meine vorsichtig vorgebrachte Bitte bezüglich Unterbrechung der Rückreise stieß auf taube Ohren. Wieder übergab man mir Kurierpost, die schleunigst zu überbringen war. „Verdammte Etappenbullen“, lautete meine ebenso stumme wie inbrünstige Beschimpfung, und bald saß ich abermals in einer ratternden Eisenbahn. Jeder kennt das bedrückende Gefühl, das einen beschleicht, wenn man seine Felle davonschwimmen sieht.

Doch dann ging alles Schlag auf Schlag. Als der Zug von neuem der Heimat nahe war, bombardierten feindliche Flugzeuge einen knapp vor uns liegenden wichtigen Eisenbahnknotenpunkt. All das geschah nicht nur unter einem furchterregenden Getöse, sondern auch so nachhaltig und präzise, daß die Wiederinstandsetzungsarbeiten gut und gerne einige Tage in Anspruch nahmen.

Als der erste Schreck überwunden war – unser Zug entging nur knapp dem Bombardement –, dachte ich schnell wieder an schönere Dinge. Erraten! Knall und Fall kam ich schließlich doch noch zu dem heißbegehrten Jagdurlaub. Wenn dieser auch nur zwei Tage währte, war ich damals wohl der glücklichste Grünrock weit und breit. Groß war auch die Freude meines Freundes, als ich völlig überraschend vor ihm stand. Nach dem plötzlichen Tod seines Vaters u.k. gestellt, wie es damals hieß, war er mit Arbeit dermaßen eingedeckt, daß für die Jagd keine freie Minute blieb. Dazu kam eine kaum ausgeheilte Verwundung, die obendrein den arbeitsreichen Tagesablauf sehr erschwerte. Man höre und staune: Er machte sich schon ernste Sorgen, wer die vielen Rehböcke schießen sollte, und war ehrlich froh, in mir einen Jäger, einen Gehilfen, gefunden zu haben. Das müßte einem heute einmal passieren! Schnell vergaß ich damals meine ehrenvolle Aufgabe, dic mir anvertraute Kurierpost, und betrachtete die beiden vor mir liegenden Jagdtage wahrlich als Geschenk des Himmels.

Bis zur mitternächtlichen Stunde währte unser erster Abend bei wohlschmeckendem Moselwein und glücklichen Jugenderinnerungen: „Der erste Has', der erste Bock, das erste Mädchen ..." und was uns da noch alles leidenschaftlich bewegte!" Die ansonst sehr liebenswerte Dame des Hauses löschte schließlich resolut und ohne viel Federlesens die Kerzen. Ohne dieses Vorgehen wären wir in jener Nacht wahrscheinlich überhaupt nicht in die Betten gekommen. Das erste Morgenlicht sollte meinen Freund ja auf den ernteschwangeren Feldern und mich in den „bockreifen" Wäldern sehen.

Mit einem leichten Jagdwagen, der von zwei prächtigen Rappen gezogen und von einem uralten Kutscher mit sicherer Hand gelenkt wurde, ging es nach kurzer Ruhezeit los. Am ersten Tag widmete ich mich vor allem den mißratenen Rehjünglingen. Ihnen die Chance der Vererbung zu nehmen war wohl das erste Gebot. Speziell was dieses Kapitel betraf, gab es einen großen Nachholbedarf, da der zuständige Revierjäger auch schon einige Jahre fern der Heimat weilte. Man merkte es deutlich, die herrlichen Wälder und die Jagd waren verwaist. An allen Ecken und Enden fand sich von hitzigen Altböcken abgeschlagene Kümmerer. So war es auch nicht verwunderlich, daß mir schon der erste Jagdtag – Morgen- und Abendpirsch zusammengezählt – vier oder fünf Knöpfler und Kümmer bescherte. Es gehörte schon eine Portion Passion dazu, die Jagd – sprich Abschüsse – in diesem Ausmaß zu betreiben. Ich war nie ein Freund großer Strecken, auch in früheren Jahren nicht. Das darf ich wohl ehrlichen Herzens sagen. Doch was sollte ich damals anderes tun? Die Situation ist bekannt, und obendrein waren die Jagdherrn verpflichtet, ein vorgeschriebenes Kontingent Wild an bestimmte Institutionen abzuliefern. Mein Freund bat mich um diesen „Dienst", den man mit neunzehn Jahren leichter erfüllt und wegsteckt als im reifen Alter.

Der junge Gutsherr merkte wohl, daß mir das „Massaker" doch irgendwie gegen den Strich ging, und bedachte mich für den zweiten Tag mit einer „sehr interessanten, jedoch nicht ungefährlichen Aufgabe", wie er wörtlich meinte. Ich war gespannt und erfuhr alsbald aus seinen Erzählungen, daß es in einem Winkel des zum Gut gehörenden Waldes eine riesige Dickung gab, in der sich die stärksten Böcke fanden. Das Rehwild verließ ganz selten diesen Einstand, da es darin ein Überangebot an bevorzugter Äsung gab. Die Ausübung der Jagd war jedoch in diesem Teil des Revieres äußerst schwierig. Ein Jäger konnte nämlich nur von einer inmitten der Dickung liegenden Felsenpyramide mäßigen Einblick in den Dschungel gewinnen.

„Na und, was war daran so gefährlich?"

Mein Freund nun wörtlich (Auszug aus meinem Kriegstagebuch): „Ja weißt du, auf dieser sogenannten Felsenpyramide, übrigens die einzige weit und breit, wimmelt es geradezu von giftigem Gewürm. Der große Steinmugel scheint ein wahres Mekka für unzählige Vipern zu sein. Wir alle meiden daher den Revierteil fast zur Gänze!“

Nach einem kräftigen Schluck aus dem Glas schwor ich bei allem, was mir heilig war, einen Erntebock aus dem „Reich der Schlangen“ zu holen. Wahrscheinlich sprach aus mir die Unbekümmertheit der Jugend, die dann und wann diesen Nervenkitzel ganz einfach braucht.

Am frühen Morgen des nächsten Tages brachte mich der alte, wortkarge Kutscher nach längerer Fahrt zum Beginn eines Pfades, der mich direkt zu der Schlangenpyramide führen sollte. Nach Erfüllung seines Auftrages war der Alte, schneller, als ich ihm zugetraut hätte, von der Bildfläche verschwunden. Knieschlotternde Feigheit? Angst vor Schlangen? Mit einem Mal wollte auch mich ein unangenehmes Gefühl beschleichen, doch bald siegte der klare Menschenverstand, und ich drang zügig in die Dickung ein. Es dauerte nicht allzu lange, und ich stand staunend vor einem riesigen Fels, der tatsächlich eine Ähnlichkeit mit einem Pyramidenstumpf aufwies.

Ohne lange zu überlegen, bestieg ich diesen seltsamen Steinkoloß, der so gar nicht in diese Gegend paßte. Ein schmaler, verwildeter Steig führte mich bis zum Plateau, das relativ hoch über dem Dschungel lag. Wahrhaftig, eine echte Laune der Natur!

In der Wildnis um den steinernen Turm gab es einige Schneisen und Lichtungen, die ersichtlich von Menschenhand angelegt waren. Leider griff eine üppige Vegetation – man merkte, daß der zuständige Revierjäger bereits einige Zeit fern der heimatlichen Wälder weilte – schon wieder nach diesen, für einen hier ansitzenden Grünrock, so wichtigen Einrichtungen, und die Sicht war fast gleich null. Natürlich sah man auf dem Fels weit und breit keine Schlange. Kein Wunder, denn die herrschende Temperatur dieser frühen Morgenstunde hatte wahrlich noch nichts „Schlangenhaftes“ an sich.

Doch kaum auf der Steinplatte Fuß gefaßt, ertönte der erste Paukenschlag! In einer winzigen Lichtung tauchte übergangslos aus dem Blättermeer ein Kapitalbock auf, der mein Herz in gewaltige Schwingungen versetzte. Übermächtige dunkle Stangen in herrlichem Kontrast auf einem eisgrauen Haupt! Das war der Eindruck, der mir blieb, als der Bock Sekunden später wieder im üppig wuchernden Blattgewirr versank. Der Zufall wollte es, daß ich den Geweihten überhaupt sah. Und trotzdem beseelte mich von diesem Augenblick an nur der eine Gedanke: den oder keinen! Leicht wird es jedoch nicht sein, das war mir vom ersten Augenblick an klar. Obendrein durfte ich nicht lange fackeln, sollte mir noch einmal die Gnade dieses Anblicks zuteil werden. Ich richtete daher, auf dem Steinplateau liegend, alles für einen schnellen Schuß und gab mich dann völlig der Stimmung dieser frühen Morgenstunde hin.

Meine Gedanken weilten auch bei meinem Freund, der jetzt draußen auf den Feldern von früh bis spät als rastloser Schnitter über seine Besitzungen fuhr. Längst hatte ich alle Schlangen dieser Welt vergessen!

Bald herrschte reger Brunftbetrieb in den Einständen des „Rehadels". Immer wieder schimmerte es rot aus der Dickung. Sehnsüchtig fiepende Geißen wurden von Böcken getrieben, die allesamt reif für die Büchse waren. Doch der, der im ersten Morgengrauen mein Blut in Unruh' versetzt hatte, blieb verschwunden.

Als mir die höhersteigende Sonne schon ganz gehörig zusetzte – weder Strauch noch Baum fanden sich auf der Steinkanzel –, hörte ich unter mir wieder einmal wildes Brechen im Unterholz. Die stürmische Liebesfahrt kam schnell näher, und mir blieb fast das Herz stehen. Diesmal war es der Pascha dieses Reviers, das sah ich auf den ersten Blick. Hoch ragten die mächtigen, dunklen Kronen über die Lauscher, doch an einen Schuß war nicht zu denken. Zu schnell überfielen die beiden Rehe die schmalen Schneisen und kleinen Lichtungen. Kaum aus der Deckung, versanken sie im nächsten Augenblick, nach einigen wilden Fluchten, schon wieder hinter einem grünen, undurchsichtigen Vorhang. Ich konnte mich lediglich an der Geräuschkulisse, die das Hochzeitspaar verursachte, orientieren, wo Bock und Geiß gerade trieben. Allmählich verebbte das Brechen in der Ferne, und mein stürmisch klopfendes Herz kam langsam wieder zur Ruhe. In diesem Urwald wird es wohl keinen jagdlichen Erfolg für mich geben, dachte ich vollkommen zerknirscht. Die Sonnenstrahlen wurden schier unerträglich, ich dachte schon ans Aufgeben, da leuchtete es ganz überraschend und übergangslos in nächster Nähe dunkelrot aus dem Blättermeer. Wie hergezaubert stand da unten „mein" Bock, auf leisen Läufen zurückgekehrt, und äugte starr zu mir herauf. Kein Zweifel, er hatte mich schon wahrgenommen. Verzweiflung überkam mich, da lediglich das schneeweiße Haupt und die sagenhafte Krone gänzlich frei waren. Das Blatt schimmerte nur schemenhaft aus der Deckung. „Soll ich, soll ich nicht?" Es gibt keinen Jäger, der diese bange Frage nicht kennt. Die Antwort gab mir damals das Herz, und das Korn suchte die Stelle, wo das Leben sitzen mußte. Im Knall brach der Kapitale zusammen, wurde jedoch schnell wieder hoch, um noch einige rasende Fluchten in die Dickung zu brechen.

In diesen für mich so erlösenden Augenblick drang wie aus heiterem Himmel ein Blitz, das untrügliche, durch Mark und Bein gehende Zischen einer Schlange an mein Ohr. „Eine Kreuzotter", schoß es mir durch den Kopf, und ich blieb wie gelähmt liegen. Das war in diesem Augenblick wohl das Richtige, da das stark gereizte Reptil nahe meiner linken Gesichtshälfte sein mußte. Bange Minuten verstrichen. Vielleicht waren es auch nur Sekunden, die mir zu einer kleinen Ewigkeit wurden. Endlich schlängelte sich der dicke Leib einer prächtigen Kreuzotter knapp an meinem auf dem Rucksack liegenden linken Arm vorbei. Deutlich sah ich das über die gesamte Rückenlinie verlaufende Zickzackband der Vipera berus. Mit keiner noch so langen Nadel wäre es in diesem Augenblick wohl möglich gewesen, meinem Körper einen Tropfen Blut zu entlokken. Als die Giftschlange in einem Felsspalt verschwunden war, raffte ich schnell meine Siebensachen zusammen und stieg anschließend mit doch sehr wackeligen Beinen von der Schlangenpyramide.

Es dauerte dann eine kleine Ewigkeit, bis ich vor dem Gestreckten stand. In diesem dichten Dschungel hatte ich nämlich bald jegliche Orientierung verloren. Obendrein steckte mir das eben bestandene Schlangenabenteuer doch noch tief in den Knochen und ließ mich bei der Nachsuche recht vorsichtig zu Werke gehen. Eine kurze Schweißfährte, auf die ich durch reinen Zufall stieß, führte dann rasch zu dem Kapitalbock, dessen Anblick mich schnell alles giftige Gewürm dieser Welt vergessen ließ.

Vor mir lag, im wahrsten Sinne des Wortes, ein Lebensbock, den mir der Zufall schon in sehr jungen Jahren bescherte: Wenn auch diese Krone – wie manch andere – heute an meiner Trophäenwand fehlt, das Bild dieses außergewöhnlichen Kopfschmuckes ist unauslöschlich in meiner Erinnerung erhalten geblieben. Das Geweih brachte ich übrigens gut nach Hause, doch ein höherer Offizier der Besatzungsmacht, der die Wohnung meiner Eltern requirierte, nahm – neben manch anderen Dingen auch – einige starke Trophäen mit auf die Reise. Was er wohl damit machte?

Meinem lieben Freund erzählte ich abends, wie das nahe, aufgeregte Zischen der Otter mein Herz krampfhaft zusammenzucken ließ, als der Kapitale in der Dickung verschlegelte. Wieder saßen wir, bis die Mutter des Hausherrn kam und mit „sanfter Gewalt" unser Gespräch beendete.

Der nächste Morgen brachte eine angenehme Überraschung. Die Strecke war noch nicht frei, und ich durfte mich über einen weiteren Urlaubstag freuen! Eine glückliche Fügung wollte es, daß der zuständige Bahnhofsoffizier ein Freund des Hauses war!

Der zusätzliche Urlaubstag, ein echtes Geschenk des Himmels! Da ich in den vergangenen achtundvierzig Stunden dem Weidwerk im Übermaß gehuldigt hatte, wollte ich am letzten Tag meinem Freund bei seinen Erntearbeiten behilflich sein, was dieser jedoch kategorisch ablehnte.

Meine jagdliche Unterstützung hätte mehr Sinn als jede andere Arbeit. Sollte ich wirklich keine Lust mehr haben, nach den Böcken zu schauen... wäre da noch eine entlegene Revierecke, in der Hunde und Katzen eines nahen Ortes ihr Unwesen trieben. Zunächst stand man vor einem Rätsel. Dann fanden sich die ersten gerissenen Stücke und schließlich auch die Tritte zweier Hunde. Die Spur des einen glich fast der Fährte eines Wolfes; stark und drohend stand sie im weichen Waldboden. Vor den einsetzenden Erntearbeiten wollte mein Freund den beiden Reviergeißeln ihr übles Handwerk legen, doch es war ihm zunächst kein Erfolg beschieden.

Durch Wald und Flur, über Gräben und Wege gingen die wilden Fahrten des bedrängten Wildes weiter. Immer ein Gleichklang im Ablauf des Geschehens. Jagen, hetzen, töten – sehr oft sinnloses Töten; das schien der Leitsatz dieser beiden

Bestien. Denn manche Stücke waren kaum angeschnitten. Da die beiden Hunde ohne Hals zu geben und fast nur in den Dämmerzeiten wilderten, war ihr Abschuß besonders schwierig. Das ging Tage hindurch, bis dem Gutsherrn ein Teilerfolg beschieden war und er den etwas geringeren der beiden Räuber strecken konnte. Dem zweiten, einem überaus starken, dunkelfarbigen Wolfshund, der einen völlig verwilderten Eindruck machte, fuhr die Kugel nur knapp am Leben vorbei. Zentimeter über seiner Schulter bohrte sich das Geschoß in den Stamm einer Fichte. Seit dieser Zeit sah mein Freund den „Wolf" nicht mehr, aber das Grauen blieb, und die Unruhe unter dem Wild nahm von Tag zu Tag zu. Soweit der Bericht meines Freundes.

Ich war begeistert von diesem Auftrag. Gelang bei der Bejagung des Raubzeuges ein Erfolg, war ein kleiner Dank für die großzügige Jagdeinladung abgestattet.

Bald war ich mit Kutscher, Pferdewagen und Axl, dem Deutsch-Kurzhaar, unterwegs. Von dem unbändigen Verlangen durchdrungen, den „Wolf" vor die Büchse zu bekommen, fuhr ich in den taufrischen Morgen hinein. Kaum im besagten Jagdrevier, schoß ich im zaghaften Morgengrauen die erste Katze. Schon wenig später wollte sich eine zweite in einer Ackerfurche drücken. Kurz vor dem Eintauchen in ein Kleefeld fuhr dem Kuder die kleine Kugel aus der Schonzeitbüchse ins Blatt und warf ihn gut und gerne einen halben Meter weit in die Luft. Im rasenden, nicht endenwollenden Todeskampf schnellte die große Katze auf einem Stoppelfeld hin und her, bis sie Axl erbarmungslos griff. In zorniger, wilder Gier – als wüßte er vom großen Schaden des Raubzeuges – schlug sich der Hund den gefährlichen Räuber um die Behänge. Was für ein Beginn! Doch sehr rasch waren meine Gedanken wieder beim „Wolf". Er war ja die echte Geißel des Revieres! Bald mußte ich erkennen, daß diesem kaltblütigen Mörder dieser zähen, ganz bestimmt mit hoher Intelligenz ausgestatteten Bestie hier nicht leicht beizukommen war. Der Hund wußte offensichtlich, daß die zerklüfteten Gräben, die sich hier weithin streckten, übersät von verfilztem, undurchdringlichem Rankengewirr, einen todsicheren Schlupfwinkel darstellten. Hier gab es kein Abspüren, kein Mittel, dem „Wolf" beizukommen. Hier konnte bloß ein glücklicher Zufall die entscheidende Rolle spielen.

Wie mir der Kutscher zusätzlich zu erzählen wußte, hatte es tatsächlich den Anschein, daß der Unhold zu seinen Raubzügen nur in den Dämmerzeiten aus den Gräben kam. Sah man endlich wieder einmal in der Nähe des Dschungels seine frischen Tritte und saß daraufhin tagelang an, war alle Mühe vergebens. Dachte man, der „Wolf“ triebe es nun in einer anderen Gegend, wurde man bald eines Besseren belehrt. Die Unruhe unter dem Wild blieb, und man stellte fest, daß fast alles Rehwild schon aus diesem Revier ausgewechselt war.

Ich hieß den Kutscher unter einer großen Eiche, am Beginn der Feldregion, eine Rast einzulegen und ging zurück in den Mischwald, um eine geraume Zeit einen Hochsitz zu beziehen. Dieser Hochsitz stach mir sofort ins Auge und zog mich in einer unerklärlichen Weise an.

Rechts von meinem Auslug dehnte sich ein riesiger Schlag, und links sah ich in ein Altholz, das schon einige Male Säge und Hacke zu spüren bekommen hatte, da die mächtigen Fichten weit auseinanderstanden. Alte, bärtige Riesen, jede von ihnen ein Aristokrat.

In Gedanken versunken – am nächsten Tag mußte ich ja die Weiterreise antreten –, schreckte mich plötzlich fernes Brechen im Unterholz auf. Ohne Zweifel: flüchtendes Rehwild! War es der „Wolf“, der da jagte? Über Stock und Stein ging die wilde Fahrt aus einem Graben. Schon konnte ich zwischen den Stämmen zwei Rehe ausnehmen, die in panischer Angst alles überfielen, was ihren Fluchtweg kreuzte. Dreißig bis vierzig Meter rasten sie an meinem Hochsitz vorüber. Mir war heiß geworden. Die Büchsflinte an der Waage, erwartete ich den Verfolger, der auch schon mit tiefer Nase, ohne Hals zu geben, aus dem Dämmerdunkel in mein Blickfeld kam. Kein Zweifel, der „Wolf“! „Hubertus hilf!“ Nach dem kurzen Stoßgebet die bange Frage: Kugel oder Schrot! Lange war da nicht zu überlegen und mein Entschluß zweifellos richtig. Der „Wolf“ quittierte mit einem mächtigen Satz die Kugel, die, so vermutete ich, etwas tief ins Leben gegriffen hatte. Aufheulend brach der erbarmungslose Hetzer zusammen, schleppte sich aber noch in ein nahes, kleines Gestrüpp. So schnell mich meine Füße trugen, rannte ich dorthin und gab dem „Wolf“ den Fangschuß. Den Hund warf es herum, und bevor die schwarze Seele aus dem mächtigen Gebäude des Freibeuters fuhr, traf mich aus seinen Augen ein Blick, dessen Wildheit mich fast erschrecken ließ. Noch einmal schnappte das mächtige Gebiß kräftig zu, dann beruhigten sich auch die japsenden Lefzen. Stumm, von einem Glücksgefühl durchdrungen, stand ich vor dem Unhold, der Mensch und Wild so lange in Atem gehalten hatte. Wahrlich ein Hund, den man mit Recht „Wolf" nennen durfte.

Dem alten Kutscher schien ich plötzlich nicht mehr ganz geheuer, als er vom raschen Ende der Geheimnis umwitterten Reviergeißl erfuhr. Er ließ die Pferde laufen, um seinen unheimlichen Fahrgast bald los zu sein.

Während der weiten Fahrt nach Hause, war ich tief in Gedanken versunken. Auch mir war vieles rätselhaft. Wieso zog mich gerade dieser Hochsitz wie ein Magnet an? War Zauber mit im Spiel? Aberglaube? Es wird immer ein Pro und Kontra geben, wenn man in Jägerkreisen dieses Thema behandelt. Nie werden hiebei alle Gesprächspartner auf einer Ebene zu finden sein. Dennoch wage ich zu behaupten: „Kaum ein Grünrock ist von Aberglaube völlig frei." Dies darf nicht wunder nehmen, da Dämonenfurcht und Aberglaube den Menschen, und hier insbesondere den Jäger, nachweisbar bis tief in die Urzeit zurück beschäftigte. Nur mochte damals eine tiefe Gläubigkeit das sein, was wir heute eben als Aberglauben im Jagdgeschehen bezeichnen müssen.

Passiert doch wahrlich viel bei Ausübung der Jagd, wofür es nach menschlichem Ermessen keine Erklärung gibt. Allein das Verhalten der Tiere des Waldes ist in vielen Fällen schier undeutbar. Setzt sich nicht das ganze Jagdgeschehen aus einer Reihe von Zufällen zusammen? Lange spricht man von Zufällen, dann naht aber doch einmal die Stunde, in der Zweifel aufkommen. Zweifel über Geschehnisse, die an Unwahrscheinliches grenzen. Kein Wunder also, wenn die Jagd mit ihren unzähligen Zufällen und Schickungen – wie heute mit dem „Wolf" – geradezu herausfordert, vom Mystizismus zu sprechen.

Um das bisher Gesagte zu erhärten, möchte ich erst gar keine „Geisterböcke" oder „verhexte Hirsche" zitieren. Ebenso will ich nicht von „weißen Gamsböcken" sprechen, die – so kann man immer wieder in der einschlägigen Literatur nachlesen –

dem Schützen innerhalb eines Jahres nach der Erlegung den sicheren Tod brachten.

Unsinn! Nicht wahr?

Übrigens, ein ganz prominenter Jäger seiner Zeit, der österreichische Thronfolger Franz Ferdinand, hat ein halbes Jahr vor seiner Ermordung in Sarajewo einen weißen Gams erlegt.

Der Pferdewagen blieb mit einem kleinen Ruck vor dem prächtigen Herrenhaus stehen. War das ein Hallo, als ich meinem Freund die überraschende Erfolgsmeldung über den Abschuß der Reviergeißel brachte. Die Freude lachte ihm aus den Augen und seine ehrlich gemeinten Worte gipfelten in dem Satz: „Glaube mir, deine jagdliche Hilfe kann nicht mit Gold aufgewogen werden.“ Auch mein Versprechen, gerne wieder einmal zu „helfen“, war ehrlich gemeint, doch all unser Wollen stand damals in den Sternen. Niemand wußte, was der nächste Tag brachte; alles war Zufall, Glücksfall oder Schicksal.

Wenn die Zeit über die Ufer tritt, verschwimmen alle Maßstäbe.

Acht Tage Pyrenäen

Diese Jagdtage waren in meiner Gedankenwelt – obwohl sie nun bald 50 Jahre zurückliegen – nie verschüttet. Ganz im Gegenteil, ich spüre noch heute sehr deutlich den Anhauch der längst versunkenen Zeit, wenn ich mich geistig damit beschäftige.

Nach der Verlegung unseres Regiments vom Norden in den Süden Frankreichs verlebten wir am Mittelmeer – etwa auf der Höhe Perpignan – eine wunderbare Zeit. Wir schoben, wie man so schön zu sagen pflegte, eine ruhige Kugel.

Da in den umliegenden Dünen kein Wild zu erjagen war, fischte ich so lange, bis alle meine Abnehmer keine Gräte mehr sehen konnten. Besonders angetan hatten es mir die kleinen, wohlschmeckenden Aale, die ich täglich dutzendweise aus dem Wasser holte. Diese Tiere steckten am Meeresgrund in gut sichtbaren Löchern und warteten auf Beute. Ich hatte nichts anderes zu tun, als meinen Angelhaken vor so ein Loch zu dirigieren, und schon schoß ein Aal heraus und schnappte sich meinen Köder. Ein rascher Anhieb mußte erfolgen, da ansonsten der Fisch blitzschnell in seinem dunklen Loch verschwand und verloren war. So zog ich mit Begeisterung Aal um Aal aus den blauen, durchsichtigen Fluten des Mittelmeeres, in denen sich damals noch nicht der viele Dreck von heute fand – wie gesagt, bis meine Kumpel keinen Fisch mehr sehen, noch weniger riechen konnten.

„Brot und Spiel" brauchen die Soldaten, das erkannten neben den alten Römern auch unsere Stäbe, und sie gaben damals für alle sportlichen Betätigungen und ähnliche Veranstaltungen Grünes Licht. Damit waren die Soldaten in ihrer Freizeit weitestgehend ausgelastet, trugen nicht ihren letzten Pfennig in die Bordells nach Perpignan. Die potenzträchtigen Landser wären natürlich erfreut gewesen, hätten an ihren sportlichen Kämpfen auch französische Wettkämpferinnen teilnehmen können, doch unser Oberst war dagegen. Er war sozusagen ein Weiberfeind, daher galt: Spiel und Sport für Männer aus allen Rohren!

Turnen, Leichtathletik, Sackhüpfen, Ballspiele aller Art – welche körperliche Ertüchtigung stand eigentlich nicht auf der Tagesordnung?

Damals bastelten zwei pfiffige Waffenmeister auch an einer Kleinkaliber-Schießanlage, die nach ihrer Fertigstellung ein echter Renner war und sich bei allen Schützen großer Beliebtheit erfreute. Es währte nicht allzu lange, und das Regiment veranstaltete für alle seine Angehörigen ein Schießen, das mit Preisen gut dotiert war. Selbst unser Kommandeur – liebevoll der „Alte" genannt, obwohl er kaum 35 Lenze zählte – ließ sich nicht lumpen und stiftete als ersten Preis acht Tage Heimaturlaub. War das eine Freude! Gab das ein Hurra! Jeder einzelne war bestrebt, eine gute Schießleistung zu bringen. Kein Wunder also, daß es um diesen Sonderurlaub harte, verbissene Kämpfe gab und manch einer seine letzte Mark locker machte, um noch eine Serie schießen zu können.

Der Wettkampf zog sich über Tage hin; der finanzielle Reingewinn war beträchtlich und wurde karitativen Zwecken zugeführt.

Wie war es mir nur gelungen, mich im engeren Kreis der potentiellen Sieganwärter zu etablieren? Letztlich gab's noch ein nervtötendes Stechen mit einem blonden Riesen von der Waterkant – war immer der Meinung, die hätten Schwimmhäute zwischen den Zehen und könnten nur schwimmen. Als ich letztendlich als Sieger feststand, hielt ich's zunächst für blanken Unsinn und konnte mich dann des Sieges aus zwei Gründen nicht aufrichtig erfreuen. Zunächst waren da einmal zu viele Neider. Manch einer hätte damals für acht Tage Sonderurlaub ein kleines Vermögen geopfert. Und zum zweiten gab's bald eine herbe Enttäuschung.

Beim Kommandeur zum Rapport befohlen, brach eine Welt für mich zusammen. Ich merkte deutlich, wie leid es dem „Alten" tat, sein gegebenes Wort nicht einlösen zu können. Eine über Nacht verhängte generelle Urlaubssperre stand plötzlich meinem Glück im Wege.

„Dafür fährst du sofort acht Tage in die Pyrenäen und schießt einen Gamsbock oder Steinbock, von mir aus auch beides, alles

Weitere sagt dir der Adjutant." „Weidmannsheil" – und draußen war ich beim Tempel. Damals verstand ich die Welt nicht mehr und sprach von einem Pyrrhussieg. Heute möchte ich diese acht Tage in meinen Erinnerungen nicht missen.

Wenige Stunden nach diesem Rapport saß ich in einem Wagen, der mich zur Bahnstation brachte. Es war alles wie ein Traum – ich wußte gar nicht, wie mir geschah. Es gab nur eine Erklärung: Der Oberst war ein Gentleman, der unbedingt zu seinem Wort stehen wollte. Er wußte aus zahlreichen Gesprächen von meiner Passion und war selber ein begeisterter Jäger.

Mir war bis zur Stunde nicht bekannt, daß es in F. – mein Reiseziel – ein Erholungsheim mit Jagdmöglichkeit für deutsche Offiziere gab. Wahrscheinlich hätte ich nie davon erfahren, wäre die Urlaubssperre nicht so plötzlich in die Quere gekommen. Sinnend sah ich aus dem Fenster, lauschte auf das monotone Rattern der Eisenbahn und gab mich dann ganz den Eindrücken der Reise hin.

Was für herrliche Landschaftsbilder taten sich da vor meinen Augen auf! Die Trasse der Eisenbahn war kühn angelegt. Riesige Viadukte überspannten weite Täler und gaben den Blick in tiefe, schwindelnde Abgründe frei. Ich lernte bei diesem Trip von dem gigantischen 435 km langen Gebirgszug ja nur teilweise die Ostpyrenäen kennen. Und diese erstreckten sich praktisch von der Küste des Mittelmeeres bis zum 1500 Meter hohen Col de la Perche und gipfeln schließlich im Puigmal, der eine Höhe von fast 3000 Meter aufweist.

Bei diesem Anblick erhoben sich heimatliche Berge in meiner Gedankenwelt, und der Verlust des Sonderurlaubes quälte mich von neuem. Endlich hielt der Zug in F. – was mochte mich wohl in dem kleinen Pyrenäenort erwarten?

Das kleine Dorf mit den weißen Häusern strömte eine Herzlichkeit aus, die ich vom ersten Augenblick an als wohltuend empfunden hatte.

Der Weg in die Pension war kurz. Bald bezog ich in dem schönen Haus ein helles Zimmer, das den Blick auf die nahe Bergwelt freigab, das ich aber ganz selten bewohnen sollte. Wenig später machte ich mich schon auf den Weg zum Jäger. Eine Skizze des Adjutanten führte mich direkt zum Haus des Franzosen.

Dann stand Monsieur Gretto vor mir: „Willkommen in F.“, sagte er zum Gruß. Er war etwa fünfzig, von mittlerer Statur, drahtig, trug einen weißen, zerzausten Backenbart und erinnerte an unseren alten Kaiser. Der Mann schien nur aus Knochen und einigen Muskelsträngen zu bestehen, sein Blick – so hatte ich den Eindruck – ließ echten Cognac gefrieren. Der Jäger war, wie ich später erfahren sollte, nach einem Unfall in den Bergen Invalide, hatte einen steifen Arm und war deshalb dem Ruf zu den Fahnen entwischt. Nach dem frühen Tod seiner Frau bewohnte er mit seiner Tochter Yvonne ein schönes Haus, haßte die Besatzungsmacht, da sein einziger Sohn bald nach Ausbruch des Krieges in deutsche Gefangenschaft geraten war. Der Mann begegnete mir mit Respekt, ich vermißte aber ein kleines Stück Herz, das ich brauche, um mich von Beginn an wohl zu fühlen.

Gretto wußte von meinem Kommen und stand mir eine Woche lang zur Verfügung, da in dieser Zeit kein anderer Gast zu führen war. Wenigstens jagdlich ein Beginn nach Maß!

12. September. Schon am nächsten Morgen machten wir den ersten Pirschgang, und ich erlebte einen Tag wie im Märchen! An der Schönheit des Revieres, das sich vor meinen Augen wie ein Bilderbuch auftat, verblaßten bald alle Gedanken um den in Verlust geratenen Sonderurlaub. Der Sommertag im September war dem Faltengebirge wie auf den Leib geschrieben. Je höher wir kamen, desto strahlender leuchteten die Firnfelder der Gipfelregion. Der Schnee war so weiß, daß er in den Augen schmerzte. Signale, die mein Herz weit öffneten.

Gretto, ein äußerst naturverbundener Mensch, zeigte mir im eiskalten Wasser der Bäche den Gebirgsmolch, der nur in den Pyrenäen zu Hause ist. Ebenso sah ich in den Bächen der Tallagen die „Ratte mit der Trompetennase“, deren richtiger Name mir entfallen ist. Da ich an all dem großes Interesse zeigte, fielen sehr bald die ersten Barrieren zwischen Gretto und mir.

Plötzlich hatten wir die ersten Gams vor uns. In guter Deckung plaziert, nahmen wir das Krickelwild genau unter die Lupe. Da waren „nur“ Geißen mit Kitzen, und es ging wahrhaftig zu wie auf einer richtigen Spielwiese. Zum erstenmal sah ich ein leises Lächeln auf den Lippen meines Begleiters, der sich recht bald auch als ausgezeichneter Jäger entpuppte.

Mittags hielten wir in der Nähe eines Sturzbaches, dessen

Wasser ein eigenartig singendes Getöse verbreitete. Während dieser Rast sah ich die ersten Steinböcke, die hoch über uns ihre sehenswerten rituellen Kämpfe austrugen.

„Steinböcke bilden Herrengesellschaften, die dauernd von Rangordnungskämpfen begleitet sind", wußte mein Pirschführer zu erzählen.

Wenn ich heute an die faszinierende Wildnis der Pyrenäen denke, habe ich manchmal noch den hellen Klang zusammenprallender Steinbockgehörne und das Donnern der Sturzbäche im Ohr.

In allerbester Erinnerung sind mir auch noch die Bartgeier, denen ich stundenlang gebannt zusehen konnte, wenn sie Knochen in die Höhe schleppten und ganz präzise auf bestimmte Felsblöcke fallen ließen, an denen sie zerschellten. Das Knochenmark ist für die Bartgeier ein Lebenselixier, das sie mit spitzen Knochensplittern gierig verschlingen. Ich war erstaunt, wie schnell sich die großen Vögel in der Luft bewegen konnten, viel rascher als z.B. die Gänsegeier, die von ihren Artgenossen immer wieder in die Flucht geschlagen wurden. Die Bartgeier – so hatte ich den Eindruck – duldeten überhaupt keine anderen Vögel in ihrem Revier, und das galt ganz sicher auch für den eigenen Nachwuchs, sobald dieser aus dem Familienverband entlassen war.

Gretto zeigte mir einmal zwei Krähen, die es den Bartgeiern nachmachen wollten, die Sache aber bei weitem nicht so gut beherrschten. Die kleinen Röhrenknochen, die sie aus geringerer Höhe fallen ließen, verfehlten meist den Stein, fielen auf den Almboden und zerschellten nicht. Wir mußten lachen. Einige Lehrstunden bei den Bartgeiern wäre für die Rabenvögel zweifellos von Vorteil gewesen!

Die Pyrenäen sind offensichtlich eine Zauberwelt, in der alle Tiere einen harten Lebenskampf führen. So bezeichnete Gretto das Steinwild als „Allesfresser", das über der Baumgrenze zu Hause ist, im Sommer vom Almgras und Wildkräutern, im Winter von trockenen Gräsern, Moos und Flechten lebt. Letztere werden von den Felsen geschabt! Von zehn Gamskitzen sollen, nach Aussage des Jägers, nur drei durch die strengen Winter kommen.

Den ersten Tag beenden wir mit unvergeßlichen Eindrücken,

aber ohne jagdlichen Erfolg. Ich war froh darüber. Es mußte nicht beim ersten Pirschgang krachen, wo doch eine Woche, also 7 lange Jagdtage, vor mir lagen.

Als wir abends in das Haus des Jägers zurückkehrten, überraschte uns die hübsche Yvonne mit einem köstlichen Nachtmahl. Gretto holte eine Flasche Wein aus dem Keller, und wir tranken edlen französischen Rotwein, der unsere Zungen löste. Besonders Yvonne sprühte mit einem Male vor Lebensfreude, und in ihren Augen leuchtete ein geheimnisvolles Feuer. Ihr Vater sah sie an, während er sein Glas in der Hand hielt und die Zähne in die Lippen grub.

„Wir werden morgen zu einer Hütte aufsteigen und einige Tage am Berg bleiben“, sagte Gretto, zu mir geneigt, leerte sein Glas und hob die Tafel auf. Schade um diesen Abend, er hätte noch sehr schön werden können!

13. September. Nächsten Tag stiegen wir wieder an tosenden Bergbächen vorbei, gingen über ein Hochtal und erreichten gegen Mittag ein kleines Hochplateau, auf dem eine Hütte thronte. Schon am Weg hierher hatte Gretto mit Gamswild gerechnet, wir sahen aber nur zwei Bartgeier bei ihrer „Knochenarbeit“. Wo waren die Gams? Einige Male blickte mein Begleiter sorgenvoll zum Himmel und zog deutlich hörbar die Luft in sein überdimensionales Riechorgan:

„Das Wetter schlägt um“, meinte er dann trübsinnig und ein wenig sorgenvoll. Wie recht er doch hatte! Noch nie in meinem ganzen Leben sah ich Regenwolken so schnell auf mich zukommen. Ein kurzes Stück vor unserem Ziel fiel der Himmel runter. Flucht zur nahen Jagdhütte. Drinnen Sauna, draußen Dusche! So lange dieser sintflutartige Guß niederging, war an eine Jagd nicht zu denken. Trostlos!

Als ich Gretto in der Hütte, zum Nichtstun verurteilt, gegenübersaß, dachte ich ein wenig wehmütig an seine Tochter. Weilte sie vielleicht auch mit ihren Gedanken bei uns am Berg? Yvonne!

Gegen Abend klarte es plötzlich auf, und einer kurzen Pirsch stand nichts mehr im Wege. Glücklicherweise sahen wir im letzten Licht, hoch oben am Berg, ein starkes Gamsrudel, zu dem wir am nächsten Tag aufsteigen wollten.

14. September. Im ersten Morgengrauen verließen wir die

Hütte und begannen mit dem Aufstieg. Obwohl wir völlig schwindelfrei waren, überlief mich ein kalter Schauer, wenn mein Blick neben dem extrem schmalen Steig in die Tiefe ging. Eine Tiefe, die in der morgendlichen Düsterkeit mit Blicken noch nicht auszuloten war.

„Vorsicht“, gebot mir Gretto mit lauter Stimme, um das Rauschen des Wassers in der Schlucht zu übertönen. Unsinn, dachte ich, stolperte wenig später über eine Wurzel, stürzte und rutschte zur Kante, die irrsinnig rasch näher kam. Mit den Beinen schon über dem Abgrund – ich spürte den Tod an meiner Seite – faßte mich Gretto mit seinem gesunden Arm an der Schulter und riß mich auf den Steig zurück. In dem Mann mußten dabei Bärenkräfte frei geworden sein, die ich ihm niemals zugetraut hätte. Noch einmal ging mein Blick in die schwindelnde Tiefe, wo sich in Millionen von Jahren ein Fluß in den Fels gegraben hatte.

Wilde rauschende Wasser, die nach wenigen Tagesreisen vom Meer empfangen werden. Um ein Haar wäre dieser Empfang auch mir zuteil geworden. Makaber, aber realistisch! Den Weg zurück zu meinen Kameraden hatte ich mir wahrlich anders vorgestellt. Manche Dinge verlieren sich im gnädigen Dunkel der Vergangenheit; diese bangen Sekunden hatten jedoch eine tiefe Kerbe in mein Gedankengut geschlagen ..., es fehlte wahrhaftig nicht viel und ich wäre als „Engel“ über die Pyrenäen geschwebt.

Einigermaßen vom Schreck erholt, preßte ich Grettos Hand und fühlte abermals seine Muskelkraft; meine Finger schienen verformt! Ich war dem Jäger von dieser Stunde an zutiefst zugetan, fühlte aber auch, daß er in mir nicht mehr den verhaßten Deutschen – den Feind Frankreichs – sah. Verlegen wies er meinen Dank zurück, war überhaupt von ganz großer Bescheidenheit, ein Mann, der in keiner Weise auf eine glorifizierende Selbstdarstellung Wert legte. Wir saßen eine Zeitlang an den Fels gelehnt und rauchten eine Zigarette. Allmählich dachten wir wieder an die Jagd und setzten unseren gefährlichen Weg fort.

Endlich kam eine Hochebene in Sicht... wir waren den schmalen Steig los und mußten nicht ständig in den gähnenden Abgrund blicken. Ich atmete hörbar auf und sah Grettos zweites Lächeln. Es tat mir wohl!

Völlig unerwartet sinkt der vor mir gehende Jäger in sich zusammen und deutet mir, das gleiche zu tun.

„Hierher...!“, zischt Gretto, und wir kriechen zu einem nahen Stein, der uns beiden genügend Deckung bietet. Als ich einen vorsichtigen Blick über den Fels wage, ist mir, als dröhne ein Paukenschlag in meinen Ohren. Inmitten eines kleinen, flachen Kars steht ein Gams in der Größe eines Esels.

„Schußbar...“, frage ich mit Ungeduld, und Gretto antwortet mit bebender Stimme:

„Bitte schießen, ein kapitaler Bock“, und schiebt vorsichtig eine weiche Unterlage auf den Stein. Als ich die Büchse folgen lasse, setzt sich der Gamsbock in Bewegung. Nicht schnell, aber zügig strebt er, uns den Spiegel zeigend, dem Abfall zu. Als er diesen erreicht, plagt ihn doch noch einmal die „gamsische“ Neugier, er macht das bekannte Haberl, stellt sich breit, ich verhalte den Atem, und die Kugel aus meiner 9,3x74er Büchse fährt ruckend aus dem Lauf. Im nächsten Augenblick spüre ich die Hand meines Pirschführers auf der Schulter und vernehme wie in Trance sein: „Bonne chasse.“ „Liegt er wirklich?“ „Ja, er liegt, er liegt... er liegt!“ Grettos Augen lachen mich an. Das Eis ist geschmolzen; auf diese Zuneigung habe ich sehnsüchtig gewartet.

Wieder ist ein Rauchopfer fällig. Wir liegen völlig entspannt auf dem Boden und blicken sinnend dem feinen Gekräusel des aufsteigenden Zigarettenrauches nach. Kein Gedanke mehr an die rauschenden Wasser in der Tiefe der Schlucht... kein Gedanke mehr an den verlorengegangenen Sonderurlaub. Yvonne...

„Gerne würde ich für immer hier bleiben“, kommt es leise über meine Lippen.

„Cherchez la femme“, höre ich Grettos Stimme – sie klingt, als käme sie aus weiter Ferne.

Am Anschuß sehen wir sogleich scharfe Eingriffe und Schweiß, untrüglichen, hellen Lungenschweiß. Die Freude steht uns beiden ins Gesicht geschrieben. Noch eine Schrottschußweite talwärts und wir stehen vor einem kapitalen Gamsbock, wie ich vorher noch keinen gesehen habe. Ich drücke Gretto, den ich zum zweitenmal an diesem Tag Dank schulde, an meine Brust, freue mich über die Erwiderung seiner Gefühle, und daß er dabei nicht all seine Bärenkräfte in die Waagschale wirft!

Glückliche Feierstunde am gestreckten Wild. Als Kulisse

dient die prächtige, sonnenüberflutete Gipfelwelt der Pyrenäen... der Schöpfung herrliche Visitenkarte, die nie aus meinem Gedächtnis geschwunden ist.

Nach einem ausgiebigen Imbiß an Ort und Stelle machten wir uns an den beschwerlichen Abstieg. Abwechselnd trugen wir den schweren Gamsbock. Am gefährlichen Steig über dem Abgrund gab Gretto den Gams nicht von seinem Rücken. Er wollte mich kein zweites Mal an jenem Tag in Lebensgefahr sehen. Ein wahrer Freund!

Ich habe allen Pirschführern, die mir besonders ans Herz gewachsen sind, in meinen schriftlichen Aufzeichnungen den ihnen gebührenden Platz eingeräumt. Gretto war mir mehr als viele andere; er war mir in den wenigen Tagen ein väterlicher Freund geworden.

Endlich erreichten wir die Hütte.

„Das Schlimmste liegt hinter uns", krächzte Gretto und ließ seine schwere Last zu Boden gleiten. Wir labten ausgiebig unsere ausgedörrten Kehlen, legten eine kurze Rast ein, um dann weiter ins Tal abzusteigen.

Vorher hatte der Jäger aber noch eine freudige Überraschung für mich:

„Morgen kann Yvonne mit uns auf den Berg gehen. Das Mädchen soll sich in der Hütte nützlich machen, für uns kochen, wenn wir auf Jagd sind."

Ich wollte recht nüchtern zustimmen, konnte aber meine Begeisterung nicht ganz hinter dem Berg halten, was Gretto ein leises Schmunzeln entlockte.

„Ganz kapital", sagte Yvonne, als sie das Haupt des Gamsbockes sah.

Dem hübschen Mädchen erging es nicht anders als mir; auch aus ihren Augen strahlte die Freude, als sie Vaters Vorschlag hörte, mit uns einige Tage auf den Berg zu gehen.

Ich ließ mir im Soldatenheim für die restlichen Tage meines Aufenthaltes beste Kaltverpflegung ausfolgen, besorgte eine Kiste Bordeaux und schaffte alles in einer Nacht- und Nebelaktion ins Haus des Jägers.

Bevor ich mir den kommenden Tag in den schönsten Farben ausmalen konnte, sank ich in einen abgrundtiefen Schlaf.

15. September. Früh am Morgen machten wir uns schwerbe-

packt auf den Weg zu einer Hütte, die ich noch nicht kannte. Unterwegs sahen wir ein Rudel Gamswild und einige Gänsegeier, die sich überraschend ins Revier der Bartgeier gewagt hatten.

Gegen Mittag erreichten wir erschöpft, aber glücklich eine aus Stein gemauerte Hütte, die zweifellos allen Pyrenäenstürmen zu trotzen imstande war. Sie stand am Rande eines mittleren Kars, hinter dem eine steile Felswand zum Himmel ragte. Was für ein Bild!

Im letzten Licht des sinkenden Tages wollte ich mit Gretto in Hüttennähe frisches Wildbret für Yvonnes Küche beschaffen. Doch die Steinhühner, die es da geben sollte, zeigten für unser Vorhaben keinerlei Verständnis, sie wollten viel lieber eines natürlichen Todes sterben.

16. September. Für mich war es ein Rätsel, wie man durch die steilaufsteigende Felswand, in der sich von Vögeln weißgekalkte Steine fanden, einen Weg finden konnte. Zu allem Überfluß war meine erste Pirsch auf einen Steinbock auch noch eine mörderische Hitzeschlacht. Unglaublich, wie uns damals im spätsommerlichen Hochgebirge die Sonnenstrahlen einheizten. Ein Pirschgang voll Herausforderungen, schwierig, strapaziös, in einigen Phasen an die Grenzen menschlicher Möglichkeiten reichend. Doch unter der sicheren Führung Grettos, meines neugewonnenen Freundes, der Mut zeigte, jedoch nie ein Risiko einging, trieb mich eine verzehrende Jagdlust voran. Steinwild ..., allein das Wort war faszinierend.

Der Kragen klebte am Hals, das Hemd am ganzen Körper, als wir einem Kamin entstiegen. Meine Hände waren vom Fels schlimm zerkratzt, und ich keuchte in schnellen, heftigen Stößen.

„Na, war das nicht ein prima Weg“, meinte Gretto mit lachendem Gesicht.

Mir war, als wäre ich über den Wolken, als läge eine andere Welt vor mir. Unsere Blicke fielen in einen riesigen Kessel, in dem unzählige kleine Herbstzeitlosen blühten. Ich schaute in eine gigantische Arena, die zerklüftete Felswände umfangen hielt. Ein Traum!

Vor meinem Eintreffen hatte der Jäger in dieser abgeschiedenen Ecke des Reviers einige gute Steinböcke im Glas. Wir wollten sehen.

Nach dem anstrengenden Aufstieg genossen wir zunächst

einmal in vollen Zügen den jungfräulichen Morgen der Pyrenäen. Der herbe Duft der Almkräuter lag wie ein schwerer Hauch des überreifen Sommers am Berg. Über den azurblauen Himmel zogen zögernd einige schneeweiße Schäfchenwolken. Der Blick über Berggipfel war für mich schon als junger Jäger mit starken, befreienden Gefühlen verbunden. Damals fühlte ich schon, daß Menschen, die an völliger Seelenblindheit leiden, keine Berufung zum Weidmann im Herzen tragen. Jagen heißt, auch den Atem der Erde spüren, die Sonne auf der Haut fühlen, den Flug der Vögel und den Zug der Wolken beobachten ... auf die Stimme der Seele lauschen.

Ein Wink Grettos, und wir blicken gespannt zur rechten Flanke des Kessels, an der sich eine besonders schroffe Felswand erhebt. Plötzlich habe ich Steinwild im Glas. Du lieber Himmel, dort scheint ja eine Versammlung von Steinböcken zu sein! Einige Böcke wechseln im „Gänsemarsch" durch die zerklüftete Wand. Es ist, als gehen sie durch zauberhafte Kulissen einer Bühne. Sie verschwinden, tauchen auf – verschwinden wieder und kommen dabei immer näher. Mein Gott, was trägt doch der letzte Bock für ein mächtiges Gehörn! Und da höre ich auch schon Grettos Stimme neben mir:

„Den letzten mußt du schießen, warte aber noch, der Wechsel führt herunter in den Talboden."

Wie schön, denn im Augenblick beutelt mich das Jagdfieber wie einen leeren Sack. Langsam wird es erträglicher. Als die Steinböcke nach unendlich langen Sekunden auf etwa hundert Meter heran sind und in den Kessel wechseln, gibt mir der Jäger ein Zeichen. Ich steche den Abzug, stoppe den Atem, und zum zweitenmal spricht meine Büchse in der Bergwelt der Pyrenäen. Zum zweitenmal vernehme ich das erlösende „bonne chasse" meines väterlichen Freundes, der nun seinen Gefühlen freien Lauf läßt. Mir ist, als umarme mich ein Grislybär!

Als wir wieder mit einem Rauchopfer die notwendige Wartezeit überbrücken, kommt plötzlich aus heiterem Himmel Sturm auf, der uns die Mützen vom Kopf reißt.

„Nur eine kurze Laune der Natur", meint Gretto lächelnd.

Was soll's? Alle Widerwärtigkeiten des Wetters spielen in solchen Augenblicken keine Rolle. Im Leben eines Jägers gibt es Momente, in denen rein alles, das Geläut der Hunde, das

Wiehern der Pferde, das Zirpen der Grillen, das Quaken der Frösche und auch das Heulen des Windes zu Musik, zu himmelhochjauchzender Melodie wird.

Obendrein bringen die Winde Kühlung und Linderung. Mein Gesicht wurde von der Sonne arg verbrannt. Endlich gehen wir zum Anschuß.

„Dort drüben, im auslaufenden Fels, knapp vor dem beginnenden Talboden, müssen wir den Steinbock finden", meint Gretto.

Die Augen suchen am Boden, die Büchse liegt schußbereit in meinen Händen. Bald finden wir Rot, folgen einer kurzen Schweißfährte, und schon sehe ich einen mächtigen Hornsäbel über eine Steinplatte ragen. Dann stehen wir vor dem längst verendeten Steinbock. Gretto läßt mir den Vortritt. Leise trete ich näher, will den letzten Schlaf des Königs der Berge nicht stören, knie nieder, und meine Hand tastet immer wieder über das mächtige Gehörn und dessen dicke Wülste. Obwohl es meine erste Begegnung mit Steinwild ist, fühle ich die Bedeutung dieser Stunde. Ein hochkapitaler Steinbock ist mir da zur Beute geworden. Nach Minuten wortlosen Staunens und allmählich nachlassender Spannung erinnere ich mich meines Begleiters. Wieder umarmt mich der Grizzly. Ich kann Gretto begreiflich machen, wie glücklich mich dieser Augenblick macht.

Aufzeichnung über Abmessungen wie auch die Trophäe selber sind während des Rückzuges in einem Bombardement von feindlichen Tieffliegern verlorengegangen. Erinnerlich ist mir nur mehr, daß das Gehörn des Steinbockes über 90 cm maß.

Links oben: Wehrhafte Zeichen
Rechts oben: Deckung ist alles
Unten: Wohltuendes Bad

Gretto begann bald den Steinbock aus der Decke zu schlagen und zu zerwirken. Nur so konnten wir das Wildbret zur Hütte bringen. Schwerbepackt machten wir uns auf den Weg. Der Wind hätte uns jetzt während des beschwerlichen, schweißtreibenden Marsches Kühlung bringen können. Leider war er – wie von Gretto richtig prophezeit – schon längst wieder zur Ruhe gekommen.

Yvonne war außer sich vor Freude, als sie von meinem Weidmannsheil erfuhr. Mit Eifer bereitete sie das Abendmahl.

Über dem Feuer hing ein rußiger Eisentopf mit brodelndem Essen, und das ganze Steinhaus war in eine wohlriechende Dunstglocke gehüllt. Gretto und ich fühlten uns zu müde, um noch eine Flasche Wein zu leeren. Wir verschoben diese „angenehme Tätigkeit" auf den nächsten Tag. Bevor mich Morpheus in seine Arme nahm, pflegte Yvonne liebevoll mein Gesicht, das die Sonne total verbrannt hatte.

16. September. „Zu einem guten Morgen gehörte ein frisches Ei", summte Yvonne mit tiefer Stimmbanderotik und servierte uns Jägern das Frühstück wohlgelaunt und artig knicksend. Was waren das doch für herrliche Stunden! Wir faulenzten so richtig in den Tag hinein. In der Hütte, vor der Hütte – von der wir uns an diesem Ruhetag keine hundert Meter entfernten. Die Müdigkeit saß uns noch zu tief in den Knochen, und dennoch . . . mein Himmel hing schon wieder voller Geigen.

Ich konnte mich an der erbeuteten Trophäe kaum sattsehen. Das außergewöhnliche Gehörn des Steinbocks faszinierte mich stets von neuem. Bei diesem Anblick war mir klar, warum so viele alte Geschlechter gerade dieses Tier in ihren Wappen

Oben: Licht und Schatten
Unten: Kontrast

führen. Dieser Trophäe hätte vielleicht einmal mein letzter Blick gegolten, wäre sie nicht im Bombenhagel eines Tieffliegerangriffs untergegangen.

Wir sahen abermals den Bartgeiern bei ihrer – nomen est omen – Knochenarbeit zu. Die Vögel schleppten zunächst einmal die Knochen in eine richtige Werkstätte, die am Rande eines steilen Abfalles lag. Von dort starteten sie dann zu ihren Zielwürfen, die meist recht präzise gelangen. Es war immer derselbe Stein, den sie mit den Röhrenknochen bombardierten. Gebannt schauten wir auf dieses erregende Naturschauspiel.

Auf uns blickten wiederum die Berggipfel der Pyrenäen, deren einmalige Schönheit nie aus meinem Gedächtnis geschwunden ist. Die mannigfache Gebirgswelt der Pyrenäen ist in vieler Hinsicht jener Österreichs sehr ähnlich. Ich denke jetzt weder an Geologie noch an Botanik, auch nicht an Witterungs- bzw. klimatische Verhältnisse, vielmehr an Landschafts- und Stimmungsbilder, die mein Leben so tief zu beeinflussen imstande sind. Manchmal schienen mir die Berge mit dem Atem der Heimat beseelt.

17. September. Dieser Tag sollte mir einen besonderen Lekkerbissen bringen. Gretto tat sehr geheimnisvoll und hüllte sich in Schweigen. Yvonne durfte uns begleiten. Was sollte dies bedeuten? Rätsel über Rätsel, doch niemand klärte mich auf.

Im ersten Sonnenlicht des Morgens brachen wir drei gutgelaunt auf. Nach längerer Wanderung über eine Hochebene stand urplötzlich ein junger Gamsbock vor uns am Steig und äugte neugierig nach der kleinen Menschengruppe. Wir wollten ihn nicht vergrämen, und er wollte partout bleiben, wo er war. Was tun? Ich pfiff leise vor mich hin, doch das schien den Jüngling der Berge erst recht zu interessieren, und er kam näher und näher. Gretto wollte sich nun auch an dem Spiel beteiligen und begann leise zu singen. Das verkraftete der junge Bock allerdings nicht mehr, und er machte sich schleunigst aus dem Staub. Yvonne und ich zeigten Verständnis dafür, denn beim Gesang unseres bärtigen Begleiters wären auch wir beide bald flüchtig geworden. Wir lachten Tränen und setzten gutgelaunt unseren Weg fort.

Nach stundenlangem Marsch stiegen wir in einem Quertal zu einem riesigen, kraterähnlichen Loch ab, das vom ersten Augenblick an eine magische Ausstrahlung auf mich ausübte. Als hätte eine übernatürliche Kraft diesen Kessel geformt, so sah ich ihn... so lag er vor mir. Seine Hänge waren spärlich mit Staudenwerk und Kräutern bewachsen. Am Kesselboden lag ein kleiner, bezaubernder Bergsee – ein smaragdgrünes Auge. Wir lagerten an einer Stelle, die uns einen guten Einblick in den Krater gewährte.

Endlich lüftete Gretto sein Geheimnis:

„Durch dieses abgeschiedene Kraterloch führt ein gut begangener Wechsel von Bären. Heute ist es günstig..."

Ich war sprachlos. Was wollte mir Gretto hier noch alles bieten oder gar einen Bären aufbinden? Nein, das wohl nicht!

In der Mittagsstunde – wir waren gerade mit dem Verzehr unseres Proviants beschäftigt – tauchte plötzlich eine Bärin mit zwei Jungen am beschriebenen Wechsel auf. Mir blieb fast ein Bissen im Hals stecken, da die Entfernung zu den drei Tieren kaum achtzig Gänge betrug. Bald nahm die prachtvolle Bärin im See ein erfrischendes Bad, tat sich nachher am Ufer nieder und sah schläfrig ihrem übermütigen Nachwuchs beim Spiel zu. Später graste sie wie eine Kuh und delektierte sich an kleinen Tierchen, die wir nicht sehen konnten. Gretto mahnte uns immer wieder zur Ruhe. Yvonne schmiegte sich ein wenig zitternd an mich, was mir zugegebenermaßen nicht unangenehm war. Überwältigt von diesen einmaligen Bildern, fand ich wahrscheinlich erst wieder in die Wirklichkeit zurück, als die Bärenfamilie, da und dort an einigen Beeren und Früchten naschend, allmählich aus dem Kessel trollte.

„Für Menschen gibt es kaum einen gefährlicheren Gegner im Tierreich als eine führende Bärin, die blind angreift, wenn sie ihre Jungen in Gefahr wähnt", meinte der Jäger sichtlich erleichtert. Ich riß mit zitternden Fingern eine Packung Zigaretten auf und hielt sie Gretto hin. Als er sich bediente, merkte ich, daß auch durch seine Hand ein leises Beben ging. Auch nur ein Mensch... und kein Grizzly, dachte ich und zog genüßlich an meinem Glimmstengel. Langsam machten wir uns auf den langen Rückweg zur Hütte.

Während des Marsches zeigte mir Gretto plötzlich in einer Felswand einige kaum erkennbare Höhlen.

„Ein sicheres Versteck, bis dieser unglückselige Krieg, der für euch längst verloren ist, ein Ende findet.“

Was für offene Worte... ohne Zwischentöne... ich war benommen, betroffen und sah Yvonnes Blick, der um Zustimmung flehte.

In der Hütte diskutierten wir dieses Thema bei flackerndem Kerzenschein bis tief in die Nacht hinein. Von meinen Gefühlen hin- und hergerissen, schwankte ich zwischen Zustimmung und Ablehnung. Gedankensplitter von diesem nicht endenwollenden Gespräch:

„Du kannst mir glauben, nach einem Sturz in die Schlucht, gibt der Fluß keinen Menschen mehr frei.“

„Wenn der Krieg wirklich verloren ist – mag es noch Jahre dauern, bis er ein Ende findet. Meine Eltern...“

„Die Herzen unzähliger Mütter folgen ihren Söhnen auf die Schlachtfelder...“

„Die Gefahr ist allgegenwärtig – wollt Ihr, daß man mich vor ein Militärgericht stellt und...“

„Nein, das wollen wir nicht! Komm zurück, sobald die Waffen schweigen...“

18. September. Es war hoch an der Zeit, die Rucksäcke zu schnüren und von den Bergen Abschied zu nehmen. Der ausklingende Sommer gehört ganz sicher zu den schönsten Jahreszeiten in den Pyrenäen, da die Landschaft jetzt ein in Ton und Farbe lebendiges Bild zeichnet. Die überwältigende Fernsicht, über unzählige Gipfel hinweg, bleibt – hat man sie einmal genossen – in unvergeßlicher Erinnerung.

Ein leiser Wind, der vom Mittelmeer kam, blies mir ins Gesicht. Ein letztes Mal nahm ich mit Aug und Ohr, mit meiner ganzen Seele all die Schönheit der Pyrenäen in mich auf, wandte mich ab und stieg mit meinen Freunden hinunter ins Tal. Düstere Schreie einiger Kolkraben begleiteten uns.

In den Tallagen war das Laub der Bäume schon gelb, rot, braun – zum Sterben bereit.

Im Haus Grettos herrschte ein stilles, emsiges Treiben... keine Fröhlichkeit wie am Berg. Der Jäger kochte meine Trophäen aus und verpackte sie kunstgerecht; sie sollten den Transport heil überstehen. Yvonne und ich wollten nicht wahrhaben, daß die glückliche Zeit zu Ende ging. Doch die Gegenwart, die das Schöne vergangener Tage unaufhaltsam zerstörte, war nicht zu verdrängen.

19. September. Mein letzter Morgen in den Pyrenäen kam, wie die Nacht es zuließ. Nebelfeucht, regenverhangen stieg der Tag müde herauf – war eins mit meiner Stimmung. Nach dem Abschied im Hause des Jägers fand ich mich am kleinen Bahnhof in einer Schar parlierender, gestikulierender Franzosen wieder. Dann fuhr ich mit dem Zug hinunter ins Tiefland, hinaus zum Meer zu meiner Einheit.

Von der Plattform des letzten Waggons blickte ich zurück auf das Pyrenäendorf, bis auf einer Anhöhe eine kleine winkende Hand im Nebeldunst des düsteren Tages versank. Erst dann bemerkte ich den Schaffner, der zwei Finger an den Rand seiner Mütze legte und um meinen Fahrschein bat.

Einige Wochen nach diesen für mich so unvergeßlichen Jagdtagen fuhr mein Kommandeur in das Pyrenäenrevier und schoß in F., unter Führung Grettos, zwei gute Hirsche. Einige Ansitze am Bärenluder blieben ohne Erfolg.

Nach seiner Rückkehr überraschte mich Oberst v. G. mit folgenden elektrisierenden Worten: „Schau, daß du den Bären bekommst. Die Grettos können ohnehin deine Rückkehr kaum mehr erwarten. Und die bezaubernde Yvonne weint sich angeblich vor Sehnsucht nach dir die Augen aus ihrem schönen Köpfchen. In fünf Tagen bist du wieder bei der Truppe. Weidmannsheil!“

Ein Lächeln umspielte seine schmalen Lippen, als er mir zum Abschied die Hand reichte.

Bei Gott, ich wußte nicht, wie mir geschah. Nicht einmal in meinen kühnsten Träumen hätte ich an so ein rasches Wiedersehen mit den beiden lieben Menschen in den Pyrenäen zu hoffen gewagt.

Stand ich eben noch wie ein begossener Pudel vor dem großzügigen Vorgesetzten, kratzte ich nach einer überhasteten Ehrenbezeugung die Kurve und packte mit affenartiger Geschwindigkeit meinen Seesack. Mit Zickzacksprüngen organisierte ich dann einen Kraftwagen sowie einen geeigneten Fahrer und hetzte dieses Gespann zum nächsten Bahnhof in P. Die Eile machte sich bezahlt! Als ich auf das Trittbrett eines Waggons sprang, setzte sich die pfauchende Lokomotive in Bewegung, und Sekunden später saß ich im Abteil eines Zuges, der durch Felder, Wälder und Städte in Richtung Pyrenäen rollte.

„Fünf Tage, fünf Tage, fünf Tage“, hämmerte das Blut in meinem wirren Kopf. Das hieß im Klartext: Neben einem Hin- und Rückreisetag drei lange Jagdtage, die ich wahrhaftig bis zur Neige nützen wollte. Lange konnte ich mein Glück nicht richtig fassen, obwohl der Zug der Bergregion näher und näher kam. Ich freute mich unbändig auf die kommenden Tage, auf Yvonne, auf die Bärenjagd mit ihrem Vater und auf das einmalige Jagdrevier in den Pyrenäen, das mir schon so viele Weidmannsfreuden beschert hatte. Im Augenblick konnte ich aber weiter nichts mehr tun, als mich in Ungeduld und Sehnsucht zu verzehren. Meine Gedanken jagten zwischen der Bärenjagd und Yvonne hin und her.

Als ich in F. aus dem Zug stieg, war mir, als lebte ich da seit langer Zeit. Es kam mir vor, als hätte ich hier mein ganzes Leben verbracht. Und dann trat Gretto, der Teufelskerl, wie ein Schemen aus einer riesigen Dampfwolke, die aus dem stählernem Leib der überforderten Lokomotive zischte. Wußte er von meinem Kommen, oder ahnte er es nur? Der Schalk blinzelte aus seinen Augen, als ich ihn danach fragte. Er ließ seine Pranke auf meine Schulter fallen und sagte nur: „Schön, daß du wieder da bist.“

Schon am Weg zu seinem Haus erzählte er mir, was sich bis jetzt am Bärenluder getan hatte. Nur ein Schwarm Kolkraben hackten am toten Maultier herum, das in der vergangenen Nacht auch von einem Rotrock angeschnitten worden war. Bär war leider noch keiner am Luderplatz, aber das konnte sich sehr rasch ändern. Kurz vor dem Winterlager soll das Fell der Pyrenäenbären am besten sein, erfuhr ich noch vom Jäger, dann erreichten wir sein Anwesen.

„Geh’ schon hinein, ich hab’ im Keller noch etwas zu erledigen“, sagte der gütige Gretto, und ich stürmte ins Haus. Yvonne . . .!

Den folgenden Abend genoß ich sehr, es war für mich fast ein Heimaturlaub. Yvonne kochte ein wahres Festmahl, wollten wir doch die kommenden Tage in den Bergen verbringen. Gretto wußte bei einer Flasche Wein viel von den Braunbären seiner Berge zu erzählen. So meinte er unter anderem, daß um diese Zeit meist nur starke Bären ans Luder kommen. Junge Bären hätten daher keine Chance, sich an einem solchen Fressen zu delektieren. Ein Grund mehr, mich auf die kommenden Tage zu freuen. Der feurige Burgunder trug auch das Seine dazu bei.

Nach einer langen und doch so kurzen Nacht fieberte ich dem ersten Jagdtag entgegen. Bärenjagd, was für ein faszinierendes Wort, und dies vor allem für einen jungen, von Leidenschaft getriebenen Jäger! Yvonne blieb – wie ich es erwartet hatte – nicht im Tal, sie wollte in gewohnter Weise in der Hütte für unser leibliches Wohl sorgen und auch während des Ansitzes am Luder an meiner Seite sein. Was für ein Mädchen!

Bald nach dem Frühstück machten wir uns auf den langen, beschwerlichen Weg. Wieder einmal ging's in der Anfangsphase an einem Bergbach entlang, der in wilder Hast zu Tal eilte. Die vom Schwall gerundeten weißen Steine, die dem lärmenden Wasser das Bett bereiteten, leuchteten und strahlten im milden Sonnenschein.

Leider schlug das schöne Spätherbstwetter um. Nach etwa zwei Stunden zogen plötzlich dunkle Regenwolken um den Berg, und wenig später begann es auch schon heftig zu schütten. An derartige Wetterstürze ist man in den Pyrenäen gewöhnt. Gretto und Yvonne maßen daher den Kapriolen des Wettergottes keinerlei Bedeutung bei. Übergangslos trommelten schwere Regentropfen auf uns hernieder, und nach einer weiteren Stunde hatten wir keinen trockenen Faden mehr am Leib. Auch mich störte der Regenguß nicht, meine Gedanken waren längst bei dem Bären, der mir – wenn Diana gnädig war – zur Beute werden sollte. Als die Hütte schon in Sicht war, stießen übergangslos grelle Sonnenstrahlen durch das dunkle Regengebräu; die Wolken lösten sich in Windeseile auf und flatterten in losen, transparenten Fetzen auf und davon. Ein faszinierendes Bild, das ich in meinen Erinnerungen bis zum heutigen Tag bewahren konnte.

Als wir die Hütte erreichten, begann die Sonne schon unsere Kleider zu trocknen. Unsere Körper dampften, als wären wir einem heißen Bad entstiegen.

Die Hütte war mir noch nicht bekannt. Sie stand am Eingang

einer zerklüfteten, wildromantischen Schlucht, in der das Luder für die Bären lag. Der Weg dorthin währte eine weitere halbe Stunde, war aber nicht mehr beschwerlich, da es auf einem Talboden fast eben dahinging.

Während Yvonne das Mittagessen kochte, lief ihr drahtiger Vater zum Luderplatz und kam völlig außer Atem, aber mit einer Freudensbotschaft, zurück.

„Stellt euch vor, der Bär hat in der vergangenen Nacht schon kräftig am Maultier genascht; wir dürfen mit seiner Rückkehr in der nächsten oder übernächsten Nacht rechnen“, jubelte er, und ich bekam wieder einmal recht schmerzhaft seine eiserne Pranke auf der Schulter zu spüren.

„Jetzt bin ich ganz sicher, du schießt den Bären, der Deinem Kommandeur, Oberst v. G., versagt geblieben ist“, sagte der Jäger, und wir gingen bester Laune zu Tisch.

Nach einer ausgiebigen Siesta machten wir uns auf den Weg in die mystische Bärenschlucht. Natürlich war Yvonne dabei, das temperamentvolle Mädchen hätte es allein in der Hütte nicht ausgehalten. Das Jägerblut ihres Vaters pulsierte wohl zu stark in ihren Adern, und sie wollte sich auch nie in der Einsamkeit ihres Herzens verschließen.

Ich war schon sehr neugierig auf die „Bärenkiste“, wie Gretto scherzhaft die Kanzel nannte, die er – wie ich bald sehen sollte – am Luderplatz, etwa vier Meter über der Erde, kunstgerecht in eine alte Kiefer hineingezimmert hatte. Kurz vor Einbruch der Dunkelheit schlüpften wir vorsichtig in den wunderbaren Auslug, eine Stunde später in warmes Zeug, da die Nacht schon empfindlich kalt war. Der Griff zur großen Thermosflasche, die von Yvonne mit einem köstlichen, punschähnlichen Getränk gefüllt worden war, ließ auch nicht mehr sehr lange auf sich warten.

Die Bärenkiste war nicht sehr geräumig, eigentlich nur für zwei Jäger konzipiert, was Yvonne und mich überhaupt nicht störte. Wir saßen eng aneinandergeschmiegt, und unsere Herzen schlugen im Gleichklang der packenden Bärenjagd entgegen. Es dauerte aber nicht allzu lange, und wir beide lagen in Morpheus Armen... die Wiedersehensfreude hatte doch an unserer Substanz gezehrt. Gretto, der Jäger, horchte von nun an allein in die Nacht hinaus.

Ich wußte nicht, wieviel Zeit verstrichen war, als uns der Alte weckte und gleichzeitig zur Ruhe mahnte. Ein Stein wäre von einem steilen Hang in die Schlucht gekollert. Der Bär konnte jeden Augenblick beim Luder auftauchen. Sofort hellwach, spähte ich angestrengt nach dem Maultier, das im Licht des Dreiviertelmondes gut auszumachen war, da es auf einer großen lichten Steinplatte lag.

„Deine Büchse ist geladen?“ hörte ich Gretto neben mir. In seiner Stimme schien leise Erregung mitzuschwingen. Man spürte die knisternde Spannung, die sich jetzt in der Bärenkiste breitmachte. Yvonne löste sich ein wenig von mir und drückte ihren zarten Körper in eine Kanzelecke, um mich beim Schießen nicht zu behindern.

Plötzlich tapsende Schritte, und schon war ein Bär am Luder. Vorsichtig schob ich die Büchse zum Fenster hinaus und wartete auf ein Zeichen von Gretto. Nur er konnte erkennen, ob ein starker, schußbarer Bär am Maultier war. Doch bevor der Jäger einen Laut von sich gab, war ein schauderhaftes, knochenbrechendes Krachen am Luder zu hören; und mit rasch schlürfendem Tapsen verschwand Meister Petz wieder in der gähnenden Dunkelheit der Schlucht, schneller, als er gekommen war. Gretto fluchte leise, inbrünstig, er fluchte aber nicht aus purer Wut. Es klang, als ob er lachen würde, nur die Worte waren anders. Dann sagte er:

„Ein starker Bär, ein verdammt starker Bär! Dieser „grand filou“ kommt heute kein zweites Mal. Morgen mußt du schießen, sobald er am Luder ist und bevor er abermals mit einem Stück vom Maultier das Weite sucht.“ Wieder fluchte Gretto lachend – und ich sicherte maßlos enttäuscht meine Büchse.

Müde und zerschlagen stolperten wir über Stock und Stein zurück zur Hütte. Einmal blieb der an der Spitze gehende Gretto stehen und sagte:

„Tief in der Schlucht hatte im vergangenem Herbst ein Hauptbär einen kapitalen Sechzehnender gerissen. Der Hirsch war sicher brunftmüde, und der Bär brauchte wohl noch einen kräftigen Happen vor der Winterruhe. Wahrscheinlich war es „unser Freund“ von heute.“

Yvonnes beglückende Worte im Ohr: „Chérie, in der nächsten Nacht bekommst du gewiß deinen Bären“, stürzte ich in einen tiefen, nicht endenwollenden Schlaf, der fast bis Mittag währte und in der Endphase von wilden Träumen begleitet war. Beharrlich, einem rätselhaften Drang folgend, war ich in die düstere Schlucht gegangen, um mit riesigen Grizzlys zu kämpfen.

Als ich endlich schweißgebadet ins irdische Leben zurückfand, zogen schon herrliche Gerüche des werdenden Mittagsmahls durch die Hütte. In der Tat: Yvonne war eine exzellente Köchin, die selbst am Berg die köstlichsten französischen Gerichte auf den Tisch zauberte. Wie sie das nur schaffte ...? Noch heute, wo der Schmelz der Jugend längst von mir gefallen, erinnere ich mich gerne dieser glücklichen Tage ...

Durch die Güte meines Kommandeurs und ein unglaubliches Zusammentreffen von glücklichen Umständen wäre ich damals noch ein drittes Mal zu den Grettos gekommen. Leider sprengten Widerstandskämpfer ein Viadukt, über den mein Zug rollte. Der Waggon, in dem ich saß, kam wenige Meter vor einem gähnenden Abgrund zum Stillstand. Um ein Haar hätte ich wie viele andere in einer der tiefen Pyrenäenschluchten ein frühes Grab gefunden. Meine Uhr war noch nicht abgelaufen. Schaudernd in die Tiefe starrend fragte ich mich: „Warum habe ich überlebt, was hat Gott noch mit mir vor?“

Als ich beim Regiment eintraf, zeigte man sich überrascht und löschte meinen Namen auf der Vermißtenliste. Mich schreckte damals oft die Beharrlichkeit – sie schien dem rätselhaften Todestrieb der Lemminge nicht unähnlich –, mit der so viele Soldaten in den Tod gingen. Ich versuchte hingegen immer und überall den Gefahren des unsinnigen Völkermordes zu entgehen. Bei Ausübung der Jagd, das will ich ehrlich gestehen, ging ich allerdings manches Risiko ein. Die Sehnsucht nach dem Gleichgewicht der Seele hatte mich aber auch in jungen Jahren nie verlassen; und das chinesische Sprichwort: „Man kommt nie an, der Weg ist das Ziel“, geleitete mich sicher durch alle Fährnisse der damaligen Zeit.

Nach dem Mittagessen stellte ich Gretto die heikle Frage: „Wie steht es denn heute mit dem Bären?“

„Heute oder nie“, antwortete der Jäger, und die Worte flossen wie Honig von seinen Lippen. Er prostete mir zu und lachte dröhnend. Yvonne und ich stimmten mit ein. Wir waren drei glückliche Menschen. Wenn nur der schreckliche Krieg nicht gewesen wäre!

Die Abendsonne tauchte die wunderschöne Bergwelt rundum in warmes Licht, als wir uns abermals in Richtung Bärenkiste in Bewegung setzten. Mit leichtem, federndem Gang folgte Yvonne vor mir ihrem Vater. Das einfache Mädchen aus den Bergen hatte das Charisma einer Königin.

Abermals saßen wir mit einem Herz voll Erwartung in der engen Bärenkiste und lauschten gespannt in die Nacht hinaus. Eine Fülle von Stimmen und Geräuschen schreckten uns immer wieder auf. Wenn nur der Mond bald käme!

Längst war die Geisterstunde über die Pyrenäen gezogen und Yvonne an meiner Seite in einen tiefen Schlaf gesunken. Trotz aller Versuchungen, es ihr gleichzutun, stützte ich trotzig die Ellbogen auf das schmale Fensterbrett, die Wangen in die geballten Fäuste und starrte stundenlang auf den Luderplatz, von dem der leise Nachtwind immer wieder eine Brise üblen Gestanks zu unserem luftigen Auslug brachte. Allmählich übermannte auch mich wieder die Müdigkeit. Gut zu wissen: Auf Gretto war Verlaß!

Und es war wie am Vortag. Abermals weckte uns der Alte und flüsterte:

„Es scheint ernst zu werden.“ Leise schob ich meine 9,3 Mauserbüchse durchs Fenster; diesmal wollte ich schneller sein und nicht wieder den kürzeren ziehen.

Noch lag das feuchte, kalte Schweigen der Spätherbstnacht auf der Bergwelt. Doch bald merkte ich, daß der Morgen graute. Das erste zaghafte Licht hatte aber noch nicht Zeit gefunden, in alle dunklen Winkel der Schlucht zu kriechen. So sehr ich mich auch mühte, ich konnte nichts erkennen und nichts hören, weder ein fernes noch ein nahes Geräusch. Auch Yvonne neben mir lag auf der Lauer. Augen und Ohren des Naturkindes waren ganz sicher aufs äußerste gespannt.

„Er kommt“, hauchte sie plötzlich in mein Ohr, und ihre Lippen streiften wie zufällig meine Wange. Ich aber sah nur den wallenden Morgendunst, der die Schlucht in ein bedrohliches Zwielicht tauchte. Yvonne und ihr Vater wollten mich doch nicht narren, oder doch? Während meines argwöhnenden, zweifelnden Grübelns löste sich sprunghaft ein mächtiger Schatten aus dem Nichts und steuerte unbeirrt auf das Luder zu.

„Attention, er ist da; wenn der Bär zur Ruhe kommt, sofort schießen“, höre ich die belegte Flüsterstimme meines väterlichen Freundes. Endlich, die Sekunden waren mir schon zur Ewigkeit geworden, keine tapsenden Schlurfschritte mehr, der wabbelnde Koloß war am Luder, und ich konnte dem zottigen Braunbären die Kugel ins Leben zirkeln. Keine Heldentat, die Entfernung betrug eine satte Schrotschußlänge. Im prasselnden Wegbrechen mischten sich Geräusche von splitterndem Holz, dann ein dumpfes Gepolter, das den Sturz „meines Bären“ signalisierte. Erst jetzt spürte ich den tobenden Herzschlag, befreite mich aus der zusammengepferchten Lage, sog die kalte Morgenluft laut und gierig in meine Lungen. Gretto und Yvonne umarmten mich zu gleicher Zeit und mit der gleichen Herzlichkeit. Ganz sicher war ich in jenen Augenblicken der glücklichste Jäger, dem ich in meinem jungen Leben je begegnet bin!

In der Bärenkiste herrschte nach dem langen Warten und Ausharren eine beglückende Hochstimmung. Gretto reichte mir einen Schluck besten französischen Cognacs. Yvonne und ich wollten anschließend ungestüm ins Freie, doch der Jäger mahnte zur Vorsicht.

„Wir bleiben, bis das volle Licht des jungen Tages die düstere Schlucht überflutet hat“, sagte er, und wir beide mußten uns bezähmen.

Endlich war es so weit. Wir turnten über eine Strickleiter zurück zur Mutter Erde und gingen langsam mit entsicherten Büchsen zum Anschuß. Schweiß, überall Schweiß, bald wie mit einer Kanne ausgeschüttet. Etwa vierzig Gänge vom Luder hatte der Bär sein letztes Lager bezogen. Er lag im zerbrochenen Unterholz, am Fuße einer steil aufsteigenden Felswand. Wieder drückte mich Gretto an seine Brust, daß ich aufjaulte wie ein Jagdhund, dem man versehentlich auf die Rute gestiegen war. In diesem Augenblick schob ich alle anderen Gedanken beiseite, dachte nur an meine Beute und an die glücklichen Stunden, die mir bei den Grettos noch verbleiben sollten.

Hinter den schroffen Kämmen des Berges, der seine steilen Hänge in unsere Schlucht herunterfallen ließ, stieg glutrot die

Sonne empor und warf ihren Schein auf meinen Braunbären, der goldfarben aufleuchtete. Traum oder Wirklichkeit? Die Schönheit der Pyrenäen hatten mich vorher schon oft beeindruckt, überwältigt, doch in diesen Augenblicken wähnte ich mich im Paradies, das ich nicht mehr verlassen wollte.

Gretto schaffte bis tief in den Vormittag hinein, dann hatte er dem Bär fein säuberlich die Decke abgeschärft. Yvonne war längst zur Hütte geeilt und erwartete uns mit einem stärkenden Imbiß. Mit einer Flasche Bordeaux besonderen Jahrgangs feierten wir recht ausgelassen mein Weidmannsheil. Dann, von einer bleiernen Müdigkeit übermannt – die beiden Ansitznächte schlugen sich zu Buche –, schliefen wir drei wie Murmeltiere, bis der nächste Morgen graute.

Bald hieß es wieder Abschied nehmen von der weiten Hochebene, von der romantischen Hütte, von der mystischen Bärenschlucht. Schwer bepackt stiegen wir ins Tal, und ich verbrachte, wie vor einigen Wochen, noch geruhsam ausklingende Stunden bei meinen französischen Freunden. Die vertrauten Gerüche und Geräusche des Hauses hielten mich bis zu meinem Abschied gefangen. Ich fühlte, alles, was mir in den letzten Tagen Freude bereitet hatte, werde ich hier zurücklassen müssen. Wir sprachen von diesem und jenem; natürlich bestürmte mich Yvonne auch diesmal wieder, für immer zu bleiben. Doch das wäre jetzt schon weit schwieriger als je zuvor gewesen. Zu viele Leute wußten mittlerweile von meiner Romanze in den Pyrenäen. Wir rechneten uns aus – ohne das Unwägbare von damals kalkulieren zu können –, das Fließen der Zeit werde in einem günstigen Augenblick meine Rückkehr ermöglichen. Dann... vielleicht...?

Der Abschied fiel uns daher diesmal nicht so unsagbar schwer. Yvonne hob die Mundwinkel zu einem tapferen Lächeln, und ihre umflorten grünen Augen sah ich vor mir, bis mich die monoton ratternden Räder des Zuges in einen traumlosen Schlaf gesungen hatten.

Bergfrühling

Ein schier unglaublicher Zufall bescherte mir, etwa ein Jahr vor Kriegsende, einen Großen Hahn. Ich saß in einem Fronturlauberzug, der Richtung Heimat fuhr, hatte einen dienstlichen Auftrag zur ärztlichen Überprüfung meiner Fliegertauglichkeit und einen Urlaubschein für einige Tage in der Tasche.

Glückliche Vorfreude, gepaart mit dem monotonen, einschläfernden Rhythmus der pochenden Räder. Trotzdem merkte ich bald, auch der Landser, der mir am Fenster gegenübersaß, war ebenso an allem interessiert, was die Natur zu bieten hatte. Mandeln, Marillen und wilde Kirschen blühten. Frühling – ein Wort, das Hoffnung, Optimismus in sich birgt. Wälder, Wiesen, Wasserläufe, Hasen, Fasane, Rehe, stachen uns ins Auge.

Max, ebenfalls ein begeisterter junger Jäger, fuhr in seine Heimat, ins schöne Zillertal und freute sich schon ganz närrisch auf die Balz des Großen Hahnes. Zwei lange Tage waren uns vergönnt, über Berge, Wild und Jagd zu sprechen – natürlich kamen dabei auch die hübschen Sennerinnen nicht zu kurz –, und wir schlossen dabei eine Freundschaft, die erst der Tod trennen sollte. Als ich Max am Bahnhof in Innsbruck die Hand zum Abschied reichte, nahm er mir das feierliche Versprechen ab, nach meinen dienstlichen Erledigungen in Wien und Kurzbesuch bei den Eltern ins Zillertal auf einen Auerhahn zu kommen. Was für ein Angebot!

Schneller als erträumt war ich damals im Besitz meiner „Fliegertauglichkeit“ (sprich: „Himmelfahrtskommando“) umarmte Mutter und Vater im niederösterreichischen Mostviertel und fuhr zu Max ins Zillertal. Ich danke heute noch meinen Eltern, die für die unersättliche Passion ihres Sprößlings immer großes Verständnis zeigten. Das ererbte Jägerblut wallte ganz besonders in der Jugend wie ein ungestümer Bergbach in meinen Adern.

Diese Fahrt nach Tirol war natürlich „schwarz“ und gerade

zur damaligen Zeit nicht ungefährlich. Einige Male mußte ich mich vor den berüchtigten „Kettenhunden“ drücken. Doch selbst das konnte mich nicht abhalten, meiner jagdlichen Leidenschaft zu frönen.

Die Eltern und die Schwester meines Tiroler Freundes bereiteten mir einen überaus freundlichen Empfang. Die spontane Herzlichkeit, die von diesen Menschen auf mich – den Soldaten – übersprang, war sehr deutlich zu spüren. Rosi, das bildhübsche Haustöchterchen, ließ mein Herz vom ersten Augenblick an höher schlagen. Der stattliche Bauernhof, der hoch über dem Tal wie eine kleine Trutzburg thronte, beeindruckte mich ebenso. Wahrscheinlich gab's damals im ganzen Tirolerland keinen glücklicheren Fronturlauber, der drei lange Jagdtage vor sich hatte und diese auch bis zur Neige auskosten wollte.

„Von hier, von eurem Hof, kann es ja gar nicht mehr weit bis zu den Balzplätzen des Auerwildes sein“, sagte ich zu Max, als wir nach einem opulenten Mittagsmahl vor das Haus traten.

„In einer schwachen Stunde ist man dort drüben bei den alten Lärchen, wo die Hahnen lustig balzen“, gab mein Freund zur Antwort und zeigte auf ein prächtiges Altholz.

„Dort oben, auf dem Lärchenkogel, steht auch eine schöne Jagdhütte, der wir in den nächsten Tagen einen Besuch abstatten werden.“

„Jetzt machen wir aber erst einmal einen Spaziergang zu unserem Nachbarhof, der da drüben unter dem Mischwald, in einer kleinen Senke steht. Dort ist Monika, mein Dirndl, zu Hause.“ Vergnügt machten wir uns, begleitet von Rosi, auf den Weg.

Unterwegs erfuhr ich, daß die Schwester meines Freundes ihren Vater bei all seinen Pirschgängen begleitete und selbst eine begeisterte Jägerin war. Man sah es dem zarten Mädchen wahrlich nicht an, daß es zu solchen Strapazen fähig war, wovon ich mich jedoch schon sehr bald überzeugen sollte.

Auch die Familie Monikas brachte uns Soldaten spürbare Herzlichkeit und Sympathie entgegen. Wir verbrachten einen sehr fröhlichen Nachmittag bei Hausmusik und Gesang.

Als wir uns auf den Heimweg machten, brachte der Abend

schon blauschattigen Dunst ringsum auf die Berge, deren Gipfel noch dicke Schneehauben trugen. Eine großartige Stimmung, die mir bis heute noch in Erinnerung ist.

Nach dem Abendbrot, als bei Südtiroler Rotwein Stimmung und Fröhlichkeit einem neuerlichen Höhepunkt zustrebten, erinnerte der Hausherr Max und mich, daß wir in wenigen Stunden auf den Großen Hahn gehen wollten. Diese leise, vorausblickende Mahnung brachte schnell alles ins rechte Lot, und wir suchten unsere Betten auf.

Lange lag ich hellwach und konnte keinen Schlaf finden. Lag's an der klaren Bergluft, die zum geöffneten Fenster hereinströmte, war's die Vorfreude auf das bevorstehende Jagderlebnis, oder machte mir gar die Sehnsucht nach Rosi zu schaffen?

Die knarrenden Schritte auf der Holztreppe fanden mich längst wach, und das zaghafte, mahnende Pochen an meiner Zimmertür wäre gar nicht notwendig gewesen. Wie groß war meine Überraschung, als ich wenig später in der Küche nicht nur Max, sondern auch Rosi im Jagdgewand vorfand. Sie wollte mit auf den Hahn. Ich war vor Freude sprachlos, und das sah man mir wohl auch an, denn in den Augen des hübschen Mädchens blitzte der Schalk.

Rosi, Max und ich machten uns alsbald auf den nächtlichen Weg. Es ging über Almen, an Viehzäunen entlang, und als wir dann in die Nähe des Hofes kamen, in dem Monika zu Hause war, blieb Max plötzlich stehen und sagte zu mir: „Ich schau jetzt, was mein Dirndl macht, und Rosi – sie kann's augenblicklich ohnehin besser als ich – wird dich auf den Hahn führen. Sollte dir diese Lösung nicht gefallen, mußt' es halt dem Vater

Oben: Gespannte Aufmerksamkeit
Unten: Seltsame Beute

melden, damit wir es morgen anders einteilen.“ Den kräftigen Rippenstoß, den ich Max verpaßte, quittierte er mit leisem Lachen. Im übermütigen Davonspringen kam seine Stimme noch einmal aus der Dunkelheit: „Wir treffen einander in der Früh bei der Jagdhütte – und behüt' euch Gott.“ Na, das war nun schon die zweite Überraschung an diesem Morgen!

Rosi übernahm recht selbstsicher die Führung, und ich ging in Gedanken verloren hinter ihr her. Wir kamen gut voran, da mattes Mondlicht auf unserem Weg lag. Anders war es im Hochholz, doch das Mädchen vor mir hatte Augen wie ein Luchs. Die Laterne – sie gehörte damals ganz einfach zu dem Hahnenmorgen – die Rosi angezündet hatte, sollte vor allem mir eine Hilfe sein. Das Licht geisterte aber mehr im herumliegenden Holz herum, als es mir half, einen festen Tritt unter meinen Bergschuhen zu finden. Oft stolperte ich, fiel fast hin, worüber sich der Waldkauz mit seinem Hohngelächter zu freuen schien. Immer wieder warnte mich Rosi vor Hindernissen.

In einem nordseitigen Hang, in den wir bald einstiegen, lagen noch Schneereste, die das Steigen erschwerten. Einmal war ich wohl einen Schritt vom Steig abgekommen, rutschte ein Stück und steckte auch schon bis zum Bauch im Schnee. Mit Hilfe meiner tüchtigen Pirschführerin hatte ich aber rasch wieder festen Boden unter den Füßen.

„Immer schön in meiner Nähe bleiben“, meinte sie leise lachend, was ich wohl zu wörtlich nahm – denn sie entwand sich katzenhaft meiner Umarmung und drängte zur Fortsetzung unseres Marsches.

„Wir müssen rechtzeitig am Balzplatz sein. Mein Vater will,

Oben: Früh verwaist
Unten: Stille Feistzeit

daß du den alten Hahn vom Lärchenkogel schießt. Weißt', so ein alter Kämpe läßt nicht mit sich spaßen – junge, dumme Hahnen gibt es hingegen im Überfluß!" Blitzte bei diesen Worten nicht wieder der Schalk aus den Augen des Mädchens? Da soll sich einer auskennen!

Nach einiger Zeit vorsichtigen Steigens blieb Rosi plötzlich ruckartig stehen und flüsterte: „Hörst du ihn?" Ich schüttelte den Kopf. Ich hörte nur das ferne Rauschen eines wilden Bergbaches, dessen dumpfes Murmeln aus der Tiefe einer Schlucht kam. Doch dann vernahm auch ich das Glöckeln, und wir sprangen den Hahn an. Dank Rosis Routine kamen wir zügig und ohne Zwischenfall voran.

Vor meiner Einberufung hatte ich wohl einige Hahnenmorgen erlebt, doch inzwischen waren Jahre über den Berg gezogen, und die Töne des Hahnenliedes längst aus meinen Ohren entwichen.

Nach vielen geglückten Sprüngen standen wir endlich völlig außer Atem unter dem Balzbaum und konnten schon nach einiger Zeit den Hahn schemenhaft erkennen. Über uns immer wieder Knappen, Triller, Hauptschlag und wetzendes Schleifen. Strophe um Strophe reihten sich zu einer aufregenden Balzarie. Langsam griff das Licht um sich, Rotkehlchen und Drosseln erwachten.

Als Rosi den Hahn genau ansprechen konnte, flüsterte sie in mein Ohr: „Ja, das ist der Alte vom Lärchenkogel." Beim nächsten Schleifen wendete ich dem Mädchen mein Gesicht zu. Ihre Wangen bekamen die Farbe der Rosen des Auerhahnes. Im linken Arm das Gewehr, im rechten das Mädchen, so standen wir, spürten unsere Herzschläge, und hörten wie in Trance den mystischen Balzgesang.

Später sahen wir den Urvogel völlig frei auf einem starken Lärchenast. Etwa fünfzehn Meter über dem Erdboden drehte er sich im Taumel seines Liebestanzes. Kaum spürbar befreite sich die junge Jägerin aus meiner Umarmung und deutete, mit den Augen zu schießen. Sie ahnte wohl schon das unmittelbar bevorstehende Ende des Balzliedes. Jugend und Leidenschaft ließen mich die Flinte behutsam heben und ein Bild zerstören, wie ich während eines Balzmorgens vorher noch keines gesehen hatte und auch keines mehr sehen sollte. Schon während der

Hahn durchs Geäst der alten Lärche rasselte und hart auf dem Boden aufschlug, fühlten wir die Disharmonie des Augenblicks. Zögernd traten wir an den mächtigen Urvogel heran. Es währte eine Weile, bis das Glücksgefühl des Jägers in uns aufkam.

Erster, wenn auch zaghafter Blumenschmuck zeigte sich am Weg, als wir im hellen Sonnenlicht am Waldrand zur Jagdhütte gingen. Wenn im Tal längst Goldregen tropft und betörender Fliedergeruch aus den Vorgärten strömt, ist es zur Hahnzeit, vor allem in schattigen Lagen, oft noch sehr winterlich. Meine Pirschführerin und ich merkten damals allerdings nichts von Schnee und Eis, in uns war Frühling – ein Frühling, der nur wenige Tage währte.

Bei der Jagdhütte schlief Max wie ein Murmeltier in einem Liegestuhl und ließ sich die Sonne ins Gesicht scheinen. Wir pirschten uns gekonnt an den müden Jägersmann heran und kitzelten ihn an der Nase mit dem Stoß meines Auerhahns. Gab das ein fröhliches Erwachen! Max füllte drei Gläser Teufelswasser, und wir stießen auf den Alten vom Lärchenboden an. Ich spüre heute noch den Schnaps, der in meiner ausgetrockneten Kehle wie Feuer brannte.

Am letzten Tag meines Urlaubes war auch Monika mit im Revier, und wir verlebten in der Jagdhütte frohe, unvergeßliche Stunden. Nur schneebedeckte Berggipfel, die in stummer Schönheit ringsum standen, waren stille Zeugen unserer kleinen glücklichen Welt.

Am Ende der Tage begleitete mich Max zum Bahnhof in Innsbruck. Wir waren guter Dinge, wälzten Zukunftspläne, und reichten uns lachend zum Abschied die Hände. Wenig später war ich aber zutiefst betroffen. Die Gestalt meines Freundes, der winkend am Bahnsteig stand, verschwand in einer riesigen Dampfwolke des abfahrenden Zuges und kam nie mehr zum Vorschein.

Abschied ohne Wiedersehen? – eine Vision, die durch den unseligen Krieg Wirklichkeit werden sollte.

Schnepfensuche in der Bretagne

Die Frage war: Wie kam ich von der Normandie – wo vorübergehend unsere Einheit lag – in die Bretagne? Wie war meine Vision, eine Einladung zur herbstlichen Schnepfenjagd, in die Tat umzusetzen?!

Während eines nicht endenwollenden Nachtdienstes hatte ich meinen Freund Herbert am Rohr, und ich hörte immer nur „Schnepfen" – „Schnepfen" und „Schnepfen"... Wie von einer Bebenwelle aufgewühlt, grübelte ich Tag und Nacht, bis mir – wie so oft im Leben – ein purer Zufall zu Hilfe kam. Das Regiment brauchte einen Kurier für eine Bahnfahrt nach Rennes. Diese Chance hätte mir nur der Teufel entreißen können!

Herbert, der in Rennes bei einem Stab seinen Dienst versah, setzte ich von meinem Kommen in Kenntnis und bat ihn zugleich, alle notwendigen Vorbereitungen für die bevorstehende Schnepfenjagd zu treffen. Eine gute Planung ist der halbe Erfolg, dachte ich schon damals und steckte in das Kuriergebäck, zugegebenermaßen mit etwas Bauchweh, meine Flinte. Kein Hahn sollte später danach krähen! Für Patronen mußte Herbert sorgen.

Die Bahnfahrt ging über Paris, wo der Aufenthalt leider nur einige Stunden währte. Das pulsierende Treiben der Metropole nahm mich aber in Windeseile gefangen. Die Weltstadt zauberte in wenigen Augenblicken das zutage, worauf die meisten Soldaten damals verzichten mußten. Für manch jungen Landser war der Traum so einer Nacht das letzte Zusammentreffen mit dem Leben. Mir ist es heute noch ein Rätsel, wie es mir damals gelungen war, die Abfahrt des Zuges nicht zu versäumen und die Pflicht des grauen Alltags nicht zu vergessen.

Durch das offene Waggonfenster strömten die vibrierenden Geräusche der französischen Hauptstadt, die mich in meinem Innersten noch immer gefangen hielt. Es dauerte lange, bis kein Licht mehr zu sehen war, bis tiefe Dunkelheit den fahrenden

Zug umgab. Das rhythmische Pochen der Räder machte mich müde. Fest an mein Kuriergepäck gezurrt und gedanklich von unzähligen Schnepfen umschwirrt, schlief ich ein.

Rennes. Lautes, vielstimmiges Treiben in der großen Bahnhofshalle. Am Bahnsteig stand Herbert, der mich mit dem Wagen zu jener militärischen Stelle brachte, bei der ich meine umfangreiche Kurierpost loswerden sollte. Es ging alles wie am Schnürchen, und ich war froh, als dieser dienstliche Teil meiner Reise hinter mir lag. Auch für die beiden kommenden Tage war alles bestens organisiert. Was ich allerdings nicht wußte: Mit von der Partie war der unmittelbare Vorgesetzte meines Freundes, Oberst G., ein begeisterter Weidmann und ein weitschichtiger Verwandter des Gutsbesitzers, bei dem wir die kommenden Tage verbringen sollten. Dieses bevorstehende jagdliche Vergnügen verdankte ich letztlich Oberst G.; er war es, der für den so wichtigen Marschbefehl verantwortlich zeichnete und die Dienstreise im gewünschten Ausmaß verlängerte. Ich war daher dem sympathischen Offizier sehr verbunden, obwohl ich keine Ahnung hatte, was mich in den beiden kommenden Tagen tatsächlich erwarten würde. Es sollten zwei anstrengende, aber auch unvergeßliche Tage werden, wie man sie in ihrer Art vielleicht nur einmal erlebt.

Unmittelbar nach dem gemeinsamen Mittagessen stiegen wir in den Wagen, der uns zu dem Gut und den sagenhaften Schnepfengründen bringen sollte. Kaum aus der Kaserne, steckte unser Personenkraftwagen in einer unübersehbaren Kolonne von deutschen Militärkraftfahrzeugen, die im Schrittempo dem Stadtrand zustrebten. Endlich erreichten wir Freiland, und unser Fahrer drückte gehörig auf die Tube. Plötzlich ein ohrenbetäubender Knall! Es fehlte nicht viel, und der Wagen wäre über eine hohe Böschung geflogen. Reifenplatzer! Kein guter Auftakt. Herbert und ich nahmen den Zwischenfall nicht tragisch. Nur Oberst G. war ein wenig konsterniert, ging doch diese „Schwarzfahrt" auf seine Kappe.

In den Abendstunden erreichten wir ohne weitere unliebsame Zwischenspiele unser angestrebtes Ziel, den Gutshof, der nicht allzu weit von der Atlantikküste lag. Schon beim Verlassen des Wagens kitzelte salzige Meerluft unsere Nasen.

Der Empfang durch den Gutsherrn, einen etwa sechzigjährigen Adeligen, dessen Familie aus einer jungen, bildhübschen Frau und zahlreicher Haustiere bestand, war sehr herzlich. Die Besichtigung des Hauses, der Stallungen und der umliegenden Parkanlagen gab Einblick in einen gutgeführten Gutsbesitz, der in einem wunderschönen, verheißungsvollen Jagdgebiet lag.

Nach einem erlesenen französischen Nachtmahl, bei dem natürlich Austern und Champagner nicht fehlten, war sehr bald eine urgemütliche Unterhaltung im Gange. Kunststück! Wir sprachen alle die Sprache des Landes – ich war damals von der französischen Sprache geradezu betrunken –, und darüber hinaus verband uns die uneingeschränkte Freude am Weidwerk. Als die Frau des Hauses in einer klassischen wallenden Robe das große Jagdzimmer betrat, riß es alle Herren aus ihren Klubsesseln. Mir war, als käme die griechische Jagdgöttin Artemis auf uns zu. Die jagdlichen Gespräche lösten blitzartig wahre „Balzgesänge" ab. Lange funkelte das Feuer des offenen Kamins in den mit bestem Bordeaux gefüllten Gläsern und in den wunderschönen grünen Augen der jungen Gutsherrin.

Lange nach Mitternacht suchten wir unsere Gästezimmer auf. Obwohl die Nacht schon empfindlich kühl war, öffnete ich weit das Fenster und ließ die nach Salz, Fisch und Tang riechende Meeresluft herein. Sie wirkte wie Balsam auf meinen erhitzten Kopf. Aus der tiefen Dunkelheit des Parks kam das Feuer grüner Augensterne. Es dauerte unendlich lang, bis ich einen Schlaf finden konnte.

Zum Frühstück rief die Glocke – nach meinen Begriffen – viel zu früh. Starker Kaffee tat aber das Seine und brachte rasch wieder pulsierendes Leben in die kleine Jagdgesellschaft.

Vor dem Herrenhaus warteten zwei alte, jagdlich gekleidete Männer mit Hunden, an denen ich zunächst keine Rasse erkennen konnte. Weder Setter noch Griffon, weder Cockerspaniel noch Wachtelhund... möglicherweise hatten sie von allen ein bißchen. Die „Promenadenmischung" zeigte aber bald viel Temperament und erwies sich als vorzüglicher „Schnepfenhund".

Wir, der Gutsherr, der Oberst, Herbert, die beiden Jagdgehilfen mit ihren Hunden und ich, gingen direkt vom Haus weg in die grüne Landschaft. Eine interessante, prachtvolle Region: mehr Weideland als Feld, nicht allzu große Remisen, lange

Hecken, kleine Gräben, schmale Kanäle, üppige und saure Wiesen. Ein herrlicher wie zum Jagen geborener Landstrich, an dem mich nur eines gewaltig störte: die vielen Viehzäune, die wir immer wieder überwinden oder unterlaufen mußten. Und dennoch: Schnell hatte ich diesem Landstrich mein Herz geöffnet. Zaghaft wurden die ersten Schnepfen hoch. Unser Gastgeber schoß brillant, auch Oberst G. und Herbert erwiesen sich als ausgezeichnete Schützen, nur meine Schießleistung war zu Beginn nicht überwältigend. Kein Wunder, ich hatte schon lange keine Flinte in den Händen gehabt. Erst zwei pfeilschnelle Bekassinen lehrten mich wieder den Schwung, der bis dahin fehlte. Es gab Beifall von allen Seiten, und mir fiel ein Stein vom Herzen. Als der neben mir gehende Oberst eine ganz tiefstreichende Schnepfe doppelrohrig fehlte – er schoß wahnsinnig schnell, manchmal zu schnell – und mein Schuß den Langschnabel schnappte, bevor er eine Hecke „übersprang", hatte ich mich in den Reihen der Profis etabliert.

Immer wieder überflogen uns schwungvolle Wildtauben, die unsere passable Strecke bereicherten oder völlig gesund das Weite suchten.

Schachmatt und total verschwitzt kamen wir in der Mittagsstunde wieder zum Gutshof zurück. Mehr als zwei Dutzend Vögel, Schnepfen, Bekassinen, Tauben und Elstern, trugen unsere Jagdgehilfen am Galgen. Noch bevor wir unter die Dusche gingen, war ein unbändiger Durst zu löschen. Unglaublich, wieviel da durch die ausgedörrten Kehlen floß. Manch einer nahm auch Champagner, um wieder zu Kräften zu kommen.

Einmal mehr war das nahe Meer Spender hervorragend zubereiteter Gerichte: Fisch, Langusten, Muscheln aller Art. Ein Traum, diese französische Küche!

Von einer Mittagsrast wollten Herbert und ich nichts wissen. Wir nützten vielmehr die Zeit zu einem kurzen Ausritt durch Park- und Gartenanlagen rund um den Gutshof. Überall fanden sich herrliche Reitwege. Die Pferde waren ausgezeichnet und voll Temperament.

„Um ein Glas Champagner mit der bezaubernden Gutsherrin", rief Herbert voll jugendlichem Übermut, und unsere Pferde flogen im wilden, ungestümen Galopp zurück zum Herrenhaus. Zunächst auf gleicher Höhe, Kopf an Kopf, allmählich verschwand jedoch die wunderschöne Fuchsstute, die mein Freund ritt, aus meinem Blickfeld. Auch der Hufschlag des zweiten Pferdes verebbte nach einiger Zeit... keine stampfende Resonanz mehr in meinem Ohr. Ich spürte eine unbändige Freude, die meine Brust zu sprengen drohte. Vorwärts... vorwärts, die Wette galt! Grün funkelnde Augen über einem Glas Champagner strahlten mich an. Ich fühlte, daß auch der stämmige Wallach unter mir die stürmische Jagd in vollen Zügen genoß, und ich ließ ihn gerne gewähren. Der lange, raumgreifende Ritt versiegte erst an der Koppel, die hinter dem Herrenhaus lag, wo ich meinen flinken Braunen erst gar nicht aufnehmen mußte. Wahrscheinlich spürte er, daß es nach diesem Sieg eine Sonderration Hafer gab.

Herbert hob schon von weitem gratulierend die Hand und meinte dann völlig außer Atem:

„Morgen tauschen wir aber die Pferde!“

„Mein Gott, morgen!“

Wieder gingen wir über Weide- und Ackerland, an Hecken und Remisen vorbei, überquerten oder unterliefen Viehzäune am laufenden Band, bezwangen Gräben und Kanäle. Herbert und ich waren im Training, die älteren Herrn taten sich da schon ein wenig schwerer.

Wieder schossen wir Schnepfen, Bekassinen, Tauben und einige Elstern, die für meine Begriffe in viel zu großer Zahl vorkamen. Möglicherweise hatten diese vielen schwarzweißen Nesträuber auch dazu beigetragen, daß der Fasan in dem für ihn so günstigem Landstrich kaum mehr zu finden war. Wenn ich mich richtig entsinne, schossen wir an beiden Jagdtagen mit vier Gewehren nur zwei oder drei Fasane. Als der Gutsherr einen Hahn aus Turmhöhe herunterholte, blieb uns fast der Atem weg. Waren die fabelhaften Schießleistungen vielleicht auch mit ein Grund, daß es in diesem günstigen Niederwildrevier so wenige Fasane gab? Was weiß ein Fremder!

Am späten Nachmittag hatte unser freundlicher Gastgeber einen besonderen jagdlichen Leckerbissen für seine Gäste parat. Er führte uns im Zuge der Schnepfensuche zu einer großräumigen versandeten Bodenwelle, die von unzähligen Kaninchenbauen übersät war. Da um diese Tageszeit schon Sandhasen in beträchtlicher Zahl in den umliegenden Kulturen steckten, war unser Patronenvorrat bald arg geschrumpft. Jeder schoß nur mehr auf „todsichere“ Karnickel“! Die Strecke war enorm, ganz sicher drei Dutzend.

Die wenigen Patronen, die nach dieser Karnickeljagd in unseren Taschen noch vorhanden waren, verwendeten wir am Rückweg zum Gutshof auf einige Enten, die in der Abenddämmerung ins Landesinnere strichen. Sie kamen leider sehr hoch, da die meisten von ihnen anscheinend die „feurige Begrüßung“ von unten schon kannten. Was für ein Jagdtag! Unsere bunte Beute, die wir nach Hause brachten, sprach Bände!

Doch nicht genug der Freude. Zu Hause erwartete uns eine weitere Überraschung. Schon von weitem rochen wir – im wahrsten Sinne des Wortes – den Braten. Herrliche Düfte stiegen uns in die Nase. Ein junges Schwein brutzelte über der roten Glut, in die Fett troff und unsere Geschmacksnerven auf die Folter spannte. Wahrhaftig, man bot den Gästen ein echtes Schlaraffenland!

Wir blieben zunächst unter dem glitzernden Sternenhimmel am Feuer, das für alle genügend Wärme spendete. Später, als wieder frische Luft vom Meer her strömte, übersiedelte die lustige, kleine Jagdgesellschaft in ein nahes Lusthaus, wo die Fröhlichkeit ihrem Höhepunkt zustrebte. Unser Gastgeber und seine reizende Gattin unterhielten sich köstlich. Man merkte den beiden an, daß sie dazu in der damaligen Zeit nur selten Gelegenheit hatten. Besonders die junge, bezaubernde Frau des Hauses sprühte vor Lebensfreude.

Der Weckruf hörte sich allerdings weit weniger fröhlich an. Wieder mußte starker, schwarzer Kaffee alles ins rechte Lot bringen. Bei Herbert und mir ging das relativ leicht. Unser lieber Oberst hingegen schaute bis weit in den Vormittag hinein etwas konsterniert aus dem Jagdzeug. Seine Bewegungen waren nicht so flüssig wie am Vortag, sondern eher steif und seine Schußleistung daher dementsprechend dürftig.

„Zu kurz, mein Freund“, rief einige Male der Jagdherr, wenn Oberst G. hinter einem Stück Wild vorbeidonnerte. Der Gute hatte in der vergangenen Nacht der bezaubernden Frau des Hauses, mit der er ja um sieben Ecken verwandt war, allzuoft zugeprostet und dabei selber ein wenig zu tief ins Champagnerglas geguckt. Seine Kanonaden wirkten an diesem Tag bei weitem nicht so flüssig, dafür umso haarsträubender.

„Verdammter Champagner", hörten wir ihn einige Male fluchen.

„Mein Freund – zu kurz ...", kam dann meist das Echo aus der anderen Ecke.

Obwohl die beiden Hunde sehr gut arbeiteten, war am Vormittag jagdlich nicht allzuviel los. Sah man von den Fehlschüssen unseres gezeichneten Colonells ab, gelang Herbert eine saubere Dublette auf Ringeltauben, die sausenden Flugs über uns kamen, und ich schoß hintereinander zwei Bekassinen. Der Jagdherr sah meist zu und freute sich mit uns über die gelungenen Schüsse. Der Franzose war ein liebenswerter, grobschlächtiger Mann, für einen idealen Gastgeber wie geboren.

Mittag. In einem Meierhof hatte man für uns herrliche kalte Appetithappen gerichtet. Der Jagdherr warnte aber vor allzu großem Zuspruch, da man für den Abend ein französisches Abschiedsessen arrangierte. Mehr wollte er nicht verraten.

„Nun, da steht uns ja noch allerhand bevor", bemerkte Herbert, griff aber dennoch herzhaft zu. Auch ich ließ mich nicht lumpen, die kalte Ente mundete ausgezeichnet, bis zum Abend war es noch lang, und wir beide hatten einen Hunger wie junge Bären.

Gleich nach dem Mittagstisch geschah ein kleiner, peinlicher Zwischenfall. Oberst G., der nach einigen Gläsern Burgunder schon wieder etwas Farbe zeigte, stolperte plötzlich und fiel der Länge nach in den ... Morast. „Grand Malheur!" Herbert und ich eilten mit todernsten Mienen zu Hilfe, wischten und putzten ... nur der Jagdherr durfte schallend lachen. Doch, wie das Leben so spielt: Nach diesem Intermezzo schoß der Oberst wieder wie Gift! In einem schwierigen, verbuschten Gelände, wo zahlreiche Schnepfen lagen und meist unbemerkt hoch werden konnten, zeigte er einige fabelhafte Schnappschüsse. Sein rasanter Anschlag und sein schneller Schuß kamen ihm dabei zu Hilfe. Unser Beifall machte aus ihm wieder einen fröhlichen Jägersmann. Schnell waren Katzenjammer und „Ausrutscher" vergessen! Die Hunde, von denen wir zu Beginn so wenig gehalten hatten, arbeiteten und apportierten meisterhaft. Ich – wie die anderen auch – schoß noch einige Elstern und eine hoch über Eichen streichende Schnepfe. Ein schöner Ausklang dieser unvergeßlichen Schnepfensuche!

Bevor die Dämmerung um sich griff, brachte uns ein Pferdewagen zu einem langgezogenen Graben, dessen Deckung wir für den abendlichen Entenstrich nützen sollten. Plötzlich fielen in einer Hecke neben uns Tausende und Abertausende Stare ein. Der Himmel war schwarz von Vögeln.

Und tatsächlich gibt es einen fulminanten Strich, wie ich nachher so schnell keinen mehr erleben durfte. Wir müssen nicht lange auf die ersten Breitschnäbel warten, die klingelnden Flugs vom Atlantik herkommen. Den Reigen beginnt der Oberst, der links vor mir steht – ich sehe eine Ente zu Boden gehen. Geflügelt – doch die Hunde sind ja ausgezeichnet. Besonders jetzt zeigen sie ihr Können. Rechts von mir schießt Herbert. Zwei Enten fallen mausetot aus dem Abendhimmel. Was für ein Anblick! Plötzlich kommt ein Schof direkt auf mich zu. Runter mit der Birne, bin von allen Schützen der größte, was in der damaligen Zeit bei Gott nicht immer von Vorteil war! Sekunden später sind die Breitschnäbel direkt vor mir, sie kommen herrlich tief – Stockenten, die den Feuerzauber offensichtlich noch nicht kennen. Schnell fährt der Lauf meiner Flinte aus der Deckung, das Korn faßt einen prachtvollen Erpel, der im Knall wie ein Stein herunterkommt. Die übrigen Enten steigen wie von einer unsichtbaren Kraft gehoben. Im Abdrehen zeigt mir ein weiterer Erpel seinen lichten Bauch – er klatscht wuchtig auf den Grabenrand. Wieder kommen Enten, hoch oder außer Reichweite meiner Flinte. Links und rechts fallen Schüsse. Ein toller Strich zeichnet sich ab. Ganz überraschend sausen zwei Spießenten daher. Charakteristisch ist ihr unverkennbares Flugbild: spitze Schwingen, langer Stoß, den Hals ganz weit vorgestreckt. Erst im zweiten Schuß fällt ein Breitschnabel, im ersten, der viel zu kurz liegt, erkenne ich die enorme Geschwindigkeit dieser herrlichen Entenvögel.

„Mein Freund – zu kurz...“, kommt die Stimme des Jagdherrn aus der Dämmerung. Und schlagartig, so hat es den Anschein, ist der Himmel voll von Enten. Was für ein ungewöhnlicher Höhepunkt! Laden – schießen – treffen – fehlen –, bis ich nur mehr zwei Patronen in meiner Tasche spüre. Diese beiden letzten Schüsse will ich sorgsam verbrauchen. Ich warte auf meine Chance, wenn auch das letzte Büchsenlicht im Verlöschen ist. Aus einem starken Schof schieße ich eine Krickente, und mit der letzten Patrone wird mir eine Löffelente zur Beute. Ein einmaliges Finale zweier Jagdtage, die einen besonderen Stellenwert in meinen Erinnerungen haben.

Auch links und rechts von meinem Stand schweigen die Flinten, die Nacht kommt mit Riesenschritten heran. Wir hören wohl noch den klingelnden Flug der Breitschnäbel, die nun auch schon vom Land her kommen. Es ist keine Ordnung mehr in ihrem Strich.

Als die Hunde mit dem Suchen und Bringen fertig sind, liegen an die fünfzig Breitschnäbel auf der Strecke. Wir können es kaum fassen. Wie mag es heute an dieser Küste sein?

Das französische Abschiedsessen, das man für uns gerichtet hatte, war ganz sicher nicht mehr zu überbieten und stellte alles Vorangegangene in den Schatten. Es gab abermals Köstlichkeiten aus Meer, Landwirtschaft und Jagd. Ich erinnere mich noch gerne der butterweichen Schnepfenbrüste, die auf meiner Zunge zergingen.

Das Essen dauerte fast bis Mitternacht, das Feuer im offenen Kamin brannte lange darüber hinaus. Oberst G., wieder voll einsatzfähig, umschwärmte als Maitre de plasir die reizende Dame des Hauses. Herbert und ich sahen uns in der kläglichen Rolle abgeschlagener Beihirsche. Wir unterhielten uns mit dem schon etwas müden Gutsherrn über Jagd – Pferde – Gott und die Welt.

Als später Oberst und Jagdherr fest in ihren bequemen Klubsesseln wie Murmeltiere schliefen, erinnerte ich Herbert an die gewonnene Wette und trank mit unserer Gastgeberin ein letztes Glas Champagner.

Nach einer kurzen Nacht und nach einem Frühstück in etwas gedrückter Stimmung rüsteten wir zum Aufbruch. Ich ging schnell noch einmal mit einer Riesenportion Schinken zum Hundezwinger, um Abbitte zu leisten. Ob sie mich verstanden, als ich ihre Köpfe kraulte?

In diesen Augenblicken nahm ich mir fest vor, nie mehr einen Jagdhund zu bewerten, bevor ich ihn an der Arbeit sah.

Als ich der charmanten Gastgeberin beim Abschied die Hand

küßte, leuchteten ihre Augen, und ich fühlte recht schmerzlich das Ende zweier glücklicher Jagdtage.

Wenig später rollte unser Wagen durch das große schmiedeeiserne Tor, und mir kam das Leben plötzlich recht schal und leer vor.

Rehbock aus dem Niemandsland

Der Tag begann mit großem, hörbarem und spürbarem Aufatmen. Die Amis ließen uns offensichtlich in Ruhe, sonst hätten sie ganz sicher im ersten Morgengrauen – wie immer in den letzten Wochen – ihre Angriffsmaschinerie in Gang gesetzt. Irgendwo im Norden spießte sich ihre Offensive, und das gab uns hier in der Champagne eine kleine Verschnaufpause, die ich auf meine Art nützen wollte.

Mein „Jagdherr", ein deutschstämmiger, mir gutgesinnter Franzose, bei dem ich einquartiert war, gönnte mir den Rehbock durchaus, nur schießen mußte ich ihn – und das war bei Gott nicht einfach und auch nicht ungefährlich. Doch was war im Krieg schon ungefährlich? Ich wollte jedenfalls noch einmal gründlich nach dem starken Rehbock Ausschau halten, den ich in einem Waldstück zwischen den Linien wußte. Der Wald trennte sozusagen zwei Ortschaften. In einer saß der Ami, in der anderen wir.

Am Tag, an dem wir uns in den Ort zurückgezogen hatten, glaste ich vor Einbruch der Dunkelheit den Rand des besagten Waldstückes sehr genau ab. Was für eine Überraschung! Nicht allzu lange, aber doch für einige Augenblicke, die zum flüchtigen Ansprechen durchaus reichten, war in meinem guten alten Wehrmachtsglas ein Rehbock, der auf seinem Haupt eine starke, dunkle, beeindruckende Krone trug. Donnerwetter, mir wurde warm ums Herz. Der Bock trieb eine Geiß, es war Hochsommer – Brunftzeit.

Mein freundlicher Quartiergeber, zu dessen Jagdrevier der Wald zwischen den Linien gehörte, ermutigte mich geradezu, den Bock zu schießen. Auch für den alten, deutschsprechenden Mann wäre ein Stück Wildbret eine willkommene Abwechslung auf seinem eintönigen Speiseplan gewesen. Er machte daraus auch gar kein Hehl. Verständlich, da die Franzosen während der deutschen Besetzung die Jagd nicht ausüben durften. Eine schwere Bürde, die man damit vielen französischen Weidmännern aufgelastet hatte.

Einige Flaschen Rotwein leerte ich damals mit Monsieur Perro, und im vertrauten Gespräch wälzten wir Pläne, wie mir der Bock zur Beute werden könnte. Das Vorhaben schien nicht ungefährlich und Skepsis kam auf. Doch nach jeder „bouteile de vin rouge“ stiegen in uns Tatkraft und Mut. Es dauerte nicht allzu lange, und Perro wollte mich als Pirschführer begleiten. Das mußte ich jedoch entschieden ablehnen. Das Feuer des Weines hatte unsere Begeisterung schon so mächtig entflammt, daß wir im Gespräch bereits die Beute teilten. Doch das Fell des Bären zu verteilen, ehe Meister Petz erlegt ist, gilt schon im volkstümlichen Sprichwort als ungehörig und zudem als Unsinn. Lange saß ich damals bei meinem Quartiergeber in dessen Jagdzimmer, das mit duftendem Zirbelholz ausgestattet war.

Schon das erste Morgengrauen sah mich draußen beim letzten Haus des Dorfs, von wo ich den etwa 200 Gänge entfernten Waldrand genauest unter die Lupe nahm, doch leider ohne jeden Erfolg. So sehr ich mich auch mühte, von einem Reh, geschweige denn von „meinem“ Bock, war nichts zu sehen. Nicht einmal ein Haar. Plötzlich glaubte ich aber, einen amerikanischen Soldaten für wenige Augenblicke im Unterholz zu erkennen. Natürlich werden dem Gegner gerne alle unliebsamen, unangenehmen und verdammenswerten Handlungen zugeschanzt, vor allem jene, die man in Eigenproduktion fabriziert. Unsere Spähtrupps waren nämlich genauso unterwegs – wahrscheinlich mit einer weit größeren Intensität –, hauptsächlich des Nachts, um den Feind jenseits des Waldes zu beobachten, um für einen Angriff gerüstet zu sein.

Und mit einer dieser Patrouillen wollte ich hinüber in den Wald, der – wie schon erwähnt – im Niemandsland lag. Vielleicht gab's doch noch einmal ein Zusammentreffen mit dem Bock, dessen starkes Geweih mich nicht zur Ruhe kommen ließ. Die Zeit war sicher knapp, denn lange konnte es nicht mehr dauern, bis uns die alliierte Übermacht abermals ein Stück zurückwarf.

Wieder einmal – wie schon so oft zuvor – gab es keine Verpflegung, da feindliche Tiefflieger unsere Versorgungseinheit mit Bordwaffen außer Gefecht gesetzt hatten. Umso mehr waren meine Gedanken bei dem Rehbock, dessen Wildbret unsere knurrenden Mägen ein wenig beruhigen hätte können.

Schon am frühen Nachmittag suchte ich für den nächsten Spähtrupp, der meine geplante Bockjagd mittragen sollte, drei verläßliche Männer aus und besprach mit ihnen alle Details, die für mein jagdliches Vorhaben von Bedeutung waren. Es durfte dabei absolut keine Panne geschehen.

Lange vor Einbruch der Dunkelheit brachen wir auf. In Deckung von Gärten, Obstkulturen und einem sumpfigen Graben kamen wir etwa 60 bis 70 Gänge an den im Niemandsland gelegenen Wald heran. Am Ende des Grabens, in sicherer Deckung, ließ ich die drei Kumpels – die erst im Schutz der Finsternis nachkommen und ihre Aufgaben als Späher erfüllen sollten – in Stellung gehen. Sie mußten mir Feuerschutz geben, sobald ich die völlig freie Fläche zum Wald hinübersprintete. Alles verlief wie am Schnürchen. Ich erreichte den Waldrand ohne Zwischenfall. Das wäre geschafft! Blieb nur die Kleinigkeit, den Bock vor das Feuerrohr zu bekommen!

Ins schützende Unterholz getaucht, wischte ich mir zunächst einmal den Schweiß von der Stirn. Dann begann ich mich im Wald umzusehen, zu orientieren. Der liebe Perro hatte am Abend zuvor von einem Hochsitz gesprochen und mir den Weg zu dieser Reviereinrichtung so exakt beschrieben, daß ich sie auf Anhieb fand. Eigentlich lehnte da nur eine uralte Leiter an einer knorrigen Eiche, auf deren untere Äste ein paar Bretter genagelt waren. Doch von diesem, mehr als provisorischen Sitz, hatte man – wie ich bald sehen sollte – einen recht passablen Ausblick auf eine kleine, verträumte Waldlichtung, die ein dichter Grasdschungel und einige Sträucher bedeckten. Das sah nicht schlecht aus! Rein gefühlsmäßig konnte diese Blöße nicht sehr weit von der Stelle entfernt sein, an der ich Bock und Geiß für wenige Augenblicke in der Dämmerung tags zuvor in Anblick bekommen hatte. Um mich herrschte eine friedvolle, ungewohnte Stille. Kriegslärm war nur dann und wann aus weiter Entfernung zu hören. Nun, vielleicht hatte Diana wirklich ein Lächeln für den Weidmann im verschlissenen, abgenutzten Kriegerkleid. Es war unsagbar schwül, das richtige Wetter für die Rehbrunft, die jetzt über die Bühne gehen mußte. Natürlich mochte sich dabei das Rehwild von den vielen, nächtlichen Patrouillen gestört fühlen, doch der Fortpflanzungstrieb war sicherlich stärker als alle Behelligungen durch Freund und Feind.

Langsam kam der Abend. Hungriges, träges Dahindösen. Ein Ohr fing dabei alles vernehmbare Kriegsspektakel ein, das andere die Laute, die jagdlich von Interesse waren. Plötzlich überrieselte mich wohlige Gänsehaut. Unverkennbare Geräusche treibender Rehe kamen aus dem Holz. Schnell näherten sich Fiepen und Keuchen hinter meinem Hochsitz, dann noch ein laut tönender Sprengruf – vorbei der Spuk! Ich sah nur wenige Augenblicke zwei rote Schemen zwischen den starken Eichenstämmen, im ständigen Wechseln von Auftauchen und Versinken, bis sie sehr rasch in der Düsterkeit des abendlichen Waldes gänzlich untergingen. War es der starke Bock? Ich hätte es nicht beschwören können. In gespannter Erwartung hoffte ich, daß die beiden Rehe während ihrer tollen Liebesfahrt auch einmal über die freie Lichtung preschen könnten. Ich saß auf den wackligen Brettern in der Eiche, bis das letzte Fünkchen Licht in der Dunkelheit versunken war. Aus! Was tun? Zurück ins Dorf wollte ich nur mit dem Rehbock; also mußte ich bleiben, zunächst einmal bis zum kommenden Morgen. Vielleicht brachte dieser die heißersehnte Beute.

Ich war damals noch sehr jung, trotzdem hatte ich mir vorher schon so manche Nacht um die Ohren schlagen müssen. Jene aber in der Eiche zählte absolut zu den längsten, die mir bis dahin untergekommen waren. An ein normales Schlafen war da nicht zu denken. Die Bretter waren kurz, viel zu kurz, um darauf zu liegen. Platz war bestenfalls nur für den Rumpf, Kopf und Beine schwebten im freien Raum. Irgendwann nach Mitternacht fand ich dann aber doch eine Stellung, die mir einen schlafähnlichen Zustand ermöglichte. Zusammengekauert, das „Fahrgestell“ in einer Astgabel eingehängt, fiel ich kurz in einen dösenden Halbschlaf. Dabei entschlüsselten die Ohren alle Geräusche der Nacht, bedeutungslose wurden automatisch ausgeschieden. Kleintiere, die im Dürrlaub raschelten, beachtete man nicht, doch dann schreckte ich plötzlich aus dem Dämmerzustand. Schleifende Geräusche, die nur von Menschen auf engen Pfaden im dichten Unterholz stammen konnten, drangen an mein Ohr. Da schlich eine Patrouille unweit meiner Eiche durch den Wald. Das kurze Aufflammen einer Zigarettenglut bestätigte wenig später meine Vermutung.

Des Nachts kommt man ganz einfach nicht ohne Geräusche durch den Forst. Die Frage war nur: Freund oder Feind? Meine Hand tastete geräuschlos nach dem handlichen MI, einem erbeuteten amerikanischen Karabiner. In solchen Augenblicken war mir manchmal, als könnte ich die Bewegung meiner Muskel hören. Bald war es wieder mäuschenstill im Wald, das knisternde Geraschel der schleichenden Schritte in der Finsternis versunken.

Gegen Morgen setzte schlagartig verstärkt Artilleriefeuer ein, und es klang nicht mehr so fern, wie am Tag zuvor. Kam die Angriffsmaschinerie des Gegners wieder ins Rollen, oder hatte der Wind gedreht? Wenn die Amis in unserem Abschnitt angreifen und dabei den Wald, in dem ich mich befand, umgehen sollten, saß ich in der Mausefalle, aus der es kein Entrinnen mehr gab, doch soweit war es wohl noch nicht; ich wollte auch gar nicht daran denken. Noch war ich wurzeltief darauf versessen, die begonnene Jagd zu Ende zu führen. Auch die Aufbesserung der tristen Verpflegungslage meiner Kameraden war mir ein ehrliches Anliegen. Oder benützte ich diesen Gedanken nur als Vorwand, um zu meinem Bock zu kommen? Möglich wär's!

Langsam wird es grau. Über die kleine Waldlichtung ziehen träge, durchsichtige Dunstfahnen. Kein Kampflärm im näheren Umkreis. Die Amis scheinen uns auch heute noch in Ruhe zu lassen, eine Galgenfrist zu gewähren. Ich sehe darin meine jagdlichen Chancen steigen. Und in diesem gedanklichen Hoffnungsschimmer plötzlich, wie aus dem Augenblick gefiltert, ein Geräusch, das mich erstarren läßt. Hinter mir, in allernächster Nähe, bricht ein dürrer Ast ... einige leise Tritte ... dann Stille, Totenstille. Eine Stille, die schmerzt. Keine Frage: Wild verhofft hinter mir, vielleicht schon unter dem mächtigen Laubdach meiner Eiche. Ich fühle mich auf die Folter gespannt, bis endlich wieder Leben hinter mir zu hören ist. Und schon erscheint eine Rehgeiß in meinem Blickwinkel, dann folgt ... ich kann es kaum fassen, der starke Bock, „mein" Bock, dem ich die längste Nacht auf den kurzen Brettern in der Eiche geopfert habe. Unmittelbar vor der nebelverhangenen Lichtung verhoffen die beiden Rehe abermals – unendlich lange. Die vielen Störungen der letzten Tage mögen sie zu besonderer Vorsicht mahnen. Das karge Licht reicht, um Kimme und Korn am starken Träger des nahen Bockes zu fixieren. Der peitschende Knall reißt mich mit grausamer Gewalt in die Wirklichkeit zurück. In den letzten Minuten war der Aberwitz des unseligen Krieges total aus meinem Leben gewichen.

Der Bock liegt neben einer kleinen Pfütze, in die ein paar winzige Frösche springen und in Schlammwölkchen verschwinden. So einfach ist das! Ein kleiner Frosch müßte man sein!

Ich knie nieder und greife in die dunkle, mit Perlen übersäte Krone, die nebelfeucht, geheimnisvoll glänzt. Eile ist geboten! Nach der rasch durchgeführten, roten Arbeit werfe ich meinen Bock auf die Schulter und trabe im Eilschritt in Richtung Waldrand, hinter dem unser Dorf liegt. Hoffentlich hat der Knall meines Karabiners nicht einige nahe amerikanische Späher nervös gemacht.

Bald erreiche ich den Waldrand. Aus der Ferne kommt schwaches Donnergrollen – Artillerielärm. Das Glas zeigt mir am Rande des Grabens, aus dem ich gestern zu meinem Jagdausflug ins Niemandsland aufgebrochen war, drei Stahlhelme, unter denen die Köpfe meiner Kameraden stecken. Was für ein beglückendes Gefühl, nach so vielen Stunden der Einsamkeit wieder in die Geborgenheit der Gemeinschaft zurückzukehren. Es läuft alles nach Plan. Laut Absprache sollen die drei dort auf mich warten, um mir nötigenfalls Feuerschutz zu geben. Ganz sicher haben sie meinen Schuß gehört und sind nun schon in gespannter Erwartung. Ich trete aus dem schützenden Wald und laufe, so schnell mich meine Füße tragen, mit der schweren Last am Rücken, auf den Graben zu. Auch heute scheint wieder alles gut zu gehen. Doch wenige Meter vor der rettenden Deckung, beginnt es hinter mir zu ballern. Man muß sterben, wenn die Zeit gekommen ist, schießt es mir durch den Kopf. Der Bock fällt zur Erde, und ehe ich kopfüber in den Graben hechte, sehe ich um mich herum Erde und Gras giftig in die Höhe spritzen. Kugeleinschläge! Ein Bild, das ich bis zum heutigen Tag nicht loswerden konnte.

„De verdammten Bazi, net einmal beim Jogan gebns a Ruah“, höre ich eine wohltuende, urbayrische Stimme neben mir. Die drei schießen, was die Rohre hergeben und lachen dann aus vollem Hals, als sie sehen, daß ich unverletzt geblieben bin.

Obwohl der alte, liebenswerte Perro damals sein Leben schon zum größten Teil gelebt hatte – er war weit über siebzig –, schwelgten wir während der rasch improvisierten „Bockfeier“ in berauschenden Zukunftsplänen. Die kriegsführenden Völker sollten schon bald ihre ganze Energie zum Wiederaufbau, um Kampf gegen Hunger und Not verwenden, statt einander den Schädel einzuschlagen, war der Tenor unseres Gesprächs.

Ich wußte damals noch nicht, daß ein Traum nur als Traum schön ist – die Wirklichkeit jedoch fast nur Häßlichkeiten zutage bringt.

Mit dem Wild auf der Flucht

Der große Krieg näherte sich schon mit Riesenschritten seinem Ende, als wir am Rückzug, von einem übermächtigen Gegner verfolgt, die Eifel durchfuhren. Von der feindlichen Luftwaffe zu Boden gedrückt, boten uns die endlosen Wälder, durch die wir uns kämpfend zurückzogen, eine reelle Überlebenschance.

Es dämmerte schon, als am Rande des kleinen Ortes, in dem wir für eine Nacht Quartier beziehen sollten, mein Blick auf ein mit prächtigen Waldbäumen umgebenes Landhaus fiel. Ein Forsthaus?

Bei derartigen Quartiersuchen stachen mir immer wieder Häuser ins Auge, die mit großer Wahrscheinlichkeit Forstleute oder Jäger bewohnten. Ein Hirschgeweih über dem Eingang wies mir dabei sehr oft den richtigen Weg.

Ich hieß meinen Fahrer anzuhalten. Es war verlockend, nach wochenlangem Einsatz, der nichts anderes war als eine nervtötende Hetzjagd, wieder einmal in einem sauberen Bett zu schlafen. Der Gedanke allein ließ mich fast schon in Morpheus Arme sinken.

Ich ging also auf das schöne Haus und war noch gar nicht in seiner Nähe, als plötzlich ein alter, bärtiger Mann – zweifellos ein Grünrock – eilenden Schrittes auf mich zukam. Seltsam. Was sollte dies? Unmittelbar vor mir blieb der Mann ruckartig stehen und erstarrte. Fassungslos, fast ohne die Lippen zu bewegen, murmelte er: „Verzeihen Sie – ich glaubte Hans – mein Sohn – er ist vermißt – die Gestalt – die Größe – der Gang." – Ein bedauerlicher Irrtum also. Schon wollte ich mich mit einer Entschuldigung auf den Lippen zurückziehen, da bat mich der Forstmann in sein Haus. Gerne nahm ich an, da auch für meine Kameraden ein nettes Quartier zur Verfügung stand.

Der Zufall wollte es, daß wir damals in dem kleinen Ort einige Tage bleiben konnten. Und kaum, daß uns die drängende feindliche Übermacht eine kleine Atempause gewährte, waren meine Gedanken schon wieder beim Weidwerk. Mein ganzes Leben war Suche nach Wald, Wild und Jagd; daher konnte es wohl auch während des Krieges nicht anders sein.

Natürlich hatte ich in diesen Augenblicken noch keine blasse Ahnung, daß sich meine unersättlichen jagdlichen Sehnsüchte auch diesmal wieder sehr schnell erfüllen sollten.

Es begann bereits am ersten Abend. Ich saß mit dem alten Förster, der hier – nach dem Tod seiner Frau – allein am Ortsrand lebte, im vertrauten Gespräch in dessen Arbeitszimmer. Erinnerungen an Heimat und Vaterhaus waren beim Anblick von Waffen, Jagdzeug und Trophäen wach geworden. Es dauerte nicht lange, daß mein Gastgeber den begeisterten Jäger in mir erkannte. Er lud mich spontan auf Sauenjagd ein. Jetzt, in dieser Nacht? Warum eigentlich nicht? Der Mond stand günstig, ich überlegte nicht lange, und schon nach kurzer Zeit verließen wir das Forsthaus.

Trotz aller durchgemachten Strapazen tauschte ich gerne das Bett mit dem Hochsitz. Zu diesem Zeitpunkt wußte ich noch nicht, daß wir in dem kleinen Ort einige Tage festgenagelt waren. Es war also auch später noch Zeit für einen langen, erholsamen Schlaf.

Zweifellos nannte man mich damals zu Recht einen närrischen Jäger! Während meine Kameraden wie Murmeltiere schliefen, saß ich mit dem Forstmann am Rande eines Wildakkers, auf dem sich – ich kann es heute nicht mehr ganz genau sagen – Reste von Mais, Kartoffeln oder Rüben befanden.

Schlaf und Müdigkeit waren – so glaubte ich zumindest – aus mir gewichen. Die Nacht war schön, das Licht des fast vollen Mondes machte sie nahezu zum Tag. Nur das Störfeuer der Artillerie von hüben und drüben – die Front lag nahe – durchbrach manchmal empfindlich die Stille dieser köstlichen Nacht, die für mich aber immer bleierner wurde. Bei diesem Krach sollte Wild austreten? Zweifel stiegen in mir auf. Waren deshalb nach einiger Zeit meine Gedanken nicht mehr ganz bei der Sache, die Freude am jagdlichen Erleben noch nicht zum Durchbruch gekommen? Sicher war's auch die Müdigkeit, die trotz aller Passion allmählich von meinem ausgemergelten Körper Besitz ergriffen hatte.

Plötzlich spürte ich einen leisen Stoß und sah im selben Augenblick einen Schatten vom Wald in den arg umwühlten Wildacker huschen. Wieder einer, noch einer, noch, noch... das war ja eine überaus starke Rotte, weit mehr als zehn Wildschweine! Selbst mein Begleiter zeigte sich überrascht, mit so vielen Sauen hatte er offensichtlich nicht gerechnet. Woher waren sie gekommen? Das lärmende Kampfgetöse mochte sie wohl von einer Deckung in die andere gehetzt haben. Und jetzt waren sie hier. Die Schwarzkittel scherten sich keinesfalls um den von Zeit zu Zeit aufflammenden Kanonendonner und nahmen unter höllischem Spektakel Besitz von den Früchten des Feldes. Ein Grunzen, Quietschen, Schmatzen, Brechen und Schnaufen setzte ein. Ich war wie betäubt, hatte ich doch vorher noch nie etwas Derartiges vernommen. Das Schweinevolk benahm sich wie ein Rudel hungriger Wölfe! Es konnte ja gar nicht anders sein; auf der Flucht vor der Furie Krieg, geschunden, geplagt, gehetzt, wie der Mensch... wie wir.

Mein Herz pochte so laut, daß ich vermeinte, das urige Wild müßte es vernehmen. Die gütige Hand des Forstmannes, deren leichten Druck ich auf meinem Arm verspürte, konnte mich nur langsam beruhigen. Das Feuer der Jugend loderte damals noch zu stark in meinen Adern und war bei weitem nicht so rasch unter Kontrolle zu bringen wie etwa heute.

Mein Begleiter riet mir, in weiser Voraussicht auf das beschwerliche nächtliche Bringen, ein schwächeres Stück auszuwählen. Langsam, unendlich langsam, brachte ich die Büchse in Anschlag, und das Fadenkreuz wanderte suchend in einen der geringeren, schwarzen Wildkörper. Im Knall ging die Rotte flüchtig ab, zurück blieb ein rasch verschlegelnder schwacher Überläufer.

Das freudige Weidmannsheil meines Pirschführers ging zu meinem Entsetzen im Lärm rasch beginnender kriegerischer Handlungen unter. Aus den gegenüberliegenden Waldrändern, die die Feldbreiten umfangen hielten, zischten Leuchtkugeln gegen den Himmel, und bald bellten auch Gewehrschüsse giftig durch die Nacht. Verdammt! Ich hatte doch dem Offizier, der für die Sicherheit unseres Abschnittes zuständig war, ganz genau mein jagdliches Vorhaben mitgeteilt. Warum spielen die Wachposten plötzlich verrückt? Oder war's ein feindlicher

Spähtrupp, der uns ausgerechnet jetzt in die Quere kam? Alles Fragen, die erst später eine Antwort finden sollten.

Zunächst verließen wir jedenfalls blitzartig den Hochsitz und warteten in sicherer Deckung des Waldes, bis rundum wieder Ruhe eingekehrt war. Wir verspürten keinerlei Lust, bei Ausübung der Jagd totgeschossen zu werden.

Als nach einiger Zeit die von uns erwünschte Ruhe eingetreten war und eine dicke Wolke dankenswerterweise den Mond verdunkelt hatte, zogen wir rasch den Schwarzkittel – er war gar nicht so schwach, wie wir dabei merken sollten – vom freien Feld ins nahe Holz. Aufatmend und lachend machten wir uns an die rote Arbeit.

Wenig später löste sich auch das Rätsel des nächtlichen Feuerzaubers. Durch meinen Schuß auf die Wildsau geriet ein in der Nähe liegender feindlicher Spähtrupp in Panik, wurde prompt von einem unserer aufmerksamen Wachposten gesehen und sofort unter Feuer genommen. Verluste gab es weder hüben noch drüben. Ein besseres Ende war für unsere abenteuerliche Saujagd zwischen den Linien kaum denkbar. Dazu kam die Freude über den erbeuteten Schwarzkittel, den uns der Förster mit Borste und Schwarte schenkte! Keine Frage, das war eine tolle Bereicherung unseres mageren Speisezettels, da der Nachschub sehr oft im Feuer der alles beherrschenden feindlichen Tiefflieger unterging.

Als mein Gastgeber unsere mißliche Lage erkannte, wäre er uns noch weitere Wildschweine willig gewesen, doch alle folgenden Ansitze brachten nichts ein. Die Rotte längst über alle Berge; von der Fackel des Krieges gejagt, mochten die Wildschweine schon irgendwo anders nach Freßbarem suchen. Nur wir durften vorderhand bleiben, und dann – ähnlich dem Wild – den Rückzug fortsetzen. Es ging damals nur mehr ums nackte Überleben, und dabei gab es zwischen Mensch und Tier kaum noch Unterschiede.

Da wieder einmal unsere Verpflegung auf der Strecke geblieben war, die weiteren Ansitze auf Sauen nichts einbrachten, gab mir der gütige Förster eine Rehgeiß zum Abschuß frei. Und bei diesem folgenden Jagen hatte ich ein Erlebnis, das mir unvergeßlich bleiben sollte:

Eines vorweg: Alle meine Jagdzüge während des Krieges

waren keine in Abrahams Schoß; doch bei der Pirsch auf die Rehgeiß war mir Freund Hein verdammt nahe gekommen!

Stundenlang pirschte ich schon an Schlagrändern entlang, durchquerte Hochhölzer, ohne ein Reh in Anblick zu kommen. Ich durfte mich bei diesen Pirschgängen nur im eigenen Abschnitt bewegen, wollte ich nicht Gefahr laufen, von einem nervösen Nachbarn – meist waren dies bei dem letzten großen Rummel ja völlig fremde Einheiten – kassiert zu werden.

Einmal passierte mir dieses Ungemach, als ich im sogenannten Räuberzivil, verbissen in eine Wildfährte, in einen fremden Abschnitt eindrang und zu allem Überfluß das Soldbuch vergessen hatte. „Schmerz laß nach!" konnte ich damals nur sagen. Die Kerle schleppten mich bis zum nächsten Gefechtsstand, wo sich dann allerdings alles in Wohlgefallen auflöste.

Als ich endlich einen Sprung Rehe, Geiß, Kitz und Schmalreh, in einem dichten Stangenholz vor Augen hatte, schossen die Kameraden der anderen Feldpost-Nummer – daran waren wir längst gewöhnt – wieder einmal eine Lage Störfeuer. Meist schlugen diese Granaten, ohne bedeutenden Schaden anzurichten, irgendwo im Gelände ein. Bums – krach – bums, ging es auch damals, doch eine Granate prasselte plötzlich ins Gehölz, in dem ich hinter einer Fichte kauernd, lüstern nach den drei Rehen äugte. Das schaurige Pfeifkonzert der Granate und ihr hautnaher Einschlag warf mich der Länge nach hin. Den Körper an den Waldboden gepreßt, wartete ich mit geöffnetem Mund auf die Detonation. Doch . . . nichts geschah!

Als ich langsam und ungläubig den Kopf hob, stieg wenige Meter vor mir ein fahles Rauchfähnchen aus dem dunklen Erdloch. Die Granate hatte sich, ohne zu krepieren, in den moosbedeckten, weichen Waldboden gebohrt. Blindgänger – Schwein gehabt! Damals spürte ich sehr deutlich: Tiefe Freude am Leben hat, wer dem Tod ganz nahe ist!

Die drei Rehe preschten zwar zu Tode erschrocken durcheinander, blieben aber im Stangenholz und kamen bald wieder zur Ruhe. Wenig später konnte ich der Schmalgeiß die Kugel antragen. Zweimal Grund zur Freude: mit heiler Haut davongekommen und Wildbret für einige Mahlzeiten!

Als wir am Abend desselben Tages mit dem Förster am Tisch saßen und aus einer dampfenden Schüssel herrlich mundendes

Rehgulasch schöpften, waren wir alle guter Dinge – vergaßen dabei das Morgen, von dem wir nicht wußten, was es uns bringen werde.

Noch während wir gemütlich schmausten, holte mich plötzlich ein Posten vor das Haus, wo der Regimentskommandeur – er war dick, und das Aussteigen fiel ihm schwer – in seinem Wagen saß und auf meine Meldung wartete. Als ich die unerquickliche Verpflegungslage erwähnte, warf mir der feiste Herr eine abgedroschene Durchhalteparole an den Kopf. Ich salutierte stramm und dachte innerlich schmunzelnd an das herrlich mundende Wildgericht, das im Haus auf dem Tisch stand und von dem der Dickwanst kein Jota zu Gesicht – geschweige denn in den Magen – bekommen sollte!

Später zog ich mich mit dem alten Grünrock in dessen Arbeitszimmer zurück, nicht ohne vorher meine eiserne Reserve an „geistiger Nahrung" zu plündern. Bei einem Gegenstoß war uns vor einiger Zeit eine Kiste französischer Schampus in die Hände gefallen. Die letzte Flasche wollte ich gemeinsam mit dem Forstmann, dem ich zu großem Dank verpflichtet war, leeren.

Ich war in jener Stunde sehr glücklich, solange unser Gespräch jagdliche Themen zum Inhalt hatte. Draußen stand der Mond über den unendlichen Wäldern, die Kanonen schossen, und meine Gedanken kehrten zurück zu dem Morgen, der in wenigen Stunden in erbarmungsloser Wirklichkeit über der Eifel heraufdämmern sollte.

Als hätte ich's geahnt! Schon im ersten Dämmerlicht gab es Alarm. Die Zeit zum Aufbruch, zum Rückzug Richtung Heimat, war gekommen. Vielleicht kreuzen wir irgendwo die Fährte der Rotte, aus der ich einen Überläufer herausgeschossen hatte.

Bevor ich dem alten Grünrock die Hand zum Abschied reichte, schickte ich meine Kameraden zu den Fahrzeugen. Vielleicht schämte ich mich der menschlichen Regung, als es galt, dem liebenswerten Forstmann Weidmannsdank zu sagen. Ob er an Hans dachte, als er mich umarmte und mit leiser, heiserer Stimme sagte: „Leb wohl, mein Junge, und Weidmannsheil fürs ganze Leben!"

Unser Rückzug ging damals recht schleppend bis in ausgedehnte Waldgebiete des Rothaargebirges, wo man uns gänzlich zu vergessen schien. Wir steckten – so sagte man – in einem riesigen Kessel, hatten vorderhand Ruhe, und meine Gedanken kreisten recht bald wieder um die Jagd. Quartier suchte ich wie immer in einem Haus, auf dessen Stirnseite ein Hirschgeweih prangte. Wieder war das Glück auf meiner Seite. Gottfried, ein Forstwart und begeisteter Jäger, dem es irgendwie gelungen war, einem Lazarett mit eingegipstem Bein zu entfliehen, nahm mich auf wie seinen leiblichen Bruder.

Gleich am ersten Abend saßen wir tief in die Nacht hinein und sprachen von Wald, Wild und Weidwerk. Sauen waren im Revier, das Gottfried betreute. Ich spitzte sofort die Ohren. Doch sehr bald sollte ich noch interessantere Dinge erfahren. Neben einer ganz starken Sau wollte Gottfried auch einen Bären gefährtet haben. Als ich schallend lachte, erhob sich der Forstwart und holte aus einem Nebenraum den frischen Abguß des Trittsiegels eines Braunbären. Mir blieb das Lachen im Halse stecken. Unglaublich! Woher mochte Petz wohl gekommen sein? War irgendwo das Mauerwerk eines Tiergartens durch Bombenwürfe in Brüche gegangen? Ist er einem Zirkus entflohen? Möglicherweise hatte ihn das Kampfgetöse des Krieges hierher getrieben.

Bei der starken Sau, auf die wir schon in der nächsten Nacht ansitzen wollten, handelte es sich mit großer Wahrscheinlichkeit um ein legendäres Hauptschwein – an seiner Männlichkeit zweifelte niemand –, das schon Jahre hindurch die Grünröcke aller umliegenden Reviere nicht zur Ruhe kommen ließ. Es gab damals allerdings nur alte oder invalide Jäger, die das Weidwerk ausüben konnten, alle anderen steckten ja im grauen Rock. Wie Gottfried recht lebhaft zu erzählen wußte, führte der Basse die Grünröcke, die hinter ihm her waren, an der Nase herum. Ein paarmal gefehlt, ebenso angekratzt, kam der urige Keiler immer wieder davon, wenn auch schon einige Schmisse in seiner groben Schwarte nicht zu übersehen waren. Möglicherweise warteten da auf mich einige reizvolle, spannende Jagdtage, wenn, ja, wenn uns die Amerikaner keinen Strich durch die Rechnung machten. Auch das Wetter mußte mitspielen, der Mond die kommenden Nächte ausleuchten. Allein der Anblick eines Bären wäre eine großartige Sache gewesen! Wenn nur die Amerikaner...; irgendwie fühlte man das Kommende, das Unausbleibliche.

Noch einen Happen und einen letzten Schluck im Haus des Forstwartes, dann greifen wir uns die Büchsen vom Haken. Auch die Rucksäcke mit all den notwendigen Utensilien für den Nachtansitz sind längst gerichtet. Die Frau des Hauses hat ihren Beitrag dazu auch liebevoll geleistet. Die Herausforderung wartet, wir wollen sie annehmen.

Mit Absicht verzichten wir auf ein knatterndes Krad oder eine lärmende Benzinkutsche – beides hätte ich beschaffen können – und nehmen den etwa halbstündigen Anmarschweg zu den von Gottfried auserwählten Hochständen unter die Füße. Noch wissen wir allerdings nichts vom morastigen Weg, der mit all seinen Tücken auf uns wartet. Ein vom tagelangen Regen aufgeweichter Waldboden und das klitschige Altlaub von Buche, Esche und Eiche ergeben zusammen ein miserables Geläuf. Eine echte Knochenarbeit, die vor allem Gottfried mit seinem Gipsbein arg zu spüren bekommt. Es geht aber überraschend gut voran. Ist unter der riesigen Gipsmanschette vielleicht schon alles in Ordnung? Ich will da gar nicht hinterfragen, mir soll's recht sein, der Forstmann ist ein famoser Kumpel – und jeder seines Glückes Schmied. Das Kriegsende steht vor der Tür, was soll's.

In einem besonders rutschigen Hohlweg muß mein Begleiter dann in voller Lebensgröße in den Morast. Auweh, das schaut im Licht der Taschenlampe gar nicht gut aus. Doch, Gottfried steckt den Zwischenfall weg, als wäre nichts geschehen. Es hilft auch nichts – weder Fluchen noch Wehklagen –, wir müssen unseren nächtlichen Weg fortsetzen. Ohne weitere Zwischenfälle erreichen wir nach einiger Zeit unser Ziel. Ein viereckiger Kahlschlag, der mit einer Längsseite an eine Region saurer Wiesen grenzt. In diesem Grasfilz steckt, wie Gottfried zu erzählen weiß, das volle Jahr hindurch, Rehwild, Niederwild und viel Freßbares für Schwarzwild, das daher des Nachts gerne in die Wiesen wechselt.

Wir beziehen an den beiden Ecken des Schlages zur Grassteppe hin zwei Hochstände, die etwa 200 Meter voneinander entfernt sind.

Bald steigt der Mond über die Wälder und leuchtet in Schlag und Wiese. Die Sicht ist nach allen Seiten hin gut. Es dauert nicht allzu lange, und ich habe das erste Wild im Glas. Zwei Rehe, die weit draußen im Grasdschungel stehen. Doch heute habe ich anderes Wild im Kopf. Sauen, was für ein faszinierendes Wort!

Wo mag die Rotte wohl stecken, wenn überhaupt noch etwas übrig ist von ihr, aus der ich vor einigen Tagen einen Überläufer herausgeschossen habe? Ist bei dem Forstmann, der mir in kurzer Zeit zum väterlichen Freund geworden war, schon ein amerikanischer Offizier im Quartier? Ein jagender Cowboy womöglich, dem es auch nach Weidwerk gelüstet? Fragen, die keine Antwort finden.

Der Kanonendonner der Front schwillt an, wird schwächer und ist nach allen Himmelsrichtungen hin zu vernehmen. Wir sitzen also tatsächlich im Kessel, aus dem es kein Entfliehen mehr gibt. Wie lange mag es wohl noch dauern, bis die Amerikaner uns greifen? Die Jagd ist Ablenkung. Sie läßt mich immer wieder das Unheilvolle, das Grauen des Krieges vergessen.

Vor allem sind es jetzt die Waldränder, denen ich meine ganze Aufmerksamkeit widme, denn dort spukt es schon kräftig im Holz. Der vom satten Mondlicht übergossene Wald ist ein einziges Geisterreich! Allein das Spiel der Schatten, von dem der Grünrock in den Dämmerzeiten ein Leben lang begleitet wird, gibt so viele Rätsel auf. Dazu kommen verschiedene Geräusche; das Schrecken der Rehe, das Jauchzen der Waldkäuze, das Bellen der Füchse, das Röhren der Hirsche, um jetzt nur einige zu nennen. Ganz zu schweigen von der Geräuschkulisse, von der die kleine Tierwelt umgeben ist. Und schon im Banne all dieser Dinge stockt blitzartig mein Herzschlag! Vor mir am Waldrand, kaum eine Schrotschußlänge vom Hochsitz entfernt, sehe ich plötzlich zwischen Baumstämmen im Unterholz die Konturen eines massigen Wildkörpers. Oder was könnte es anderes sein? Natürlich denke ich zunächst an eine Täuschung, an einen Narrenstreich der Schatten, doch dann erkenne ich deutlich eine Bewegung, vielmehr eine Verschiebung der Dimension... Das von mir nicht ansprechbare Wild verharrt jetzt nicht mehr in der Mitte zwischen zwei Baumriesen, sondern hat sich näher an einen Stamm herangeschoben.

Ein Stück Hochwild? Der Basse, der den ganzen Winter über im weiten Umkreis seine Trittsiegel setzte und an allen Ecken und Enden Hochzeit hielt? Ich kann es beim besten Willen nur erahnen, nicht erkennen, geschweige denn mit Sicherheit ansprechen. „Der Bär etwa?“ fährt es mir plötzlich durch den Kopf! Mit zitternden Händen setzte ich die Büchse wieder ab – und greife abermals zum Glas. Bald wirkt der große, dunkel Wildkörper auf mich wie ein mystisches Wesen aus einer anderen Welt. Ich starre und starre mit tränenden Augen ins Nachtduster und komme zu keiner Entscheidung. Dann lösen sich mit einem Male – fast empfinde ich eine Erleichterung dabei – die verschwommenen Konturen des nichterkennbaren Schattenbildes auf. Zwischen Baumstämmen sehe ich noch einmal den langsam zerrinnenden Schemen. Aus...!

Die ungeheure Anspannung, die mich minutenlang gefangenhielt, fällt wie ein schwerer Stein von mir. Jetzt merke ich, daß ich in Schweiß gebadet bin. War's der urige Keiler? Der Bär? Hochwild schließe ich rein gefühlsmäßig aus, denn die Masse des Wildkörpers war dem Boden sehr nahe.

Stunde um Stunde verrinnt. Mitternacht ist längst vorbei. Allmählich schwindet in mir die Hoffnung, das unbekannte Wild könnte doch noch in die vom Mondlicht überfluteten Wiesen ziehen.

Der Kriegslärm kam auch allmählich völlig zur Ruhe. Man schläft wohl – hüben und drüben. Was wird wohl der neue Tag für uns bringen...?

Als Gottfried durch Blinkzeichen sein Kommen signalisiert, baume ich ab und berichte gleich an Ort und Stelle kurz von meinem nächtlichen Erlebnis. Wir beschließen, erst bei Tag Nachschau zu halten, wenn dazu noch Gelegenheit ist... –, um zu ergründen, ob eine Vision mich narrte oder ob ich tatsächlich nahe daran war, eine wahre „Lebensbeute“ zu machen.

Müde und ausgelaugt erreichen wir kurz vor Anbruch des neuen Tages das Haus des Forstwartes. Schlaf ist jetzt unsere Devise. Und wir werfen uns Morpheus auch sogleich in die ausgebreiteten Arme.

Mit einem Bärenhunger machen wir uns nach dem Erwachen über die von Gottfrieds Frau zubereiteten Bratkartoffeln, deren Duft das ganze Jägerhaus erfüllt. Es läßt sich gut tafeln in einem

Jägerhaus, in dem das Neue das Alte noch nicht verdrängt hat. Dieses besondere Flair, das so eine jagdliche Unterkunft auszustrahlen imstande ist, war für mich immer ein Teil meines Jagens.

Dann wollen wir aber wissen, genau wissen, was des Nachts mein Blut so sehr in Wallung gebracht hat. Ob es wirklich nur ein böser Traum war, wie Gottfried immer wieder lachend meint.

Ein Krad mit Beiwagen bringt uns an Ort und Stelle. Noch einige Schritte am Waldrand entlang, dann werden wir Gewißheit haben. Die Spannung knistert..., dann steht es klar und eindeutig vor uns im weichen Humusboden. Was ich seit den aufregenden Minuten während des Nachtansitzes fühlte, findet im untrüglichen Fährtenbild seine Bestätigung. Das „Nachtgespenst", das nicht aus der Dunkelheit des Unterholzes wollte, war tatsächlich ein Wildschwein, doch... was für eines!

Wir stehen vor Trittsiegeln, die Ehrfurcht einflößen. So eine mächtige Saufährte hatte ich nie zuvor gesehen. „Das war er", höre ich Gottfried neben mir. Die Stimme klingt dumpf und fern, als käme sie aus dem Weltraum. Meine Gedanken fliegen noch einmal zurück in die vergangene Nacht. – Noch einmal stockt dem Jäger der Atem, das Herz schlägt wild an die Rippen – die Sau steht im Fadenkreuz...

Es hing also wirklich nur an einem seidenen Faden, und ich hätte die Wildsau meines Lebens auf ihre mit Narben übersäte grobe Schwarte gelegt.

Im Geist sehe ich Keilerwaffen, mächtig wie Schnecken eines Muffelwidders. Doch was wäre gewesen, wenn...? Das Trittsiegel des Bären kommt mir in den Sinn! Wahrhaftig, Triumph und Schmach liegen beim Jagen oft sehr nahe beieinander! Und daher ist es in solchen Augenblicken auf jeden Fall klüger, den Finger nicht zu krümmen.

Nach unserer Rückkehr aus dem Revier waren mir noch einige gemütliche Stunden bei Gottfried gegönnt. Zu dem zweiten geplanten Nachtansitz kam es leider nicht mehr, da uns vor Einbruch der Dunkelheit ein übermächtiger Gegner griff.

Ich sehe noch heute das feiste, glänzende Gesicht des Negers, der mir feierlich versprach, meinen Ring und ein kleines, mit einem Brillanten besetztes Flugzeug, das ich den ganzen Krieg hindurch als Talisman an meiner Brust getragen hatte, nie aus seinem Besitz zu geben!

Was für ein Trost... nach dem Verlust der einzigen materiellen Kostbarkeit, die mir noch geblieben war.

Den größten Schatz aber, mein Gedankengut, konnte mir keiner klauen. Ebenso war es mir gelungen, mein „Kriegs-Jagd-Tagebuch“ durch alle Fährnisse zu schmuggeln.

Oben: Siesta
Unten: Was will der Mensch?

Nachher

Jahre nach dem letzten großen Völkermord besuchte ich den Vater eines gefallenen Freundes. Rainer und ich hatten eine gemeinsame Liebe: Die Jagd! Die Fahrt durch die Sommerlandschaft währte unsagbar lange. In den Abendstunden des zweiten Tages erreichte ich mein Ziel.

Das Haus, das ich betrat, schien ausgestorben. Doch schon mein erster Blick traf den prächtigen Auerhahn, der über dem offenen Kamin auf einem Lärchenast stand. Er mußte jedem, der die große Halle betrat, sofort ins Auge stechen. In Gedanken versunken, blickte ich auf den mächtigen Vogel. Erinnerungen stiegen aus dem Dunstkreis längst vergangener Zeiten. Tote nahmen Gestalt an...

In einer Kampfpause unterzog ein fachkundiger Landser den erbeuteten großen Hahn einer eingehenden Behandlung. Viele brauchbare Mittel standen dem Mann – der unbestritten ein Könner seines Faches war – ganz bestimmt nicht zur Verfügung. Dann ging das „Halbpräparat" mit einem Heimaturlauber auf große Fahrt – eine Odyssee nahm ihren Anfang. Einem Fußmarsch durch unwegsames Gelände folgte eine Fahrt mit dem Pferdewagen über Stock und Stein, durch kniehohen Morast. Schließlich ging's mit einem Kraftfahrzeug über Straßen, die in

Oben: Scherenschnitt
Unten: Entenreigen

Wirklichkeit keine waren. Sie glichen eher einer kraterübersäten Mondlandschaft. Im Anschluß daran nicht endenwollende Bahnkilometer in deutsche Gaue! Zu guter Letzt folgte die Übergabe des schon „anrüchigen" Pakets an die Post und die Fortsetzung der Reise, durch ausgebombte Städte ins Ungewisse. Niemand von uns wollte damals glauben, daß der Auerhahn – bzw. was von diesem noch übriggeblieben – in brauchbarem Zustand sein Ziel erreichen werde, doch wir hatten uns wohl alle getäuscht! Oder war der über dem Kamin prangende Urhahn ein „stellvertretendes" Präparat?

Schon wollten mich leise Zweifel umgarnen; auf einmal berührte urplötzlich eine Hand meine Schulter, und ich blickte ein wenig überrascht in das freundliche Gesicht eines betagten Mannes. Er hatte offenbar meine zweifelnden Gedanken erraten und sprach mit leiser, wohlklingender Stimme: „Ja, ja, das ist der Auerhahn, der meinem Sohn kurz vor seinem frühen Tod zur Beute wurde." An meinem zustimmenden, verstehenden Nicken erkannte mich wohl der alte Mann und bat mich, sein Gast zu sein.

Nach dem Abendbrot saßen wir vor dem Kamin, und mein Gastgeber erzählte mir mit kurzen Worten, daß seine Frau den Tod Rainers nicht lange überlebt hatte. Bald lag es an mir, die stumme Bitte des alten Mannes zu erfüllen, von den letzten Tagen seines Sohnes zu berichten. Unter anderem wollte der Gutsherr – selbst ein Leben lang begeisteter Weidmann – auch hören, wie es Rainer in den Wirrnissen des Krieges überhaupt möglich war, einen Auerhahn zu erlegen. Mein Freund berichtete davon wohl kurz in seinem letzten Brief, der dem Urvogel beigegeben war. Ausführlich sollte jedoch von diesem Jagderlebnis persönlich während eines bevorstehenden Heimaturlaubes erzählt werden. Das Schicksal wollte es anders...

„Wie schön wäre das Leben ohne diesen verdammten Krieg", hörte ich die Stimme Rainers neben mir. Völlig ausgepumpt von den Strapazen nächtlicher Erkundigungen im unwegsamen feindlichen Geländeabschnitt saßen wir an den Stamm einer riesigen Fichte gelehnt und ließen uns die wärmende Frühlingssonne ins Gesicht scheinen. Ich spürte die Kraft der Strahlen besonders auf den geschlossenen Augenlidern. Ein gebräuntes Gesicht stand uns damals gut. Bleichgesichter waren nicht gefragt und hatten ständig den Sensenmann zum Begleiter.

Tiefe, gleichmäßige Atemzüge verrieten mir, daß Rainer, der eben noch gesprochen hatte, in tiefen Schlaf gesunken war. Wir schliefen damals nicht nur in der Horizontalen, auch im Sitzen, im Stehen, manchmal sogar in der Bewegung. Und so verhielt es sich auch an jenem Morgen. Die vergangene Nacht währte für uns beide unsagbar lange, war strapaziös und nervenzermürbend. Wir trieben uns rund um die Uhr in der feindlichen Linie umher. Da aber auch unser Widerpart nicht schlief, erschwerten Spähtrupps von hüben und drüben einander das Leben. Die Spähtrupps von drüben wollten unsere Stellungen bzw. unsere Stärke erkunden. Ein vor der Tür stehender Angriff war die logische Folgerung. Wir wiederum wollten wissen, wann und wo „sie" kommen. Und all das vollzog sich in einem äußerst unwegsamen Gelände. Alle sperrigen Hindernisse, die man in Urwäldern findet, machten uns das Leben zur Qual. Regelrechte Windwurfbarrikaden, schier unüberwindliches, verkrüppeltes Unterholz und tiefe Schluchten, durch die Bäche mit eiskaltem Wasser schossen. Spielplätze des Teufels, gleichzeitig jedoch auch schützende Deckung für uns und unsere Kontrahenten. Die meiste Späh- und Erkundungsarbeit besorgten und überlebten(!) wir Jäger. Ausgeprägte, geschärfte Sinne von der Pirsch auf Wild ließen uns bei diesen gefährlichen Unternehmen besser aussteigen als die anderen.

„Schau", hörte ich mit einem Male die Stimme Rainers, den ich eigentlich noch im Land der Träume wähnte. Er wies mit ausgestrecktem Arm auf frische Hahnenlosung. Kein Zweifel, wir saßen unter dem Balzbaum bzw. am Balzplatz eines Auerhahnes. Was für eine Überraschung! Besonders Rainer war sofort Feuer und Flamme. Er hatte noch keinen Großen Hahn erlegt und wollte sich diesen im Niemandsland während der nächsten Erkundung holen. Ich gönnte ihm die Freude. Meine Trophäenwand zu Hause zierte ja bereits ein Auerhahn, den ich durch glückliche Umstände sehr früh erbeutet hatte. Manchen Grünrock küßt Diana wahrhaftig schon im zarten Knabenalter! Doch ganz so einfach – wie Rainer im Überschwang der Gefühle meinte – war diese Hahnenjagd sicher nicht. So durften wir dabei die Anwesenheit unseres nicht sichtbaren Gegners nie aus dem Auge verlieren. Zuallererst mußte jedoch der Kommandant des Stützpunktes – der, Huberto sei Dank, auch ein begeisteter Weidmann war – in unseren Plan eingeweiht werden. Mit den Worten: „Holt euch nur den Hahn, baut mir dabei aber keinen Mist“, hatten wir schnell die erste Hürde genommen. Ein feiner Kerl! Mit seinen knapp vierzig Jahren war er für Rainer und mich, gemessen an unserer Jugend, so etwas wie eine Vaterfigur.

Mit Eifer und Sorgfalt gingen wir dann an die Vorbereitung der Hahnenjagd. Alles klappte wie am Schnürchen. Mit einem Mal war sogar ein Jagdgewehr aus dem Troß in unseren Händen. Fast wie zu Hause gingen wir ans Werk. Nur das Kriegswerkzeug, das wir mitzunehmen gezwungen waren, erinnerte an die beklemmende Wirklichkeit.

Mit den Aufgaben eines vorgeschobenen Postens – im Umfeld des ausgemachten Balzplatzes – betraut, setzten wir uns in Bewegung, erreichten nach einem etwa einstündigen Marsch unser Ziel und bezogen in angemessener Entfernung ein Lager. Das war unbedingt notwendig, da jede Feindberührung nach hinten mit Leuchtzeichen gemeldet werden mußte. Und gegnerische Späher liefen uns bald einige über den Weg. Mit dem Abschuß von Leuchtkugeln wäre aber ein noch so liebestoller Auerhahn bestimmt nicht einverstanden gewesen! Zu unserer Freude tat sich in jener Nacht nicht allzu viel. Seltenes Störungsfeuer in der Ferne, dann und wann einzelne Leuchtzeichen in der feindlichen Linie, sonst nichts. Wir schliefen abwechselnd. Doch als der erste Schimmer im Osten zu erahnen war, horchten wir angestrengt in den dunklen Wald hinein. Mit einem Ohr nach feindlichen Spähern, mit dem anderen nach der erregensten Frühlingsstimme, die ein Grünrock zu erlauschen vermag. Der Wunsch, jetzt in einem heimatlichen Revier zu sein, bewegte uns in diesen Augenblicken wohl beide. Doch, wie so oft im Leben, die Glückseligkeit liegt meist an anderen Ufern.“

Der mir gegenübersitzende alte Mann nickte zustimmend, wie schon mehrmals während meiner Erzählung.

„Und in dieses angespannte, aufwühlende Horchen und Warten kam dann plötzlich, wie eine Stimme aus einer anderen Welt, das erste zaghafte Knappen eines Großen Hahnes. Ein leiser Morgenwind brachte uns die noch unvollständige Strophe vom Balzplatz her. Wir saßen wie gelähmt. So nahe am Ziel war uns mit einem Male der Glaube an einen möglichen Erfolg genommen. Wie das? Die widrigen Umstände, in denen wir uns damals befanden, mochten hiezu den Ausschlag gegeben haben. Krieg und Jagd mögen sich unter Umständen noch gedanklich verschmelzen lassen, in Wirklichkeit schaut die Sache jedoch ganz anders aus.

Mit klopfenden Herzen horchten wir abermals in den zaghaft aufkommenden Tag hinein, bis neuerlich der Balzgesang des Urhahnes aus dem Morgenduster kam. In freudiger Erregung machten wir uns auf, den großen Vogel anzuspringen. Ganz bestimmt wären wir jetzt völlig im Dunstkreis der Jagd versunken, hätte uns das verdammte Kriegswerkzeug nicht ständig an die grausame Wirklichkeit gemahnt. So aber mußten wir immer auf der Hut sein, daß an uns die Ausrüstung nicht schepperte und klirrte. Trotzdem: Springen, Stehenbleiben, angespanntes Horchen, wie es uns die Alten in der fernen Heimat gelehrt hatten. Es dauerte dann auch nicht allzu lange, bis Rainer und ich, vor Aufregung bebend, unter dem Balzbaum standen und dem Lied des Urvogels wie in Trance lauschten. In diesen Augenblicken waren wir wohl nur noch Jäger und vergaßen alle drohenden Gefahren in unserem Umfeld. Erst als nach dem Schuß Rainers der schwere Vogel mit Getöse durchs Geäst zu Boden prasselte, fanden wir schlagartig in die rauhe Wirklichkeit zurück. Ich schoß das mit unserem Stützpunkt vereinbarte Leuchtzeichen, dann machten wir uns schleunigst auf den Rückmarsch.

Zunächst schien alles gutzugehen. Beim Überqueren einer kleinen Lichtung, knapp vor den eigenen Linien, kamen wir dann doch noch in Bedrängnis. Einige feindliche Späher heizten uns aus dem Hinterhalt gehörig ein. Wir mußten die ganze Kraft unserer Jugend aufbieten – die Füße unter die Arme nehmen(!) –, um dem feindlichen Infanteriefeuer zu entfliehen, das auf der kleinen Lichtung lag. Das Glück war noch einmal mit uns. Als wir in der nächsten Deckung die Nase längst in den Waldboden bohrten, klatschten die lästigen Projektile noch immer rundum ins Unterholz.

Mit dem Blick auf den zwischen uns liegenden Auerhahn sprach Rainer plötzlich mit leiser Stimme: „Wenn ich es nicht getan hätte, könnte er noch leben.“ Schwang in diesen Worten eine bange Vorahnung mit? „Ach Rainer, vielleicht wäre der

Hahn von der nächsten Granate in tausend Stücke gerissen worden", gab ich zur Antwort. In diesem Augenblick ließ sich am Auge des Urvogels ein Schmetterling nieder und trank von dessen letzter Träne. Am ganzen Leib zitternd und bebend, setzte der Falter nach erholsamer Rast seinen taumelnden Flug ins Ungewisse fort. Wohl einer der ersten, denen damals der Schritt ins Leben gelungen war.

Als sich unsere Lungen einigermaßen beruhigt hatten, setzten auch wir in sicherer Deckung den Fußmarsch fort und erreichten alsbald den Stützpunkt. War das ein Hallo! Besonders der Kommandant war sichtlich erfreut über den glücklichen Ausgang. Das mußte gefeiert werden. Der „Alte" entnahm seiner eisernen Reserve einige Flaschen, und wir tranken den Hahn im kleinen Jägerkreis mausetot. Es waren glückselige, von Illusionen und Visionen beherrschte Stunden, die uns die Schwere der damaligen Zeit für kurze Zeit vergessen ließ! Dafür war der Einstieg in den grauen Alltag nachher umso erdrückender.

Schon einer der nächsten Tage brachte unserem Stützpunkt einen schweren Verlust. Noch während die rötliche Glut der aufgehenden Sonne auf der Stellung lag, schlug eine verirrte Granate in einen Erdbunker und löschte mit einem Schlag das Leben fünf junger Menschen. Auch Rainer, der in diesem Unterstand war, beklagten wir als Opfer."

Mehr konnte ich dem Vater meines toten Freundes nicht geben, als vom plötzlichen, schmerzlosen Tod seines Sohnes zu berichten. Er dankte es mir mit einem warmherzigen Blick, der bald wieder zu dem über uns thronenden Urvogel hinaufwanderte, wie so oft während der letzten Stunden. Man spürte deutlich, daß für den alten Mann der Auerhahn mehr als ein Präparat war, mehr als eine Trophäe im herkömmlichen Sinn.

Auf dem Rückweg in die Heimat führte mich mein Weg in ein Revier, in dem die Spuren des letzten Krieges noch sehr deutlich zu erkennen waren. Über Anhöhen und an Waldrändern entlang, schlängelten sich halbverfallene Schützengräben. Noch war es der Natur nicht gelungen, diese mahnenden Relikte gänzlich zu bedecken.

Während der Kriegsjahre war ich hier einige Male zu Gast auf den roten Bock, dessen Schußzeit auch jetzt wieder dem Höhepunkt zustrebte.

Das Wiedersehen mit meinem Freund war herzlich, aber leider sehr kurz. Die Worte, mit denen er mich empfing, sagen wohl alles: „Da ich eine Woche geschäftlich in der Schweiz zu tun habe, steht dir das ganze Revier zur Verfügung. Schieß einen wirklich guten Erntebock – weißt ohnehin, wo sie zu finden sind –, und wenn du nachher noch Zeit und Lust hast, schau nach dem Kümmerer am Hollerschlag. Das schlaue Biest hat mich heuer schon wochenlang an der Nase herumgeführt." Eine fulminante Begrüßung, eine Begrüßung wie ein Paukenschlag! Leider war es uns nicht vergönnt, gemeinsam zu jagen.

Die Stimme meines Freundes, der längst über alle Berge war, noch im Ohr, rüstete ich freudig zum ersten Pirschgang. Das Revier kannte ich von vielen Pirschen und Ansitzen wie meine Westentasche. „Will doch lieber mit dem Kümmerer beginnen", dachte ich und schlug den Weg zum Hollerschlag ein. Besagter Kümmerer, nichts anderes als ein dreijähriger Knöpfler, sollte meiner Meinung nach zuerst auf der Decke liegen, erst dann wollte ich nach den reifen Böcken Ausschau halten.

Nach einem halbstündigen Fußmarsch erreichte ich den Birkenhochsitz beim Hollerschlag. Vorsichtig stieg ich die Leiter hinauf, doch was ich von oben sah, war nicht sehr begeisternd. Bäumchen und Strauchwerk standen hoch im Schlag. Und selbst die wenigen vorhandenen Blößen waren von hohen Gräsern überwuchert. Ein üppig wogender Hochsommer! Ein bißchen bessere Sicht gab's an den Rändern des Schlages, der von einem Fichtenholz umgeben war. Nun, vielleicht half der Blatter. Doch weder das eine noch das andere half. Die ersten beiden Ansitze brachten nicht den geringsten Anblick. Wohl hörte ich einige Male hinter meinem Hochstand im Holz einen Bock treiben, doch am Hollerschlag zeigte sich kein rotes Haar.

Nun pirschte ich zum dritten Mal in Richtung Hollerschlag und wollte es – da das Wetter hochsommerlich schwül war – wieder mit einigen zarten, lockenden Fieptönen versuchen. Die Anwesenheit eines Bockes und reger Brunftbetrieb bekundeten taufrische Hexenringe, die mir bei meinen vorangegangenen Ansitzen am und rund um den Hollerschlag – er hatte seinen Namen von unzähligen Holunderstauden, die hier im Übermaß wucherten – ins Auge stachen.

Wie angenehm, wenn man auf einem ausgeputzten Pirschsteig den Hochstand erreicht. Schon wollte ich die Leiter hinauf, da trat kaum fünfzehn Schritte vor mir der Kümmerer aus dem dichten Staudengewirr. Erschrocken und starr äugten wir einander an. Derweilen der Bock – dessen kurze, knopfartige Stummeln ich ganz deutlich sah – mit giraffenähnlich erhobenem Träger einige Stechschritte auf mich zu machte, glitt die Büchse im Zeitlupentempo von der Schulter und nach dem Entsichern in den Anschlag. Schon war das Fadenkreuz in der Nähe des Trägers, da brach überraschend der Schuß – und der Bock warf sich, zu Tode erschrocken, aber frisch und munter, in die hohen Stockausschläge. Mit einem inbrünstigen Fluch auf den Lippen hastete ich die Leiter hinauf, repetierte und sah am gegenüberliegenden Waldrand den Hochflüchtigen zwischen zwei mächtigen Fichtenstämmen zur Ruhe kommen. Und was auf fünfzehn Gängen nicht hatte sein wollen, gelang nun auf die zehnfache Entfernung. Der Knopfer lag im Feuer. So schnell geht's manchmal beim Jagen, so schnell führt – wenn St. Hubertus will – der Weg aus einem jämmerlichen Tief in ein jubelndes Hoch.

Nun hatte ich also meinen Kümmerer und konnte in Ruhe die Jagd auf einen Erntebock in Angriff nehmen. Als ich dann den Birkenhochsitz verlassen wollte, weckte ein Blick auf den Gegenhang zu meiner Linken ein längst versunkenes Erlebnis...

Während meines letzten Heimaturlaubes, im beginnenden Herbst des vorletzten Kriegsjahres, zog es mich schon am zweiten Tag mit Gewalt in dieses Revier. Der Nebel hing damals so dicht in den Straßen, daß selbst das gegenüberliegende Haus nur schemenhaft zu sehen war. Trotzdem schlug ich alle gutgemeinten Ratschläge meiner besorgten Eltern in den Wind, setzte mich in das Postauto, und los ging die Reise! Die Jagd auf einen Rehbock um Ägidi im Land, wo die Kürbisse geerntet werden, war für mich schon in der Jugend mit ehrlicher, tiefer Freude verbunden.

Doch zunächst war der Postbus völlig dem Nebel ausgeliefert. Eine scheußliche Brühe, die jedes Fahrzeug zu einer lahmen Ente degradierte. Ich glaube, an jenem Tag waren sogar die

Vögel zu Fuß unterwegs! Die Autokolonne – meist Militärfahrzeuge – in die unser klappriger Bus eingekeilt war, kroch langsam, wie ein Tausendfüßler, die Paßstraße hinauf. Oben wurden alle fürstlich belohnt. Was ich insgeheim erhofft hatte, trat ein. Auf der Paßhöhe löste sich die dampfende Waschküche schlagartig auf, und strahlendes Sonnenlicht blendete die Augen. Es war, als würde man urplötzlich über den Horizont hinaussehen. Für wenige Augenblicke kam mir die Faszination des Fliegens in Erinnerung. In einem Flugzeug, das nach oben hin die Wolkendecke durchstößt und übergangslos von einem sonnenübergossenen, azurblauen Himmel umgeben ist, fühlt man ebenso. Das Stimmungsbarometer steigt dabei ins Unendliche. Und mir erging es an jenem Tag nicht anders. Der plötzliche Sonnenschein ließ schnell die Erschwernisse der damaligen Zeit vergessen. Das bevorstehende Wiedersehen mit dem Freund und mit dem herrlichen Revier vor Augen: welch einmalige Stimmung, in der ich mich befand!

Genau wie diesmal fand ich meinen Freund in Aufbruchsstimmung, voll adjustiert, fertig zur Abreise in die Hauptstadt, wo Unaufschiebbares zu erledigen war. Die Zeit reichte gerade noch für einen gemeinsamen Schluck aus der bauchigen Flasche, für Andreas einen kleinen, für mich einen doppelten, denn wenn ich zweimal umfiel, war ich ohnehin im Revier!

„Hier bitte die Schlüssel für die Hütte, und schieß einen guten Bock. Einen guten, hab' ich gesagt, hast du gehört?" Andreas wußte um meine Vorliebe für abnorme Böcke. „Und ich habe mich schon so auf gemeinsame gemütliche Stunden in der Jagdhütte gefreut", schmollte ich, schon am Weg zum startklaren Wagen. „Tut mir ja selber am meisten leid, doch die Sache ist zu wichtig, erzähle dir alles in ein paar Tagen, vielleicht bin ich dann schon zurück." Die Wagentür fiel schwer ins Schloß. „Servus und Weidmannsheil – einen guten, hab' ich..." Die weiteren Worte fraß gierig der aufheulende Motor, doch ich wußte ja, was gemeint war. Noch einmal die winkende Hand – aus.

Wenig später öffnete ich die Tür und alle Fenster der Jagdhütte, damit der Mief raus- und die würzige Waldluft reinkonnte. Wahrhaftig, in allen Jagdhütten hat es den gleichen spezifischen Geruch. Es sei denn, ein parfümiertes Wesen bringt einmal rein zufällig einen artfremden Duft in die heiligen Räume! Ich hielt es nicht lange in der Hütte aus, warf meine Büchse ins Kreuz und zog schon am frühen Nachmittag los. Wollte vor dem Abendansitz noch einen Besuch beim alten Gmeiner-Vater machen. Der achzigjährige Waldschrat hatte mir in puncto Böcke und Pilze schon manchen wertvollen Tip gegeben. Und sein süffiger Rotwein war ja auch nicht zu verachten. Trotz Freude an der Einsamkeit fand uns beide schon manche Stunde unter dem alten Nußbaum vor dem Keller vereint.

Langsam ging ich durch den Wald, aus dem der schwere Duft des Herbstes strömte. Wogende Reife an allem früchtetragenden Strauchwerk. Lange stand ich bei einer riesigen Brombeerhecke, die weit ihre stacheligen Bögen spannte und voll dunkel glänzender Früchte war. Ich ergötzte mich nun an den wohlschmeckenden Beeren – wohl das Köstlichste, was der herbstliche Wald neben späten gesunden Pilzen und Edelkastanien zu bieten hat. Und von all dem wollte ich reichlich haben und einen Ägidi-Bock dazu! Es mußte kein „guter" sein, wie mein Freund meinte, doch einen womöglich, dessen Erbeutung die ganze herbstliche Stimmung im Revier in meiner Erinnerung miteinbezog. Nicht das Gewicht der Rehkrone oder die Länge der Sauwaffen soll den Ausschlag geben, vielmehr das Erleben rund um die Erbeutung des Wildes. Die kapitalen Waffen eines Keilers, den man in einem Schweinestall – manche Gatter sind ja wahrhaftig nicht anders zu benennen – meuchlings ermordet, können doch wirklich nur der Prahlsucht, der Effekthascherei dienen.

Das Haus des alten Gmeiners stand am Rande des Waldes, man könnte auch sagen am Ende der Weingärten, die hügelwärts bis zum Wald hin reichten. Ich mochte den Alten sehr und bekam von ihm alles, was der Wald an Gaumenfreuden zu geben imstande war. Wie schon erwähnt, schätzte ich auch seinen blumigen Blaufränkischen, bei dem wir schon manche Stunde, über Gott und die Welt redend, verbracht hatten. Besonders im Herbst war der Blick über die bunten Weingärten hinweg, hinunter ins Tal, eine wahre Augenweide. Und da der Gmeiner-Vater die umliegenden Wälder wie seine Rocktaschen kannte, bekam ich von ihm schon manchmal brauchbare Hinweise für die Jagd auf den roten Bock.

Als mich der Alte erblickte, erhob er sich von der Bank, nahm eine stramme Haltung an und legte die rechte Hand salutierend an die Krempe des uralten, schwarzen Hutes. Ich zog den alten Mann an meine Brust und drückte stumm meine Wange an die seine. „Ich hob scho glaubt, i siach ihna nima“, meinte er leise, und in seinen Augen schimmerte es verdächtig. Er ging in den Keller und holte zwei Gläser und eine Flasche Blaufränkischen. Es dauerte nicht lange, und wir landeten bei dem Thema, das mir am Herzen lag. Der Gmeiner-Vater wußte auch an jenem Herbsttag von einem „ganz narrisch interessanten Bock“ zu berichten; dem Alten war längst meine Vorliebe für Abnormitäten bekannt!

„Von dem Bock hob i niemand erzöhlt, a net den Herrn Andreas“, meinte er mit listigem Lächeln. „Jetzt nach der Brunft werden die müden Böcke – wie jedes Jahr – nur langsam auf die Läufe kommen und ganz spät austreten“, meinte ich sinnierend. Drauf der Gmeiner-Vater: „Jo, oba der Bock is wert, daß ma anige Ansitze opfert.“

Bei diesen Worten wurden meine Ohren immer länger, und als ich wußte, wo der Bock zu finden war, hatte ich mit einem Male kein Sitzfleisch mehr. Der Alte bedachte mich verständnisvoll mit einem herzlichen Weidmannsheil, und ich stiefelte los. Hinter dem Haus lag im Obstgarten ein riesiger Berg farbenprächtiger Kürbisse. Ihr strahlendes Gelb leuchtete in der Sonne, verdeutlichte einmal mehr die herbstliche Stimmung, der man in diesem Landstrich um Ägidi auf Schritt und Tritt begegnet.

Noch war eine Menge Zeit bis zum Abendansitz, doch der bergwärts führende Weg zum Sauriegelschlag zog sich. Überall standen Herbstzeitlosen, Künder des Wandels, der viele Menschen melancholisch stimmte. Doch noch wollte ich nicht an ziehende Nebel und aufkommende Stürme denken, noch lag ein beglückender Spätsommer über den Eichenwäldern, in die ich erwartungsvoll hineinging.

Nach einiger Zeit saß ich auf dem Hochstand, der inmitten des Sauriegelschlages stand und einen guten Ausblick nach allen Seiten hin bot. Auch der tiefe Graben, der von unten her den Schlag bis zur Hälfte durchschneidet, war aus luftiger Höhe gut einzusehen. Eigenartig bewachsenen Schluchten und Gräben haftet meist etwas Geheimnisvolles an. Woran das wohl liegt?

Vielleicht am Blick, der sich in der Tiefe verliert, ohne diese ausloten zu können. Beim Jäger ist's vielleicht der Gedanke an uriges Wild, das in solchen tiefen, dunklen Gräben gerne seine Einstände hat.

Teuflisch, wie hoch die Stockausschläge und die übrigen Sträucher in die Höhe geschossen waren. Davon erzählte der Gmeiner-Vater eigentlich nichts. Hier war es bei Gott nicht leicht, einen Bock in Anblick zu bekommen, geschweige denn auf die Decke zu legen. Es gab recht wenige Blößen im üppig wuchernden Blattgewirr. Dafür musizierten die Grillen um die Wette, als wüßten sie, daß ich dieses Konzert – schon von Kindheit an – über alles liebe. Schäferwolken am Himmel, in dem einige Bussarde majestätisch ihre Kreise zogen, kündeten auch für die kommenden Tage Schönwetter an.

Langsam ging der Tag seinen gewohnten Weg. Der Abend kam, doch kein Reh wollte aus der Deckung. Ganz spät endlich ein roter Schimmer im bunten herbstlichen Blattwerk. Ein Reh! Ein Bock? Du lieber Himmel, welch ein Gewirr von Enden auf diesem Haupt, das konnte nur der vom alten Gmeiner beschriebene Abnorme sein! Schnell die Büchse an die Wange! Doch wo war er, der den Abend noch so spannend machte? Versunken im Staudengewirr, als hätte es ihn nie gegeben. Stilles, aufwühlendes Warten! Nur von dem einen Wunsch getragen, der Bock möge sich vor dem Schwinden des allerletzten Büchsenlichtes doch noch einmal zeigen – ein Wunsch, der nicht in Erfüllung ging. Nur fernes, kaum hörbares Hundegebell kam aus der Tiefe des Tales. Na schön, der Abendansitz war ergebnislos verlaufen, doch morgen, morgen konnte es anders sein. Ich schlich recht vorsichtig zum Weg, um den Bock im Schlag nicht zu vergrämen. Wahrscheinlich hatte er sich schon irgendwo gebettet, oder er naschte noch an der üppigen Äsung, um die in der Brunft verlorenen Kräfte wiederzuerlangen.

Der Abend in der Hütte wurde mir nicht lange. Ein Buch half mir über die Einsamkeit hinweg. Was wären doch einsame Stunden ohne Lektüre!

Pünktliches Erwachen und baldiger Abmarsch zum Sauriegelschlag. Der Abnorme spukte mir schon in der ersten Morgenstunde ganz gewaltig im Kopf herum. Daß in der Nacht schwerer Tau gefallen war, spürte ich bald an den Beinen.

Aus dem Wald stieg ein starker, herber Geruch, dem die Überreife, die einsetzende Fäulnis der Pilze anhaftete. Es mag nicht mehr allzu lange dauern, und die ersten Eicheln und Edelkastanien werden zur Freude des Schwarzwildes von den Bäumen fallen.

Auf der Höhe des Hügels strich über den Sauriegelschlag ein leiser, beständiger Morgenwind. Er wehte mir direkt ins Gesicht. Vorsichtig schlich ich zum Hochstand und stieg langsam die Leiter hinauf. Froh darüber, daß diese Pirsch ohne Zwischenfall gelungen, daß kein Reh schreckend abgesprungen war, wartete ich geduldig auf das erste Licht, auf den kommenden Morgen. Bald nahmen Bäume und Sträucher Gestalt an, erwachten die Farben aus ihren nächtlichen Schlaf. Doch all das anstrengende Schauen wollte nichts nützen, weder im Schlag noch im Graben war ein roter Schimmer zu erspähen. Doch plötzlich stand, wie aus dem Nichts gezaubert, eine Geiß kaum zwanzig Gänge neben dem Hochsitz. Sie konnte sich nur aus ihrem nächtlichen Bett erhoben haben. Mit freiem Auge sah ich, wie das Reh Blatt für Blatt von den Sträuchern zupfte. Nicht eines nach dem anderen, sondern da eines, dort eines, anscheinend nur für Rehe erkennbare Leckerbissen. Der ständig mahlende Äser füllt unaufhörlich den Weidsack. Die braunen Lichter sahen dabei ausdruckslos ins Leere, dachte ich, doch plötzlich warf die alte Schachtel auf und äugte starr zu mir herüber; wie vorhin der Knöpfler, als er fünfzehn Meter vor mir stand. Nein, bitte jetzt kein über Schlag und Graben hin plärrendes, häßliches Schrecken und prasselndes Abspringen. Dem Himmel sei Dank, die Alte war nach einer Weile wieder vertraut, zog langsam weiter und verschwand so schnell, wie sie gekommen war. Dann lange nichts. Allmählich jedoch der langsam aufkommende Gedanke:

„Das wird halt wieder einmal alles gewesen sein." Doch gleich darauf griff schlagartig die Spannung nach mir. Ziehendes, immer wieder auftauchendes und versinkendes Rot im üppig wuchernden Farn, tief unten im Graben. War das ein quälendes Warten. Es dauerte unendlich lange, bis das Haupt des ziehenden Rehes für einige Augenblicke frei aus dem grünen Dschungel tauchte und ich den wirren Kopfschmuck des Gesuchten mit Sicherheit ausmachen konnte. Das war eine Freude und ein

Nervenkitzel zugleich, denn der Bock wollte nicht zur Ruhe kommen, zog, zog und zog! Einige Male wollte ich schon den weiten Schuß in Lücken von Farn und Strauchwerk wagen. Gut, daß ich's nicht tat, daß ich die Nerven unter Kontrolle halten konnte.

Denn kaum aus der Deckung, auf einer kleinen Lichtung inmitten des herbstlich bunten Waldes, stand der Abnorme mit einem Male wie eine Statue aus rotem Marmor! Ein prachtvolles Bild wie auch die Hochflucht, mit der der Heimliche die Kugel quittierte. Versunken im kühlen mannshohen Farn, im tiefen Graben, fand ich später meinen Ägidibock. Das abnorme Geweih hielt, was es versprochen hatte. Eine Stange ist einer Becherkrone en miniature sehr ähnlich. Ein Geweih, das an meiner Trophäenwand gute Gesellschaft finden sollte.

Schweißtriefend, aber glücklich kam ich mit meiner Beute um die Jausenzeit zum Gmeiner-Vater, der Schuß und Kugelschlag vernommen hatte. Am Tisch unter dem Nußbaum war daher alles für ein herzhaftes, ländliches Frühstück gerichtet. Zu so früher Stunde konnten wir meinen Ägidibock mit dem süffigen Blaufränkischen natürlich nicht tottrinken, doch einen „würdigen Nachruf" haben wir den „Sauriegel-Bock" bei Speis und Trank gehalten.

Rundum konnte man viele herbstliche Symbole wie Kürbisse, Nüsse, reife Trauben an allen Weinstöcken und auf dem Tisch einen Korb voll herrlich duftender Pilze sehen. Es schien, als rüste man zu einem Erntedank. Dazu der sonnendurchflutete, stillverträumte Herbsttag, der einen Bock bescherte... Als nach einigen Monaten mit der Feldpost die Nachricht vom Heimgang des Gmeiner-Vaters kam, ist mir sehr schwer ums Herz geworden...

Allmählich war es Zeit, den Kümmerer zu holen. Langsam umschlug ich im Hochholz den Hollerschlag, um mir den Kampf mit dem verfilzten, stellenweise mannshohen Staudenwerk zu ersparen. Dann konnte ich lange den Bock nicht finden, bis ich ganz plötzlich vor dem am Anschuß gebliebenen Abnormen stand. Was wohl der Jagdherr beim Anblick der beiden dunkelbraunen Knöpfe sagen wird? Auch der alte Gmeiner, wäre er noch am Leben, hätte er eine Freude an diesem Bock. Solche und andere Gedanken wälzte ich während der besinnlichen

Minuten vor der roten Arbeit; und später auch am Heimweg mit der gar nicht leichten Beute am Buckel. Wie selten diese Art des Bringens im Zeitalter der übelriechenden Benzinkutsche und ihres Kofferraumes heute doch geworden ist!

Jetzt konnte ich mich also in Ruhe und mit Genuß dem Erntebock zuwenden. Und dabei stand mein Sinn nach einem ganz besonderen Revierteil. Mit „entlegen und schwierig" ist er kurz und bündig zu umreißen. Nach fast zweistündigem Anmarsch steht man vor einem uralten Fichtenbestand, den noch nie eine Axt entweihte. So wie die Baumriesen fielen, so vermoderten sie auch, und auf ihren Rücken wuchs die nächste Fichtengeneration heran. An den Rändern dieses Urwaldes findet man heute noch – wie schon erwähnt – Stellungen aus dem zweiten großen Völkerringen. Teile dieser Stützpunkte waren zweifellos heiß umkämpft. Skelettfunde von deutschen und russischen Soldaten legten – noch lange nach dem Ende des Krieges – davon Zeugnis ab. Wahrscheinlich schlummert auch manch einer von den Ärmsten im Inneren des Waldes den langen ewigen Schlaf. Unentdeckt, vergessen, verloren. Und dieser Urwald zog auch meinen Freund und mich immer wieder fast magnetisch an, da wir wußten, daß dort urige Böcke ihren Einstand hatten. Natürlich standen in diesem Wald auch Rehböcke, die man einmal und nie wieder sah. So gut die Herren im roten Frack in diesem Altholz waren, so schwierig gestaltete sich ihre Bejagung. Pirschgänge waren von vornherein ausgeschlossen, und da es zwischen den toten und lebenden Baumriesen kaum eine Lichtung gab, saßen wir auf Wechseln – die gleichzeitig unsere Pfade waren – an. Nach ewiglangen erfolglosen Ansitzen kehrten wir manchmal dem Urwald fluchend den Rücken, kamen aber immer wieder reumütig zurück. Der urige Bestand, in dem wir beide genügend Platz fanden, war riesengroß; außerdem war Jagdneid eine uns unbekannte Eigenschaft.

Nun war ich also wieder hier und rüstete mich für lange Ansitze, bei denen die Liebe zu dem Urwald manchmal eher einer Haßliebe gleichkam. So fühlte ich auch damals am Ende meines vierten stundenlangen erfolglosen Ansitzes. Nur die aufregende Geräuschkulisse treibender Rehe hielt mich noch im alten Fichtenbestand. Immer wieder hörte ich die prasselnden, lärmenden Hochzeitsfahrten, sah Bewegung und blitzendes Rot in Farn und Unterholz, doch weiter nichts. An ein Ansprechen war gar nicht zu denken. Veränderte ich meinen Ansitzplatz, trieben die Rehe dort, wo ich vorher stundenlang saß. Mein Entschluß stand fest: Ich wollte mich nur mehr auf Gedeih und Verderb an einem einzigen Platz ansetzen. Hiezu wählte ich einen mächtigen eiförmigen Stein, der mit bärtigen Moosflechten über und über bedeckt war. Auf diesem ovalen Felsblock konnte ich notdürftig liegen und dabei einen stark befahrenen Wechsel, nach beiden Seiten etwa zwanzig Gänge, einsehen. Natürlich war da und dort auch noch ein Loch in der üppigen Vegetation. Wendete ich meinen Blick zurück, waren zwischen den mächtigen Fichtenstämmen am erhöhten Waldrand einige Erdauswürfe von den alten Schützengräben zu sehen. Diese Buckeln und eine sturmzerzauste, grotesk geformte vielarmige Wetterfichte stachen vom dahinterliegenden Horizont scharf ab; das Ganze erinnerte ein wenig an einen Scherenschnitt. Ich kann nicht sagen warum, aber mein Blick suchte immer wieder die alten verfallenen Stellungen. Vielleicht war es das Gefühl, der Beengtheit, der Düsterkeit des Urwaldes zu entfliehen, wenn das Auge den weiten, blauen Himmel hinter den Schützengräben sah.

Das Liegen auf dem Stein war bereits nach kurzer Zeit mehr als anstrengend, nach einer Stunde kaum zu ertragen. Ich war wirklich froh, die Dämmerung ins Holz kriechen zu sehen. Einmal mußte das „steinige“ Unternehmen ja ein Ende haben!

Als ich spät am Abend wieder einmal – wie so oft zuvor – meinen Blick zurückwendete, stand oben bei den Schützengräben auf einem Erdbuckel gegen das letzte Licht des Tages die

Links oben: Weidwerk und Fischweid
Rechts oben: Wasser, ein Lebenselixier
Unten: Rasch in die Deckung

Silhouette eines starken Rehes. Das war nun der perfekte Scherenschnitt! Endlich lagen meine geschundenen Knochen in der neuen Richtung, und das Glas zeigte einen Bock mit starker, wuchtiger Krone. Ein genaues Ansprechen war natürlich nicht mehr möglich, doch allein das gedrungene Gebäude des Rehes ließ keinen Zweifel offen. Dort oben stand ein alter Bock! Doch wie schießen? Nach dieser Seite hin war ich in keinem Fall gerüstet. Schnell also die Füße hinunter zum Wildwechsel. Mehr hängend als stehend raffte meine Hand alles zusammen, was als Auflage dienen konnte. Endlich hatte ich den Bock, der dort oben immer noch – und wer weiß, wie lange schon? – wie aus Erz gegossen stand, im Fadenkreuz. Die Kugel fegte die Rehsilhouette vom Horizont, als wäre sie nie dort gewesen. Ein wenig benommen von den Geschehnissen der letzten Augenblicke, zog ich mühsam meine langen Beine wieder auf den eiförmigen Stein.

Rundum war Friede, nur leises Insektengesumm, taumelnder Falterflug und nichts, rein gar nichts verriet, daß dort oben bei den alten Schützengräben mein Bock in seiner warmen Fährte verendet lag. Hoffentlich, doch ich war mir meiner Kugel ganz sicher! Wie schön ist es, diese Zeit mit der mitschwingenden Vorfreude auszukosten! Inzwischen war beim beginnenden Flug der Glühwürmchen, die wie kleine Irrlichter durch die Dunkelheit geisterten, im Holz das letzte Büchsenlicht erloschen. Langsam ging, vielmehr kroch ich am Wechsel zurück und wendete dann meine Schritte hinauf zu den nahen, verfallenen Stellungen. Ein auffrischender Wind strich mir plötzlich direkt ins erhitzte Gesicht. Wie wohl das tat! Im Inneren des Waldes rührte sich kein Lüftchen.

Oben: Auch ein Kapitaler
Unten: Kürbisse – Symbole des Herbstes

Bald erreichte ich den Anschuß und sah trotz des kargen Lichtes die Spur der letzten Flucht meines Bockes. Der reichlich verspritzte Lungenschweiß ließ keinen Zweifel offen, daß er da unten in der Dunkelheit des Schützengrabens, eingebettet in mannshohe Brennesseln, liegen mußte. Und dann zog ich den Methusalem von einem Bock mühsam auf den Erdwall, von dem er durch die Kugel aus meiner Büchse geworfen worden war. Was für eine Krone, in die ich bald griff! Wohl schon zurückgesetzt, aber starke, gedrungene Stangen, mit Perlen geradezu übersät. Ein „echter Urwaldbock"!

Der Nachtwind harfte schon in den Nadeln der mächtigen Fichten, als ich mich auf den langen, beschwerlichen Heimweg machte.

„Manöversau“

Von den herrlich duftenden Bratwürsten und durchzogenen Speckstücken troff Fett in die Glut und verzischte in kleinen bläulichen Flämmchen. In Flaschen und Gläsern funkelte das Granatfeuer des Blaufränkischen, des vollmundigen, bodenständigen Rebensaftes, den schon die Römer zu schätzen wußten. Stimmungsvolle Mittagsstunde!

Ich hatte an jenem Tag die Offiziere meines Bataillons, vor Beginn der Manöver, zu einer Besprechung in den Einsatzraum beordert und sie im Anschluß daran in der Mittagsstunde – um sie wieder ans „Leben im Feld“ zu gewöhnen – zu Speis und Trank ans Feuer geladen.

Mit von der Partie war auch noch der am TÜPL für Forst und Jagd zuständige Forstmeister O., ein väterlicher Freund, der für meine unersättliche Passion als Grünrock immer ein offenes Herz hatte.

Und so meinte auch damals der Forstmann am Feuer nach einigen Gläsern Rotwein:

„Im Abschnitt deines Bataillons zieht ein starker Keiler seine urige Fährte. Er nimmt fast regelmäßig eine Suhle an, die unweit deines Gefechtsstandes zu finden ist. Er steckt ganz sicher in einer Eichenjugend, die sich über den großen Hügel breitet.“

Bei diesen Worten spielten meine Ohren wie die Radarlöffeln eines Alttieres, und ich wußte genau, daß meiner Manöverausrüstung auch das Jagdzeug beizugeben war. Diese Chance ließ ich mir natürlich nicht entgehen.

Abends, im Kasino, während alle meine jungen Offiziere schon im Manövertaumel schwelgten, bejagte ich mit Forstmeister O. – zunächst in Worten und Gedanken – schon recht hinhaltend das legendäre Hauptschwein, das im Laufe der Nacht immer urigere Dimensionen annahm.

Der Forstmann war ein echtes Original; sehr gesellig und vor allem unbeschreiblich trinkfest. Wahrhaftig, es schien, als hätte er in seinem Inneren – wie manch andere einen Herzschrittmacher – ein Gefäß eingebaut, in das der konsumierte Alkohol floß, ohne eine Wirkung zu hinterlassen. Von ihm erzählte man u. a., daß ihm einmal während einer Waldbegehung eine Sandviper gebissen habe. Der Forstmann zeigte keinerlei Wirkung, das äußerst giftige Reptil sei hingegen nach kurzem Todeskampf an Alkoholvergiftung verendet.

Kein Wunder also, daß man bei jeder sich bietenden Gelegenheit versuchte, dem trinkfesten Waldläufer auch einmal einen Kapitalrausch anzuhängen. – Und so hatten es an jenem Abend im Kasino auch meine Offiziere im Sinn. Immer wieder prostete ein anderer dem Forstmann zu, um ihn zum Trinken zu animieren. Doch wie so oft im Leben läuft man Gefahr, selbst in die Falle hineinzutappen, die man für andere aufgerichtet hat.

Als ich nach längerer Diskussion mit einem ministeriellen „Tintenkleckser" von der Bar zu meiner Tischgesellschaft zurückkehrte, traute ich meinen Augen kaum. Ging hier die Inszenierung eines Passionsspieles mit den schlafenden Jüngern am Ölberg über die Bühne, oder befand ich mich auf einem improvisierten Truppenverbandsplatz? Schlafende Vaterlandsverteidiger in allen unteren Offiziersrängen und arg gelichtete Stuhlreihen veranschaulichten deutlich, daß der trinkgewaltige Waldläufer wieder einmal kräftig zugeschlagen ... und meine Offiziere reihenweise unter den Tisch getrunken hatte.

„Hoffentlich sind deine jungen Leutnants beim Kriegsspiel besser als hier im Kasino ... im Gespräch mit Bacchus", meinte er und empfahl sich kerzengerade, mit einem verschmitzten Lächeln auf den Lippen. Seine Retourkutsche – er merkte natürlich recht bald, was man mit ihm vorhatte – war wieder grauenhaft ausgefallen ...

Am letzten Tag meiner Bataillonsübung überbrachte mir ein Melder am späten Nachmittag einen Brief, der den Aufdruck „Streng geheim" trug. Na nu?

„Von wem?"

„Von einem Zivilisten, der im Offizierskasino auf sie warten will. Der Mann schaut aus ..."

„Wie schaut der Mann aus?"

„Wie ein Subversiver."

Ich las die wenigen Zeilen und unterdrückte ein Schmunzeln. „Die Sache geht in Ordnung“, sagte ich dann zu dem diensteifrigen Melder, der mich ein wenig ungläubig ansah, bevor er meinen Gefechtsstand verließ.

Die Zeilen kamen von Forstmeister O., der mich in der kommenden Nacht auf besagtes Hauptschwein führen wollte. Darauf hatte ich mich schon tagelang gefreut. Jetzt war die Nachricht endlich da. Mond und Wetter waren günstig und nichts, rein gar nichts stand dem „Unternehmen Wildschwein“ im Wege.

Die Kompanien meines Bataillons rückten in die Kaserne ein. Nach dem anstrengenden, entbehrungsreichen Leben in den kalten Stellungen waren alle froh, endlich wieder in einem ordentlichen Bett schlafen zu können. Nur einer verzichtete freiwillig auf dieses Vergnügen, und das war ich. „Ein verrückter Jaga“, wie meine geliebte Angetraute es immer so treffend zu formulieren wußte. Nun, in manchen Fällen mochte sie ja wahrhaftig recht haben!

Nach den mehrtägigen Übungen war im Wald wieder Ruhe eingekehrt. Vorbei die langen Feuergefechte am Tag und vorbei auch die Geplänkel der aufeinanderprallenden Spähtrupps während der Nachtstunden. Das Wild ist aber auf allen Truppenübungsplätzen an die von Soldaten verursachten Geräusche und Störungen einigermaßen gewöhnt, daher waren wir fast überzeugt, daß auch der urige Keiler noch fest in seinem Einstand stecken werde. Wahrscheinlich in der total überfilzten Eichenjugend, die garantiert von keinem übenden Landser angenommen wurde. Das Schwarzwild fand sich aber auch in einem an das Eichendickicht angrenzenden verwilderten, verbuschten alten Steinbruch, in dem sich nie ein Zweibeiner verirrte. Selbst die Treiber bei den winterlichen Riegeljagden mieden den aufgelassenen Bruch wie der Teufel das Weihwasser. Kein Wunder also, wenn sich in dieser paradiesischen Wildnis immer wieder Schwarzkittel einschoben und der eine oder andere Jahre hindurch seine Schwarte vom Blei der Jäger reinhalten konnte.

Und so hatte es vielleicht auch das vom Forstmeister beschriebene Wildschwein geschafft, ins reife Bassenalter zu gelangen. Ganz geheuer schien mir allerdings diese Prophezeihung nicht, daß die Hauptschweine – sofern sie vier Läufe hatten(!) – auch damals schon rar gesät waren. Nun, in der nächsten Mondnacht werden wir sicher schon mehr wissen...

Schulter an Schulter saßen wir auf dem engen Hochsitz an der Suhle und analysierten die mannigfachen Geräusche der kalten Herbstnacht.

Vieles Getier war unterwegs. Mäuse raschelten, Käuze lachten, Rehe schreckten, und der heisere Ruf der Wildgänse kam immer wieder aus höheren Regionen zu uns herunter. Die Langhälse aus dem Norden, wo der Winter schon seinen Einzug halten mochte. Sobald dort Seen und Wasserläufe zufrieren, machen sich die Wildgänse auf den Weg in wärmere Gefilde. Der nahe Neusiedler See wird von vielen als Winterquartier bezogen. Deckt auch den Steppensee eine starre Eisdecke, geht die Reise der Langhälse weiter bis Afrika.

Es war noch gar nicht sehr spät, und der Mond leuchtete schon recht kräftig durch die Kronen der mächtigen Eichen. Das Spiel der Schattenbilder nahm seinen Anfang und narrte uns stets von neuem. Zerrbilder entstanden und versanken wieder in der Nacht.

Auf einmal lehnte der Forstmeister seinen Kopf ganz nah an mein Ohr und sagte: „Riechst du auch schon die Wildschweine?“

Ich schüttelte verneinend den Kopf, da mir nur eine starke Alkoholfahne um die Nase wehte. Mein Freund mochte vor Antritt der Jagd wohl wieder irgend jemand von seiner Trinkfestigkeit überzeugt haben, dachte ich, da splitterte in allernächster Nähe krachend ein dürrer Ast. Mich schauderte! Ein mit dem Ellbogen raffiniert geführter Rippenstoß – er sollte mir wohl ausdrücken: „Hab' ich's dir nicht gesagt?“ – ließ mich gleich ein zweites Mal wie einen ertappten Einbrecher zusammenfahren.

„Leise die Büchse entsichern“, keuchte mich neuerlich mein akademischer Pirschführer an, und abermals verschlug mir eine sagenhafte, mit Knoblauchduft garnierte Alkoholfahne den Atem. Wenn nur die Wildsau davon nichts in den Wurf bekommt, war mein flehentliches Stoßgebet zu Hubertus. Und da schob sich auch schon ein mächtiger, dunkler Schatten gespenstig vor zwei nebeneinanderstehende hell leuchtende Mahlbäume, die nahe dem Wasserloch von Wildschweinen stark frequentiert waren. Es dauerte nur Sekunden, dann machte es „plantsch“, und die Sau warf sich genüßlich in die Suhle, daß der Dreck rundum ins nahe Dürrlaub spritzte.

„Links ist das Haupt – warte aber, bis die Sau wieder steht“, flüsterte die Alkoholfahne, und ich war froh, daß mir in diesem Augenblick ein leiser Windhauch ins Gesicht blies. Das Schlammbad der Sau wollte kein Ende nehmen, und die Spannung stieg von Sekunde zu Sekunde. Meine Nerven kribbelten und krabbelten – das rechte Auge hinter dem Fernrohr begann allmählich leicht zu tränen. Da kam das Wildschwein plötzlich mit einem häßlichen, schaurigen Grunzton auf die kurzen Läufe, und die Kugel fuhr ruckend aus dem Lauf meines 7x74er Repetierers.

Eine heiße Welle schlug mir ins Gesicht. War ich überhaupt richtig drauf oder tippte mein Finger nur auf den Abzug, weil mich das infernalische Grunzen erschreckte?

Nein, nein! Aus der Dunkelheit des Waldes kam schon die frohe Kund. Nach einem kurzen, berstenden Wegbrechen... heftig stampfendes Schlegeln an ein und derselben Stelle. Noch einmal drang das klappernde Wetzen des Gewaffs an unser lauschendes Ohr, dann war's wieder mäuschenstill an der Suhle im riesigen Eichenwald.

„Weidmannsheil – sie marschiert schon in den Sauhimmel“, meinte lachend der Forstmeister und drückte mich an seine breite Brust.

„Jetzt nur keinen Kuß auf russische Art“, dachte ich mit Besorgnis und löste mich lachend aus der stürmischen Umarmung des Alten.

Eines vorweg: Es war nicht der vermeintliche Basse, aber meine Freude über den angehend hauenden Keiler kannte auch keine Grenzen. Möglicherweise war diesem der Schreck in den schwarzen Kittel gefahren, als er in der Suhle plantschend die Annäherung des Hauptschweines vernommen hatte und deshalb so schnell auf die Läufe kam. Was soll's! Hätten wir zugewartet, wäre vielleicht ein Hirsch statt dem Bassen ans Wasserloch gekommen. So spielt das Leben!

Nachdem die Sau aufgebrochen und verblendet war – mein Freund fungierte dabei als „Beleuchter“ – fuhren wir zurück in die Kaserne. Unser Weg führte schnurstracks zum Offizierskasino, wo wir zwei wichtige Dinge zu erledigen beabsichtigten. Der zuständige Revierjäger sollte telefonisch mit der Bringung des Keilers beauftragt werden, und dann wollten wir in aller Ruhe mein Weidmannsheil begießen, um dem überlieferten Brauchtum zu entsprechen sowie unseren unbeschreiblichen Durst zu löschen.

Als der Wagen vor der Offiziersmesse ausrollte und unser Gaumen schon hörbar nach kühlem Naß lechtzte ... polterte, o schreck, General R. aus der Tür. Kein Zweifel, der brummige Offizier hatte nach mir gesucht.

„Wo, zum Teufel, steckst du“, brüllte er in meine Richtung und sprang dabei wie Rumpelstilzchen von einem Bein auf das andere. Meine (Falsch)meldung ignorierend schnaubte der General mit gefletschten Zähnen:

„Mir scheint, ihr beide kommt ja von der Jagd?“

„Was für eine ungeheure Unterstellung, in der Nacht ist doch die Jagd verboten, das müßte sogar ein General wissen“, krächzte mein Pirschführer mit total ausgetrockneter Kehle und ließ seine schwere Pranke auf die Schulter des Generals fallen, so daß dieser mit einem Bein deutlich einknickte. Beide kannten einander schon eine Ewigkeit und konnten auf unzählige gemeinsame Bacchusfeste zurückblicken. – Waren da etwa Vernaderer oder andere Lemuren am Werk, die den General zu so später Stunde auf den Plan riefen? Nein, reiner Zufall war's, wie wir nachher erfuhren.

Ich stand noch immer wie ein begossener Pudel im Gelände und fühlte deutlich: Egal, was ich jetzt sagen würde, es wäre falsch. Obendrein übernahm mein väterlicher Freund bravourös die Initiative und schob den mißgestimmten Lampassenträger kurzerhand zurück ins Offizierskasino. Ein zweiter langer „Nachtansitz“ nahm seinen Anfang.

Es war allgemein bekannt: Auch General R. war kein Feind eines guten, bekömmlichen Tropfens, nur zog er im edlen Wettstreit mit seinem Freund, Forstmeister O., garantiert den kürzeren. Mir konnte das an jenem Abend nur recht sein. Je weniger vom Dienst gesprochen wurde, desto besser!

Zunächst reinigte ich einmal meine „roten Hände“, dann brachte ich mein Äußeres in Ordnung. Geschniegelt und gebügelt bat ich nach geraumer Zeit bei den beiden Herren – sprich:

Brüder in Bacchus –, die schon recht wortreich agierten, Platz nehmen zu dürfen. General R. gestattete dies huldvoll mit dem Wink einer Hand und mit den Worten: „Du schaust jetzt ja ganz anders aus!“ Ein zugekniffenes Auge meines lieben Freundes und Pirschführers signalisierte mir die Einstellung aller Feindseligkeiten seitens der Generalität.

„Ein Genie, dieser sympathische Waldläufer“, dachte ich und verzieh ihm im nachhinein die schauderhafte Alkoholfahne, mit der er mich während der Jagd drangsaliert hatte. Immer wieder erweist es sich: Der größte Reichtum eines Mannes sind seine Freunde!

Nach einiger Zeit stießen wir sogar auf meinen Keiler an und tranken im Laufe der Nacht diese „Manöversau“ mausetot. Das fröhliche Gelage währte, bis Exzellenz in ihrem bequemen Fauteuil, mit einem zufriedenen Lächeln um die Lippen in Morpheus Armen lag und von dieser Welt nichts mehr wissen wollte.

Die beiden Jäger, die mittlerweile meinen Keiler zum nahen Forstamt gebracht, ihrem Chef, Forstmeister O., davon Meldung erstattet und sich selber in der Zwischenzeit an der Bar gelabt hatten, trugen den General zu seinem Wagen. Forstmeister O. öffnete und schloß die Wagentür der schwarzen Limousine. Als sich diese in Bewegung setzte, salutierten wir – ich stramm, der Forstmann lässig – und beschlossen feierlich einen allerletzten Schluck auf die „Manöversau“ zu tun.

Erst jetzt konnten wir in Ruhe unser gemeinsames Jagderlebnis Revue passieren lassen. Wir beleuchteten dabei gründlich alle Einzelheiten, und da mußte die Sprache natürlich auch wieder auf das Hauptschwein kommen, das besonders meinen Freund nicht zur Ruhe kommen ließ.

„Wir hätten länger warten müssen. Alte Keiler kommen immer ganz spät zu Fraß und Suhle“, meinte er so lange, bis ich ihn endlich von dieser fixen Idee befreien konnte. Ich war doch mit meinem Weidmannsheil vollauf zufrieden und hatte dabei keine Ahnung, daß der Basse schon kurze Zeit nachher noch einmal meine Wege kreuzen sollte...

Wagen um Wagen rollte in den großen Hof des Forstamtes. Bei der Auffahrt zum Opernball mag mitunter kein ärgeres Gedränge herrschen... nur die Gestalten, die den Fahrzeugen entstiegen, waren nicht so festlich gekleidet, sondern steckten in zünftigem Jägerzeug. Alle Grünröcke, die sich zu dieser Waldjagd einfanden, waren trotz des Wissens, daß die launische Diana heute nur einigen Schützen ihre Gunst erweisen werde – bis obenhin mit Optimismus vollgestopft. Das von der Vorfreude getragene vielstimmige Volksgemurmel verebbte erst, als Forstmeister O. in unsere Mitte trat. Der vom Hörnerklang umrahmten Begrüßung, die alles Wesentliche enthielt, was für die bevorstehende Waldjagd notwendig war, folgte der Aufbruch zur Jagd. Frei waren: Schwarzwild – die führende Bache hatte man in diesem Revier nie geschossen –, Kahlwild und ein IIIer Hirsch.

Ein riesiger mit Planen überspannter Anhänger, von einer starken Zugmaschine gezogen, bot allen Platz. Auf engstem Raum war ein Kunterbunt von Schützen, Treibern und Hunden. Eine im Aussehen und Geruch immer und ewig gleichbleibende bilderreiche Gesellschaft!

Zögernd und langsam hob sich der Nebel. Im Herbst gab es in diesem Landstrich viele Nebeltage, mehr als den Menschen lieb waren. Nur der Wildgansjäger hatte Freude an dem dampfenden Brodem, für ihn war's ein erfolgversprechendes Gebräu.

Die Fahrt mit dem Traktor, der uns polternd und stampfend ins Revier brachte, währte nicht allzu lange. Gut so, denn es war ohnehin bitterkalt, und der Fahrtwind verschärfte trotz Plane die Lage.

„Absitzen", hieß es alsbald. Rasch waren die Schützen in zwei gleichstarke Gruppen eingeteilt und diese je einem Forstmann überantwortet. Ohne ein lautes Wort – das eine oder andere Großmaul mußte natürlich wie immer erst zur Räson gebracht werden – strebte unsere Gruppe einer leichten Anhöhe zu, wo wir bald am Rand einer Dickung, die keinen Einblick in ihr Innenleben gewährte, angestellt waren. Einer nach dem anderen, bis sich die Kette langsam schloß, bis der üppige Jungwald fein säuberlich umstellt war.

„Bitte aufpassen, hier kommt gerne Hochwild", meinte freundlich schmunzelnd der Oberförster, als er mir den Stand zuwies. Ich lächelte gläubig und dankte, den Hut lüftend, für das „Kaiserstandl".

In den Baumkronen hing noch zäh und naß der Nebel.

Manchmal schien es um eine Spur lichter zu werden. Vielleicht vertreiben die Strahlen der Sonne doch noch diese teuflische Waschküche! Wohl ein Wunschdenken aller, die an dieser Waldjagd teilnahmen. Besonders die Treiber hatten es schwer bei ihrem Weg durch das tropfnasse Unterholz. Kein Wunder, wenn sie dabei mehr ihre Interessen – nicht selten gehen sie an solchen Tagen den Weg des geringsten Widerstandes! – als jene der Jagd im Auge hatten.

Langsam kroch die Kälte durch das Schuhzeug, zog an den Beinen empor und ließ sich in der Leibesmitte häuslich nieder. Es dauerte nicht sehr lange, und die jedem Grünrock bekannten, von innen kommenden Kältewellen schüttelten mich kräftig durch.

Endlich das erste leise Klopfen der anrückenden Treiber, und wenig später ihre aufgeregten, sich überschlagenden Stimmen:

„Sau, Sau, Sauuuuu – Sau zurück." Tatsch... tatsch... zweimal bellte ein heller Kugelschuß durch den Wald. Aus, vorbei, das Abblasen war nur mehr eine Formsache. Schade, wieder war ich, wie so oft zuvor bei einem Riegler, um eine Hoffnung ärmer. Dabei war ich im Grunde genommen nicht unzufrieden, hatte ich doch vor wenigen Tagen in diesem Revier meine „Manöversau" gestreckt.

Die Schüsse im ersten Trieb? Fünf Sauen kamen einem Schützen am Rückwechsel, und er fehlte sie allesamt.

„Urplötzlich und verdammt schnell preschten die Schwarzkittel über den schmalen Weg", wußte aufgeregt der Unglücksrabe zu erzählen.

„Üben, üben", ätzte ein Freund, und alle anderen lachten.

Der zweite Trieb sah mich wieder an einem bürstendicken Jungwald. Hier mußte man den Schuß auf wenige Meter anbringen. War nicht ganz nach meinem Geschmack, auch die vielen Schützen nicht, die links und rechts von mir in das dichte Unterholz der relativ kleinen, aber meist fündigen „Saudikkung" starrten. Jeder war auf der Suche nach einer noch so kleinen Gasse, in der er ausbrechendes Schwarz- oder Hochwild erhoffte.

Diesmal, schon bald nach dem Anblasen wildes „Saugeschrei" der Treiber, und schon prasselte es in der Dickung. Dürres Astwerk splitterte und brach unter den Schalen des urigen Wildes. Wo aber war es? Ein Schütze machte offensichtlich viel zu früh Dampf, und prompt drehte die Rotte ab. Plötzlich sah auch ich für wenige Augenblicke die zottigen, schwarzen Wildkörper schemenhaft durch dichtes Unterholz huschen. Sie waren wahrhaftig nur zu erahnen... nie kam ein dunkler Schatten zum Stillstand. In ihrer Stärke waren die Wildschweine zu unterscheiden, aber auch das gelang nicht in jedem Fall. Ein uriger Basse war mit Sicherheit nicht dabei!

Wieder brach das Schweinevolk zum Rückwechsel, wo in rascher Reihenfolge fünf oder sechs Schüsse fielen. Ein Überläufer lag auf der Schwarte. Im Klartext: „Saumäßig" wurde geschossen. Ich erwähnte es schon, Saujagden fordern viel Geduld von Jägern und Treibern.

Mittag! Eine herrliche Wärmequelle wartete auf Schützen und Treiber. Alle lagerten sich auf Strohballen um das riesige Holzfeuer, das die Feuchtigkeit aus der Kleidung der Jagdgesellschaft sog. Jedermann entnahm der schier unergründlichen Tiefe seines Rucksackes Stärkung in fester und flüssiger Form. Die Palette reichte vom einfach belegten Brötchen bis zur knusprig gebratenen Stelze. Die Getränke, besonders der Inhalt manch bauchiger Thermosflasche, waren natürlich nicht leicht zu bestimmen! Das ungezwungene, vergnügliche Schmausen dauerte, bis ein Horn wieder zu neuen Taten rief.

Nirgendwo habe ich bei einer Riegeljagd die Mittagsstunde so sehr genossen wie in jenem Revier. Wahrlich, diese mittägliche Rast kostete ich immer bis zur Neige aus. Allein der mystischen Sprache der prasselnden Flammen zu lauschen, ist faszinierend, erinnert an Wildnis... an Urzeiten der Jagd. Ein Heer von Jägern gab es vor uns, die Glauben, Hoffnung... ja Leben aus der Kraft des Feuers schöpften. Es ist wunderbar, auch mit dem Herzen auf all die Geräusche der Flammen zu horchen. Waldjagdzauber!

„Nach dem Essen haben wir im zweiten und letzten Treiben den verwilderten Steinbruch, wo der urige Basse stecken könnte", meinte Forstmeister O., und seine Augen lachten mich vielsagend an. „Du wirst an einem Zwangswechsel stehen, der aus dem Bruch zur Höhe führt. Weidmannsheil!"

Im ersten Trieb, nach der Stunde am Feuer, stehe ich auf einer kleinen Anhöhe, unter mir ein lichtes Stangenholz, das einer Eichenjugend vorgelagert ist. Meine Gedanken kreisen längst um das letzte Treiben, in dem der urige Basse stecken könnte, da geschieht's. Lautes Brechen im Eichendickicht, und schon prescht ein Schwarzkittel durch das gut einsehbare Stangenholz stichgerade auf mich zu. Mein Gott, ist das eine ungestüme Hatz, wahrscheinlich vor einem Hund, der den Überläufer so richtig Dampf unter die Schalen macht. Ich fasse die Sau, ziehe mit und krümme den Finger, als das Silberkorn am Wurf steht. Die zottige Sau rolliert wie ein Krummer, und dann passiert, was ich noch nie erlebt bzw. gehört habe. In das wilde Verschlegeln fährt plötzlich mit einem regelrechten explodierenden Knall eine Dampfwolke aus dem am Kammansatz sitzenden Einschuß. Dieser erklärt sich aus meinem erhöhten Stand. Ich schoß ja von oben auf die bergwärts flüchtende Sau, die nach ihrer spektakulären „Roulade“ wenige Meter vor meinen Füßen mit zertrümmerter Wirbelsäule ihr Ende findet.

„Wenn es einen Himmel für Schwarzkittel gibt, war's ganz bestimmt die Seele, die da mit Getöse aus dem borstigen Wildkörper fuhr“, meinte lachend der Forstmeister, der, als naher Nachbarschütze, auch den Knall vernommen hatte.

Abermals fallen am Rückwechsel mehrere Schüsse, die zwei weitere Überläufer bringen.

Letzter Trieb! Erwartungsvoll stehe ich am oberen Rand des total verwilderten Steinbruches, der sich in der Tiefe vor meinen Augen ausbreitet. Voll und ganz mit meiner Tagesstrecke zufrieden, will auch der urige Basse nicht aus meinem Kopf.

Ich stehe wie am Rande eines Kraters, den man nach allen Richtungen gut einsehen kann. Im Sommer wäre in dem total verbuschten Bruch nicht viel auszunehmen, doch jetzt, in dieser Jahreszeit, ist das Staudenwerk schon stark vom Laub befreit. Tief unten, am Eingang des Bruches, hat Forstmeister O. seinen Stand bezogen. Wir winken einander zu.

Eine drückende, fast beklemmende Ruhe liegt über dem alten Steinbruch. Es dauert lange, bis die Treiberwehr kommt. Doch dann, als die ersten Hunde in den Kessel eindringen, wird es schnell lebendig da drinnen, ... und es geht alles Schlag auf Schlag. Ich sehe einen Schwarzkittel, der zurückbricht und den Eingang des Bruches annimmt. Schon hebt der Forstmeister seine Büchse, und im Knall sehe ich die Sau mit dem Wurf den

Boden pflügen. Dieses einmalige Bild läßt mich meine Umgebung vergessen. Ein ungewöhnliches Geräusch, und im nächsten Augenblick taucht am Wechsel, etwa zwanzig Schritte unter meinem Stand, das riesige Haupt eines Wildschweines auf.

Dieses Bild werde ich bis zum Ende meiner Tage nicht vergessen. Der Basse, der sich still und leise empfehlen will, der sich am sicheren Rückwechsel wähnt. Die Zeit reicht gerade noch, die Büchse zu entsichern, ein wenig zu laut wie es scheint, da das Hauptschwein ruckartig verhofft; zu spät, denn schon klatscht ihm das Geschoß zwischen die Lichter.

So plötzlich der Basse aus der Tiefe kam, so rasch ist er im gähnenden Abgrund verschwunden. Ein Poltern, Prasseln, Brechen unter mir, ich steh' wie gelähmt, die Luft knistert noch immer vor Spannung. Endlich sehe ich Forstmeister O., der mit beiden Armen wilde Kreise über seinem Kopf zeichnet.

Wenig später stehe ich mit meinem Freund sprachlos vor dem erloschenen, urigen Wild. Es bedarf einige Zeit, um die angestaute Spannung abzubauen. Doch in solchen Augenblicken ist dem Jäger ohnehin nicht nach vielen oder großen Worten. Tiefe Gefühle lassen sich ebenso in Blicken, Gesten ... im stummen Verweilen ausdrücken ...

Natürlich gab es in meinem Leben – ich erwähnte dies schon – viele Riegler ohne Beute. Ohne Spannung verlief jedoch keine dieser Waldjagden. Auch jahreszeitlich bedingte Stimmungsbilder waren dabei immer meine Wegbegleiter. Egal, ob heller Sonnenschein das Sterben der Natur noch einmal vergessen ließ oder schon hoher Schnee in den Eichenwäldern lag.

Und selbst wenn Nebel im Geäst von Baum und Strauch lauerte, war die Stimmung allgegenwärtig. Ich möchte sie daher in meiner Erinnerung nicht missen, diese spannungsgeladenen Riegeljagden, die mir persönlich wahrhaftig mehr bedeuteten als jede andere Form einer Gesellschaftsjagd.

Manchmal würde ich gerne den alten Jagdgründen einen Besuch abstatten, doch die jagdliche Leitung dieses Revieres ist heute in Händen eines Grünrocks, der mich nicht mehr auf seiner Gästeliste führt.

Er wird mir doch nicht gram sein, weil ich einmal über seine Schießkünste schmunzeln mußte, als er grünschnäbelig versuchte, mit vier oder fünf Schüssen einen alten, zähen Wildhasen in die ewigen Weidegründe zu befördern? Bin fast sicher, daß er diese ungewollte Zeugenschaft längst vergessen hat.

Faltengesicht

Eingekeilt in einer unübersehbaren Wagenkolonne, mußte ich den letzten Kilometer hinter einem dicken, grauenvoll riechenden Brummer fahren. Ein Ausbrechen aus dieser Zwangsjacke war unmöglich. Die schneeglatte Straße und das unübersichtliche, wellige Terrain waren für einen Selbstmord wie geschaffen. Endlich die Straßengabel, der holprige Güterweg zum Jagdhaus begann. Schwere Holzfuhrwerke hatten hier vor dem Kälteeinbruch gewütet und den Fahrweg in eine Mondlandschaft verwandelt. Da konnte auch die Schneeräumung keine Abhilfe schaffen; riesige Löcher und vereiste Fahrrinnen blieben. Vor und hinter meinem Wagen „hüpften" auch andere Fahrzeuge mit grotesken Bocksprüngen von Loch zu Loch dem Ziel entgegen.

Das Jagdhaus ist eigentlich nur im Sommer voll Leben und natürlich im Herbst während der Hirschbrunft. Im Winter trifft man sich hier nur vor einem Riegler wie heute. Zehn Schützen mögen schon einen der beiden großen Räume im Parterre bevölkern. Ich mache meine Begrüßungsrunde und setze mich dann an einen Tisch, an dem schon einige Schützen lauthals diskutieren. Mir gegenüber sitzt ein Grünrock, dessen Antlitz mich vom ersten Augenblick an fasziniert. Die Züge in dem von der Sonne verbrannten Gesicht, das obendrein von unzähligen Falten zerfurcht ist, kenne ich doch von irgendwoher! Oder erliege ich einer Täuschung? Der Name des Fremden ging vorhin im Begrüßungsrummel unter. Da alsbald ein Horn zum Aufbruch ruft, ist mir vorderhand die Zeit zum Grübeln genommen.

Wie hell nur die Hörner vor dem Jagdhaus klingen! Die folgenden Begrüßungsworte des Jagdleiters verschlafe ich fast zur Gänze, da mich schon wieder das „Faltengesicht" beschäftigt. Die führende Bache ist zu schonen, nun, dieser Hinweis ist ja längst zum Leitsatz der Schwarzwildjäger geworden. Neben dem Schweinevolk werden auch noch Tier und Kalb freigegeben. Neuerlicher Hörnerklang, dann alles – Schützen, Treiber und Hunde – hinauf auf den riesigen Anhänger, der mit einer Plane überdacht ist und von einer starken Zugmaschine gezogen wird.

Teufel, jetzt bekommen wir erst recht die Schäden des verwüsteten Güterweges zu spüren. Man schimpft und murrt über die schweren Holztransporter, die für dieses „Schlachtfeld" verantwortlich zeichnen.

Ich frage einen neben mir sitzenden bekannten Schützen, ob er das „Faltengesicht" kennt. Der Grünrock verneint. Nun, der Jagdherr muß ja wissen, wer auf der Gästeliste steht. Also warten!

In der Mitte des Planenwagens, zwischen den Bänken, steht dichtgedrängt das Treibervolk. Bald breitet sich in dem dunklen Anhänger die sattsam bekannte, nach Schweiß, Juchten, Waffenöl und Hunden riechende Wolke aus. Dazu das Rütteln, Poltern und Stoßen sowie das Jaulen der Stehplatz-Fahrer", die, ständig durcheinandergewirbelt, von einem Fuß auf den anderen springen. Treibjagdzauber!

Endlich kommt der Traktor zur Ruhe. Das Jagdpersonal mahnt, leise abzusteigen, da wir uns schon mitten im Revier befinden. Die Schützen werden in zwei Gruppen geteilt, es geht los.

Mit dem Wetter haben wir Glück. Dieser Landstrich wird im Winter sehr oft von eisigen Stürmen gepeitscht. Doch heute ist es windstill, kein Lüftchen zieht vorderhand durch die Eichenwälder, die wenigen Minusgrade werden zum angenehmen Winterhauch. Das Wetter, das hier sehr oft von einem Extrem ins andere fällt, da einige Klimazonen aufeinandertreffen, scheint uns also keinen Strich durch die Rechnung zu machen.

Meine Gruppe, etwa zehn Herren, folgt einem Revierjäger der uns die Stände zuweist. Auch das „Faltengesicht" stapft vor mir durch den fußhohen Schnee. Wieder quält mich der Gedanke, wo ich diesen Mann schon gesehen habe. Ich bin ganz sicher: Wäre dieses Antlitz nicht von so vielen Runen durchfurcht, ich wüßte längst, um wen es sich handelt. Oder werde ich da doch nur von einem Doppelgänger getäuscht? Nein, ich bin schon so nahe daran, den Grünrock zu erkennen, aber es will und will nicht gelingen.

Das Weidmannsheil des Jägers, der mir meinen Stand zuweist,

reißt mich aus dem Grübeln. Ich lüfte meinen Hut, und schon stapfen die anderen weiter durch den herrlichen Neuschnee, die heute Nacht gefallen und wie geschaffen für diesen Schwarzwildriegler ist. Ich freue mich, als das „Faltengesicht" kaum vierzig Gänge neben mir am Dickungsrand seinen Stand bezieht.

„Nach diesem Treiben werde ich den Mann ganz einfach nach seinem Namen fragen", denke ich versonnen und lasse eine Kugelpatrone und ein Flintenlaufgeschoß in die Läufe meines Ferlachers gleiten. Von meinem zweiten Nachbarschützen sehe ich nichts, er steht in einer leichten Senke.

Das Warten beginnt. Plötzlich will sich die Kälte am verschwitzten Körper bemerkbar machen. Sie kriecht an den Beinen nach oben und läßt bald die Zähne leise klappern. Ich freue mich, als endlich ein Hornsignal den Beginn des Treibens anzeigt. Es währt nur kurze Zeit, bis am Rückwechsel der erste Kugelschuß fällt. Wahrscheinlich ein Rotrock, der sein Heil in einer schnellen Flucht suchte. Langsam nähert sich die Treiberwehr, zieht vorüber, und als man schon gierig auf das Abblasen wartet, kommt mit einem Mal Bewegung in meinen Nachbarn. Er bringt seine Büchse in Brusthöhe, läßt sie gleich darauf wieder sinken und signalisiert mir ein unauffälliges Zeichen. Keine Frage: Das kann nur anwechselndes Wild bedeuten! Tatsächlich, über eine schüttere Stelle in der dickverschneiten Eichenjugend zieht plötzlich ein schwarzer, feister „Wutzl", der aber sofort wieder im dichtesten Staudengewirr versinkt. Kein weiterer Schwarzkittel folgt. Die starke Sau scheint direkt meinen Stand anzuvisieren. Und schon ist sie da. Auf Zimmerlänge rutschen Schneepolster rauschend über dürres Eichenlaub – ein riesiges schwarzes Haupt erscheint. Die Keilerwaffen ragen deutlich sichtbar aus dem geöffneten Gebrech, aus dem auch lange Dunstfahnen strömen. Der Schwarzkittel hat zweifellos eine weite Fluchtstrecke hinter sich. Als das Silberkorn der Bockbüchsflinte zwischen den Lichtern steht, berührt der Finger das längst eingestochene Züngel des Kugellaufes. Wie vom Blitz getroffen, fällt die Sau in ihre warme Fährte, rutscht dann aber doch noch mit dem letzten Lebensschub auf den Steig vor der Dickung, wo ihr wildes Schlegeln bald versiegt. Der Blick zu meinem Nachbarn zeigt mir eine auf besondere Art über dem Kopf schwingende Hand, und in diesem Augenblick fällt es mir wie Schuppen von den Augen: Dort drüben steht Erich P., mit dem ich im Zweiten Weltkrieg beim Flieger-Regiment 71 diente. In das Abblasen rufe ich seinen Namen, und wenig später fallen wir einander in die Arme.

Was für ein Augenblick! Es ist nicht anders auszudrücken, wenn man nach mehr als vierzig langen Jahren plötzlich einen Freund wiederfindet.

Schnell macht dieses einmalige Erlebnis die Runde, und Mittag am Feuer wissen es alle. Man freut sich mit uns, prostet uns zu, Fragen und Antworten wollen kein Ende nehmen. Den Grünröcken bereitet es ein sichtliches Vergnügen, an unserer Wiedersehensfreude teilzunehmen. Es gelingt dem Jagdherrn kaum, Erich und mich vom Feuer wegzubringen, die Mittagsstunde zu beenden. Wir schwelgen in Erinnerungen und beschließen letztlich, unser Gespräch beim Schüsseltrieb fortzusetzen, um jetzt, nach mehr als vier Jahrzehnten, wieder gemeinsam zu jagen.

Damals, kurz vor unserer Trennung, schossen wir beide in der Normandie einen Rehbock – was waren das doch für glückliche Jagdtage – danach verloren wir einander aus den Augen. Erich zog mit dem Regiment ans blaue Mittelmeer, und ich mußte zu einem Lehrgang, der fast schon in der Heimat über die Bühne ging.

Und heute, hier, dieses unglaubliche Wiedersehen, noch dazu während der Jagd, die wir beide so sehr lieben.

Nachmittag gibt es noch zwei Triebe, der erste bringt Tier und Kalb, beide Stücke schießt der Jagdherr, ein exzellenter Kugelschütze.

Auch im letzten Trieb beziehen Erich und ich als Nachbarschützen – wir lassen nicht mehr voneinander – vor einer besonders günstigen „Saudickung" unsere Stände. Natürlich wünsche ich vorher meinem Freund ein kräftiges Weidmannsheil, doch Wünsche lassen sich beim Jagen – vor allem bei einem Riegler – nicht leicht realisieren; wie auch Theorie und Praxis immer zwei Paar Schuhe sind.

Wieder zieht die Treiberkette an uns vorbei, und wieder rührt sich vorerst nichts. Im Westen versinkt die Sonne und legt ein mächtiges flammendes Wolkenband über die ferne Bergkette.

Ein gewaltiges Naturschauspiel! Bald wird der Abend über dem winterlichen Eichenwald liegen, und die kurze Dämmerung mag sehr rasch der Nacht weichen. Einsetzende Winde bringen Kälte und Frost in den Wald, alles wartet schon sehnsüchtig auf das Signal, welches das Ende des Rieglers anzeigt. Plötzlich bemerke ich, wie Erich die Büchse in Anschlag bringt, und nach wenigen Augenblicken bricht der Schuß. Ein Weidmannsheil im letzten Augenblick? Das wäre ja der Höhepunkt des heutigen Tages! Tatsächlich, ein Überläufer bleibt im Feuer, weitere Schwarzkittel, die sich in aller Ruhe abstellen wollten, preschen in den großen Trieb zurück. Ein Hobeln ist nicht mehr möglich, da die Zeit schon viel zu weit fortgeschritten ist. Niemand ist deswegen böse.

Der Jagdtag geht mit hellem Hörnerklang zu Ende; auf der Strecke liegen Tier und Kalb sowie die beiden von Erich und mir erlegten Wildschweine.

Ich kann mich wahrlich nicht erinnern, jemals einen glücklicheren, gehaltvolleren Schüsseltrieb erlebt zu haben, und das mag schon etwas heißen, wenn man ein Leben lang dem Weidwerk mit Haut und Haar verfallen war. Es mag wohl daran liegen, daß ich in den vielen Jahren, die ich am Buckel habe, unzähligen Grünröcken begegnet bin, Erich aber für einen der kostbarsten unter ihnen halte.

Unendlich viel gab's zu erzählen an jenem Abend. Unser Rückblick führt bis zum ungeraden Achter vom Kreuzwegschlag. Diesen Bock streckte ich – kaum im grauen Rock – im Revier meines wiedergefundenen Freundes, als dieser täglich auf seine Einberufung wartete (Rekrutenböcke).

Kein Wunder also, daß Erich und ich erst das kleine Gasthaus im auslaufenden Leithagebirge verließen, als der Jagdherr – der bis in die Morgenstunden unseren Erzählungen mit großem Interesse lauschte – von Müdigkeit übermannt am Tisch einzuschlafen drohte.

Bevor wir uns trennten, mußte ich meinem Freund, den mir ein glücklicher Zufall wiedergeschenkt hatte, hoch und heilig versprechen, im Sommer in sein Aurevier zu kommen. Niederwild, Rehe, Hirsche, Sauen und ein gutbesetztes Fischwasser sollte es dort geben. Ich war perplex, neugierig, tatendurstig – und versprach gerne zu kommen. Versprechen solcher Art waren mir nie schwer abzuringen. Natur, Jagd, Fischerei waren ein Leben lang auf all meinen Wegen zu finden!

Es war die Hölle! Und trotzdem saß ich Stunde um Stunde in der Au und ließ mich von den blutrünstigen Gelsen quälen. Nicht nur ihre Stiche waren unangenehm und schmerzhaft, auch das nichtendenwollende Gesumme war nervtötend und frustrierend. Wahrhaftig, ein lästiges Geschmeiß, dem gegenüber ich mich eigentlich schon immun gewähnt hatte. Wenn jedoch diese gierigen Blutsauger in solch dichten Schwärmen pausenlos den Grünrock umkreisen, kommt irgendwann einmal der Augenblick, in dem er resignierend aufgeben muß.

Es war die Zeit der Hundstage, und ich saß in einem brütendheißen Auwald, in dem fast subtropisches Klima herrschte. Mensch und Tier litten darunter. Ich spürte ganz deutlich, wie der Schweiß in kleinen Bächen über Brust und Rücken nach unten eilte. Mir kam vor, ich schwitzte literweise. Da der improvisierte Hochsitz nicht hoch genug war und zu allem Überfluß in unmittelbarer Nähe eines Sumpfgebietes stand, sah ich mich auch im besonderen von dem schwirrenden Ungeziefer umgeben. In „höheren Regionen“, wo die Luft immer ein wenig in Bewegung ist, wäre es sicher nicht so schlimm gewesen. Doch Hand aufs Herz! Was erduldet ein Jäger nicht alles, um Beute zu machen?! Und das wollte ich ja. Doch der starke Keiler, der in dieser Wildnis, im gelsenverseuchten, hochsommerlichen Auwald klammheimlich seine mächtige Fährte zog, wollte von meinen Jagdgelüsten nichts wissen. Wahrscheinlich suhlte er sich genüßlich irgendwo in einem sumpfigen Moorloch, derweilen mir Schweißbäche über den Körper rieselten.

„Ich komme ganz bestimmt wieder“, sagte ich zu Erich nach den ausgestandenen Torturen.

Abschiednehmend ging ich mit meinem Freund noch einmal zur Donau. „Wenn du im Herbst wiederkommst, mußt du mindestens eine Woche bleiben. Dann werden wir hier draußen wie Trapper leben, fischen und jagen, soviel unser Herz begehrt. Die Gelsen, die dir jetzt das Leben so schwer gemacht haben, sind dann schon dahin“, meinte Erich und schaute dabei schmunzelnd in mein arg zerstochenes Gesicht.

Nach einem Vierteljahr komme ich wieder. Ein herrlicher Spätherbsttag liegt über dem Landstrich. Wir rüsten zum Aufbruch. Der Wagen meines Freundes ist bis zum Dach mit Jagd- und Fischereiausrüstung vollgestopft. Mit knapper Not finden auch wir noch ein Plätzchen. Bodo, der temperamentvolle Deutsch-Drahthaar, liegt zusammengekrümmt zu meinen Füßen.

Die Farben der bunten Au leuchten unter einem milden, durchsichtigen Sonnenschein, als wir wohlbehalten die Jagdhütte – man könnte sie genauso gut Fischerhütte nennen – erreichen. Das Holzhäuschen steht inmitten des Auwaldes am Rande eines Ausstandes (Donauarm). Wir richten uns gleich häuslich ein und verstauen unsere Utensilien in den beiden großen Räumen: Büchsen, Flinten, Angelruten; wir haben an alles gedacht, was wir in den kommenden Tagen brauchen werden. In der Hütte ist es nicht nur gemütlich, sondern auch blitzsauber und schön aufgeräumt. Das Geschirr über dem Ofen ist blankgeputzt. Erich merkt wohl mein Staunen und meint erklärend: „Gestern waren meine Frau und ihre reizende Schwester hier, um ein wenig Ordnung zu machen. Sie werden auch in der Wochenmitte einmal kommen und nach dem Rechten sehen." Selbst ist der Mann, will ich antworten, überlege es mir aber noch im rechten Augenblick.

Unser erster gemeinsamer Weg geht hinaus zum Strom. Wir nehmen die Flinten mit. Mein Freund, ein ausgezeichneter Hobbykoch, will zum Abendmahl einen Fasan auf den Tisch bringen. Unterwegs zeigt mir Erich eine Wasserstelle, bei der wir uns in den nächsten Tagen auf Enten versuchen werden. Auf den ersten Blick: Ein herrliches Revier, in dem sich viele Wildarten finden, und das meinem Freund allein gehört . . . was wohl das Schönste ist!

Ein leiser Wind spielt mit dem bunten Laub. Ich bin überwältigt von der landschaftlichen Schönheit dieses Auwaldes. Im stickig heißen Sommer, während der Gelsenplage, hatte ich von all dem nichts gesehen – uralte Bäume, armdicke Lianen.

Und dann stehen wir am Strom, der den Blick freigibt und immer für eine kühle Brise gut ist, was man hier besonders in der Gluthitze des Sommers sehr zu schätzen weiß. Ein schwerbeladenes russisches Schleppschiff stampft langsam stromaufwärts. Wann mag es wohl sein Ziel erreichen?

Zurück zur Hütte machen wir einen kleinen Umweg, um zu

einem Wildacker zu gelangen. Bodo soll uns hier zu dem von Erich geplanten Nachtmahl verhelfen. Und unser Dritter im Bunde erweist sich hiebei als wahrer Meister seines Faches. Er geht mit Können und Überlegung an die Sache heran, und bald prasseln mit polternden Schwingenschlägen direkt vor uns einige Fasane aus der dichten Deckung des Maisfeldes. Es fällt mir nicht schwer, den „Abendmahlgockel“ aus der Luft zu holen. Auch Erich schießt einen jungen Hahn, den er in den nächsten Tagen einmal auf besondere Art zubereiten möchte.

In die Hütte zurückgekehrt, nimmt mein Freund seine Arbeit als Koch auf. Ich hingegen nehme die Spinnrute und gehe zum nahen Wasser. Da die meisten Ausstände Zu- und Abfluß haben, ist ihr Wasser klar und ohne Kraut. Ich probiere einige Blinker, doch zunächst rührt sich nichts, gar nichts! Als ich's später mit einen Wobbler versuche, sehe ich schon nach einigen Würfen nahe am Ufer plötzlich eine helle Hechtflanke und spüre bald einen brutalen Anbiß. Meinen Anhieb, der kaum notwendig ist, quittiert der Fisch mit einem Teufelstanz. Ich bin ganz sicher, etwas Besonderes am Haken zu haben. Ein herrlicher Kampf beginnt, und alles spricht dafür, daß ich diesen Kampf gewinne, nur der Kescher blieb in der Hütte. Solcherart Dummheit gehört eigentlich bestraft. Da ich doch zweihundert Meter von der Hütte entfernt bin, wäre es sinnlos, nach meinem kochenden Freund zu rufen. Wenn ich nur meinen Revolver am Gürtel hätte! Ich versuche daher den allmählich müde werdenden Hecht in die Nähe der Hütte zu dirigieren, was auch gelingt. Nur einmal muß ich dabei über einen gefallenen Baum klettern. Endlich hört Erich meine Pfiffe, stürzt mit dem Kescher – der sich fast als zu klein erweist – herbei, und wir landen mit vereinten Kräften meinen bisher stärksten Hecht. Der Kapitalfisch bringt fast neun Kilo auf die Waage. Ein wahrhaft toller Beginn unserer Tage in der romantischen Wildnis des Auwaldes!

Der von Erich zubereitete Fasan schmeckt ausgesprochen lecker. „Deine Frau ist ja zu beglückwünschen“, meine ich schmunzelnd. Darauf mein Freund: „Zu Hause koche ich ganz selten, wozu bin ich denn...“ Hoppla! Nach einem Römer vollmundigen Blaufränkischen, der nach diesem vorzüglichen Mahl wie Öl durch die Kehle rinnt, nehmen wir die Flinten vom Haken...

Es gibt viele Arten, den Breitschnabel zu bejagen; für mich waren sie alle reizvoll! Besonders gern saß ich in meinem Entenstand inmitten des Rohrwaldes – ein mit Schilf gut verkleideter, bequemer Sitz, der nur mit dem Boot erreichbar ist. Ich schrieb dort, las, fotografierte, und so manchen Entenvogel habe ich auch über ausgebreitetem Schreibkram oder einem Buch geschossen. Viele Quaker überraschten mich, strichen weiter und versanken in sicherer Entfernung unbehelligt im unübersehbaren Schilfgewirr. Jede Ente, die mich in meinem Sitz bemerkte, kam so schnell nicht wieder. Gewitzigt stellte ich manchmal die schußbereite Flinte griffbereit neben mich. Gelang es dann, die im sausenden Flug anstreichende Ente über Kopf noch zu „schnappen“, herrschte stille Freude in der weiten Einsamkeit des Rohrwaldes.

Die Jagd auf Enten im Boot, das meine Begleiter kunstvoll, fast lautlos durch die Kanäle starkten, war ungemein spannend. Mußte man doch jeden Augenblick mit dem Auftauchen von Breitschnäbeln rechnen. Sie konnten plötzlich aus dem nahen Schilf rauschen, aber auch – von allen Seiten her – pfeilschnell über das Boot hinwegstreichen. Da man, im Kahn sitzend, zwischen den beklemmend hohen Schilfwänden den Himmel nur als schmalen Streifen sah, mußte der Schuß – zu einem zweiten kam es fast nie – blitzartig abgegeben werden. Zeit konnte man sich dann lassen, wenn man nur die Luft hinter den Quakern „beunruhigen“ wollte. Klappte jedoch ein reaktionsschneller Schuß, kam im Boot eine leise Hochstimmung auf. Die beiden Jäger – für mehr war kaum Platz – bildeten mit dem Hund eine „verschworene Gemeinschaft“; das war allein schon wegen Bedachtnahme auf die notwendige Sicherheit vonnöten. Daß manchmal trotz aller Vorsicht etwas passierte, läßt sich bei diesem Jagen wohl nicht ganz vermeiden. Dann und wann ging ein „Gondoliere“ über Bord und tauchte schlammverschmiert wie Neptun wieder aus den dunklen Fluten. Was haben wir doch in solchen Situationen – wenn Kräfte des Bösen am Werk waren – gelacht!

Der Entenstrich am Schilfrand oder zwischen den Lacken war immer wieder mit zauberhaften Stimmungsbildern verbunden. Man hatte dabei, im Gegensatz zur Entenjagd im Boot, einen herrlichen Aus- bzw. Rundblick über die endlos scheinende

Ebene und konnte sich an den Flugbildern unzähliger Vögel ergötzen. Gänse, Störche, Löffler, Silber-, Grau- und Purpurreiher sowie eine große Zahl von Greifen segelten über Wasser und Schilf. Man sah vorsichtige Wasservögel, die erst im Schutz der Dämmerung den Rohrwald verließen und befreit den glatten Wasserspiegel pflügten. Die herbstliche Entenjagd habe ich immer als Prolog zur später aufgehenden Wildgansjagd empfunden. Beim Jagen merkt man wohl am besten den Wechsel der Jahreszeiten im ewigen Kreislauf.

Ganz anders die Entenjagd hier im Auwald. Bald stehe ich mit Erich bei einem kleinen Tümpel und warte auf den Einfall der Quaker. Ein Schof klingelt über das Wasserloch hinweg, dann zeichnet ein Bisam mit seiner Bugwelle Silberkeile auf die glatte Wasserfläche. Schon senkt sich die Nacht behutsam auf den friedlichen Auwald, doch die Breitschnäbel bleiben aus. Die Sirene eines Schiffes tönt vom Strom her, wo es den Enten heute wohl besser gefallen mag. Als wir schon gehen wollen, hängen plötzlich Breitschnäbel in großer Zahl im hellen Nachthimmel über dem dunklen Tümpel, der von alten Eichen umgeben ist. Es fällt uns beiden nicht schwer, den ersten Abend in der Au mit einer Dublette zu beschließen. Bodo bringt sauber vier Stockenten, und wir sind hochzufrieden, da wir eigentlich mit keinem Erfolg mehr gerechnet haben.

Am Weg zur Hütte stellt Erich einige Male sein spitzes Riechorgan prüfend in den lauen Südwind und meint: „Wenn mich nicht alles täuscht, wird es bald Regen geben.“ Wie recht er doch hatte, stelle ich am nächsten Morgen fest, als das monotone Trommeln schwerer Regentropfen auf dem Hüttendach zu vernehmen ist.

„Sieht nicht gut aus“, meint Erich gähnend, und wir bleiben auf der Matratze. Als wir nach Stunden gemütlich beim Frühstück sitzen, klatschen immer noch schwere Regentropfen auf unsere Unterkunft. Gut, daß mein Freund in weiser Vorsicht für genügend Lektüre gesorgt hat.

Zunächst kramen wir natürlich Stunde um Stunde in gemeinsamen Erinnerungen. Menschen, Länder, Rehböcke, Reviere nehmen Gestalt an . . .

Als es gegen Abend noch immer gießt, wird es mir zu bunt, und ich gehe mit der Spinnrute zum nahen Wasser. Die Ausbeute ist ganz dem scheußlichen Wetter angepaßt. Erst als ich trotz Regenmantel bis auf die Haut durchnäßt bin, nimmt ein Kilo-Hecht meinen Blinker. Toll, wie dieser schlanke Fisch, von Erich zubereitet, als Abendmahl mundet. Nach einem urgemütlichen Hüttenabend – wahrlich, auch Männer huldigen manchmal ganz gerne dem „Tratsch", den man allgemein den Frauen in die Schuhe schiebt – hoffen wir auf einen regenfreien Morgen.

Schwarzwild, nach dem es mich ohnehin schon sehr gelüstet, steht auf dem Programm. Und Hubertus hat ein Einsehen. Wie schnell doch das Wetter umschlagen kann! Die Luft ist kühl, es weht ein frisches Lüftchen. Der Himmel zeigt sich durch das schon schütter werdende Laubdach wolkenlos.

Wir pirschen durch das erste Morgengrauen. Dunstfahnen tauchen den Auwald in ein bedrohliches Zwielicht, das Baum und Strauch in imaginäre Wesen verwandelt. Der nasse Waldboden macht uns völlig lautlos. Erich bringt mich zu einem Hochstand, der inmitten eines Altbestandes an einem Wegkreuz steht.

„Hier kannst du lange sitzen bleiben. Nach so einem ausgiebigen Regen zieht das Schwarzwild manchmal auch bei Tageslicht im Wald umher. Zu Mittag mußt du aber spätestens bei der Hütte sein. Ein IIIer-Hirsch, Tier und Kalb sind auch noch frei. Weidmannsheil!" Worte, die wie Musik in den Ohren klingen!

Der Hochsitz steht so, daß man die Wege nach allen vier Seiten hin prächtig einsehen kann. Aber auch im Unterholz, das unter mächtigen Eschen, Ulmen und Pappeln wuchert, gibt es Lücken. Viel Laub ist schon von Baum und Strauch gefallen.

Gut, daß ich warmes Zeug am Leib habe. Es ist kalt, die Sonne schläft noch unter dem Horizont, und ich sehne ihre warmen Strahlen herbei. Doch es dauert nicht allzu lange, und mir wird aus anderen Gründen warm, sehr warm! Näherziehendes Wild bringt mein Blut in Wallung. Keine Frage, da drüben rumort eine Rotte Sauen. Die leise Morgenluft bringt deutlich den bekannten „Schweinelärm" zu mir herüber. Wie schön, wenn der Wind günstig steht. Langsam schiebe ich die Büchse über die Brüstung des Hochsitzes. Plötzlich ist es still; lange rührt sich nichts. Nanu? Endlich glucksende Geräusche. Vorsichtige Tritte im Schlamm? Ja, schon kommt es schwarz und zottig aus einer schilfüberwucherten, sumpfigen Mulde. Wieder will das starre Sichern der starken Sau kein Ende nehmen. Längst wäre sie mir eine sichere Beute, doch mein Zuwarten wird fürstlich belohnt. Nach einem tiefen, lockenden Grunzton preschen ein, zwei . . . sechs, sieben quirlige Frischlinge aus dem Schilf und über eine kleine Blöße. Eine starke Bache mit ihrer spät im Jahr gefrischten Nachkommenschaft. Was für ein herzerfrischender – „herzklopfender" – Anblick! Doch jetzt interessiert mich . . . was im Sog dieser quietschvergnügten Kinderstube kommt. Ein – zwei – drei Überläufer und mit respektablen Abstand, aber genau auf der Fährte der Rotte, ein stärkerer Schwarzkittel. Entsichern, einstechen; Sau – Strauch – Sau – Baum – Sau, und schon wieder ist sie verschwunden. Ich spüre längst nichts mehr von der Morgenkälte des Herbsttages. Wo zum Teufel steckt die wahrlich jede Deckung ausnützende Wildsau? Sie kann sich doch nicht in Luft aufgelöst haben! Plötzlich löst sie sich aus einem Rohrschopf, und die Kugel fährt ruckend aus dem Lauf meiner Büchse.

Unglaublich, was da an Kraft frei wird, wenn eine starke Rotte Hals über Kopf das Weite sucht, durch dichtes Unterholz flüchtet. Ein wildes Durcheinander, ein Krachen und Prasseln, und im Nu sind alle Schwarzkittel in der Dickung verschwunden.

War's wirklich die Starke oder doch „nur" ein Überläufer? Die Bache und die Frischlinge hatten ja längst die Stelle des Anschusses passiert, dessen bin ich ganz sicher. Also wirklich kein Grund, Zweifel, Zwiespalt aufkommen zu lassen.

Plötzlich steht Erich unter dem Hochstand und schaut fragend – lächelnd zu mir herauf. Ich baume ab, berichte, und nach einer Weile gehen wir langsam zum Anschuß. Bald ist Bodo total aus dem Häuschen und darf zu seiner Freude der längst verendeten Sau an die Schwarte. Ein dreijähriger Keiler, ein Hosenflicker, der aber schon mit angemessenen Waffen prahlt. Nach wenigen Todesfluchten hatte er bereits die schwarze, humusreiche Erde gepflügt. Glückliche Morgenstunde!

Unter den ersten Strahlen der aufgehenden Sonne mundet der Genever aus dem flachen Fläschen besonders gut. Saujagdzauber! Der Keiler ist gut im Wildbret, und wir kommen ganz schön ins Schwitzen, bis der schwarze „Wutzl" am Weg liegt.

Nach der roten Arbeit holt Erich den Wagen, und wir bringen die Sau zur Hütte, die recht bald von einer herben Sauwitterung eingefangen ist.

Nach dem Mittagmahl schieße ich unweit unserer romantischen Behausung eine stark abgekommene uralte Rehgais, die sich zum letzten Mal in ihrem Leben aus dem Dickicht des Auwaldes wagt. Ein Hegeschuß, der Freude macht!

Am frühen Nachmittag kommt dann das angekündigte „Licht" in unsere bescheidene Hütte. Die Damen staunen nicht schlecht, als sie alles blitzsauber vorfinden. Es gibt Lob im Überschwang für die in der Einsamkeit des Auwaldes lebenden Grünröcke.

Da während eines Spazierganges zur nahen Donau wieder Regen fällt, bleibt uns gar nichts anderes übrig, als meine Sau und den kapitalen Hecht zu begießen. Und ich muß ehrlich sagen, es werden außerordentlich lustige Stunden in der abgeschiedenen Hütte, während unaufhörlich Regengüsse in den Auwald rauschen.

Nächster Morgen. Das Schlechtwetter hält an. Wassergeschwängertes Grau liegt über dem Landstrich. Erich nützt den Schnürlregen und bringt das erlegte Wild in den Ort; vorher meint er:

„Wenn du Langeweile hast, mach' doch eine Regenpirsch. Ein Stück Kahlwild, das ich notwendig brauche, wirst du sicher irgendwo vors Feuerrohr bekommen."

Ein toller Vorschlag! Schnell bin ich fertig und dann nichts wie raus! Tropfen, Wasser, Feuchtigkeit, wo immer der Blick unter freiem Himmel hängen bleibt! Die Wege sind grundlos, alles dampft, und der Regen rinnt.

Eigentlich ist es heute verlockend, den Weg zu verlassen und quer durch den Wald zu pirschen. Das knochentrockene, jeden menschlichen Schritt verratende Dürrlaub und Kleinastwerk des Sommers ist längst mit Wasser vollgesogen der Boden zur schwammigen Masse geworden. Jeder Tritt wird dadurch lautlos; die wenigen Geräusche, die entstehen, schluckt gierig der rauschende Regen. Ich tu's, geh kreuz und quer durch den dampfenden Wald.

Die Pirsch durchs Hochholz ist gar nicht so schlimm. Hier werden lediglich die unzähligen großen Tropfen zur Qual, die aus dem Astwerk der Baumkronen fallen und `andauernd auf mich klatschen.

Der Herbst ist manchmal launisch und verspielt wie der närrische April. Sonnenschein, Regen, Nebel, in der Niederung, und ein paar hundert Meter weiter oben am Berg fällt Schnee aus den Wolken.

Sturzbäche ergießen sich über mich, wenn ich an Strauchwerk rühre. Noch scheint meine Büchse unter dem Wetterfleck halbwegs trocken. Wie lange noch? Wahrlich – ein Wetter zum Davonrennen, aber wohin?

Plötzlich steht vor mir im Stangenholz ein Sprung Rehe. Gais, zwei Kitze und eine Schmale. Der Wind ist günstig, das Wild völlig vertraut. Auch die Rehe haben mit dem Dauerregen keine Freude, sind unschlüssig und wissen nicht recht, wohin sie sollen. Endlich ziehen sie aus meinem Blickfeld. Ich bin heilfroh, daß diese überraschende Begegnung ohne Schrecklaute endet. Das Hochwild hat spitze Loser und reagiert empfindlich auf die geringste Belästigung, die es in und um seinen Einstand vernimmt.

Einmal muß ich ein Stück durch triefendes Unterholz. Schon nach wenigen Schritten bin ich patschnaß, nach weiteren vierzig, fünfzig Gängen gibt es wenig trockene Fäden an meinem Körper. Augenblicke, in denen man raunzend aufgibt und umkehrt oder sich in die Sache verbeißt und seinen Weg hartnäckig fortsetzt. Ich will weiter!

Und dann sehe ich übergangslos am Gegenhang einer flachen, breiten Mulde das Haupt eines Tieres, das zwischen Pappelstämmen im Bett sitzt. Langsam sinke ich auf das klitschnasse Laub. Eine starke Esche, wenige Schritte neben mir wird wohl ausreichende Deckung bieten. Noch wissen die Götter, was da drüben los ist. Ob dort ein Stück Hochwild oder ein ganzes Rudel Siesta hält. Langsam krieche ich an die starke Esche heran und schiebe meinen Oberkörper an ihrem glatten Stamm in die Höhe. Schon sehe ich zwei, drei und dort das vierte Stück Kahlwild zur Mittagsrast zwischen schlanken Stämmen friedlich eingebettet. Zwei Tiere, ein Kalb, dahinter ein Schmaltier, soweit dies in aufgewühlter Eile ausgemacht werden kann. Von allen Stücken sehe ich den Ziemer fast nur wie einen Strich, deutlich das Haupt mit den ununterbrochen mahlenden

Kiefern. Was der grollende Pansen wie ein Vulkan in die Höhe schickt, wird in gemächlicher Ruhe gründlich zerkaut.

Schon im Begriff alles für das Finale zu richten – nach dem Hochwerden muß ja noch kurz angesprochen werden –, sehe ich plötzlich etwas abseits des Rudels ein weiteres Stück Hochwild, das starr in meine Richtung äugt. Gott sei Dank, „nur" ein Kalb ... trotzdem kann sich das Blatt jetzt rasch wenden. Noch befindet sich meine Büchse unter dem tropfnassen, schweren Umhang. Der sprichwörtlich erstarrten Salzsäule gleich, wage ich den Blick nur aus zugekniffenen Augenlidern. So nahe am Ziel, nach all den ausgestandenen Strapazen in den zermürbenden Regengüssen darf jetzt nichts mehr schiefgehen. Oder soll wirklich im nächsten Augenblick ein abgrundtiefer Schrecklaut des aufmerksam gewordenen Leittieres das Rudel in die Flucht jagen? Nein, das darf ganz einfach nicht sein. Mir ist zwar, als hörte ich schon das dumpfe Klopfen von Schalen des davonrasenden Hochwildrudels; doch nichts Derartiges geschieht! Diana ist auf meiner Seite, verzeiht noch einmal großzügig die haarsträubende Schlamperei und läßt das neugierige Kalb ins warme Bett zurücksinken. Mir fällt ein Stein vom Herzen!

Rasch, aber mit größter Umsicht, muß ich nun handeln. Da ja ohnehin schon alles egal und kein trockener Faden mehr an meinem Körper ist, wühle ich mich wie ein Maulwurf in das schmierseifige Laub. Bis zu einer kleinen Bodenwelle muß ich kommen, um eine günstige Bahn für meine Kugel zu finden. Also weiter, noch ein Stück über das eklige Laub, das spitzen Steinen gute Deckung bietet. Aua! Das registriert der angeschlagene Meniskus in meinem rechten Knie besonders deutlich! Den Rucksack langsam auf den kleinen Hügel geschoben. Zu wenig. Also auch den Wetterfleck, der sowieso schon für die Katz ist. Jetzt liegt die Büchse ausgezeichnet, ich dafür um so schlechter. Naß von unten, naß von oben, naß von allen Seiten! Der Gedanke, daß der Mensch zu einer Handvoll Nichts schrumpft, wenn alles Wasser aus ihm weicht, will mich in diesen Augenblicken auch nicht erheitern.

Lange halte ich dieses folternde Wasserbad ohnehin nicht mehr aus. Da mich die Kälte zu schütteln beginnt, mag die Abgabe eines sicheren Schusses immer schwieriger werden. Da wird drüben mit eckigem Ruck ein Tier hoch, das zweite und auch der Nachwuchs, beide starke Hirschkälber. Sie schütteln ganze Kaskaden von hellen Tropfen aus ihren vom „Himmelswasser“ geschwängerten Decken. Bleibt nur das Schmaltier, das aber noch nicht gewillt ist, sein Bett zu verlassen. Schon umgarnt mich Nervosität, da steht das schwache Stück plötzlich auf steifen Läufen mit fast demütig gesenktem Haupt, als würde es den vollen Ernst des Augenblicks erkennen. Bevor der vibrierende Körper unzählige Wassertropfen versprüht, löscht die Kugel donnernd das Leben.

Wild schlagende Schalen, prasselndes Wegbrechen. Mich schüttelt erbärmlich die Kälte, wahrscheinlich auch das Jagdfieber. Ich kann es an diesem Tag nicht mehr unterscheiden. Zu sehr hat das naßkalte Wetter von meinem Körper Besitz ergriffen. Kaum, daß mir die rote Arbeit mit den feuchtklammen Fingern gelingt. Dann haste ich zurück zur Hütte... quer durch die Au, durch Schläge, durch triefnasses Unterholz, so schnell mich meine Füße tragen.

Erich ist voll Freude, als er mich sieht. In weiser Voraussicht wartet er mit einigen Töpfen heißem Wasser. In trockener Kleidung schaut die Welt gleich wieder anders aus.

Noch während wir am Mittagstisch sitzen, hört der Regen auf. Ich empfinde es wie Hohn. Mit dem Jagdwagen bringen wir das Schmaltier zur Hütte, und anschließend greife ich noch einmal zum Fischzeug. In einer stillen verkrauteten Ecke eines nahen Ausstandes will ich es zum letztenmal versuchen.

Da in dem Krautloch mit Blinker und Wobbler nichts zu machen ist, nehme ich einen toten Fisch als Köder. Ich werfe ein und lasse den Fisch auf den Boden sinken. Nach mehrmaligem ruckartigem Anheben ein starker Biß! Ich gebe ungehindert Schnur, und als der Fisch zur Ruhe kommt, noch eine kleine Atempause, dann erfolgt mein energischer Anschlag. Hoppla, da ist ja schon wieder etwas Stärkeres am Haken. Wenn das in dem „Krautacker“ nur gut geht! Ich versuch's auf Biegen und Brechen und lande nach bangen Minuten mit Herzklopfen, aber ohne Zwischenfall, einen prachtvollen Hecht. Er ist nur um drei Kilo leichter als mein erster vor zwei Tagen. Erich staunt nicht schlecht, als ich mit meiner Beute zur Hütte komme.

Da der Himmel seine Schleusen nicht mehr öffnet, nützen

wir das letzte Abendlicht und schießen beim nahen Wasserloch abermals vier Enten. Auch diesmal teilen wir die Beute.

Die Frühpirsch am letzten Tag bringt Erich ein Kalb und mir den Anblick einer Rotte Sauen. Eine Bache mit Frischlingen, meine Büchse bleibt stumm. Eine Fehlpirsch...? Nein.

Keine der unzähligen Pirschen, bei denen meine Büchse schwieg, war umsonst – jede ist eine Geschichte wert!